遗失在西方的中国史

盖洛作品

扬子江上的美国人1903

从上海经华中到缅甸的旅行记录

［美］威廉·埃德加·盖洛 — 著

沈弘 — 审译

晏奎　孟凡君　孙继成 — 译

李宪堂 — 审校

A Yankee on
The Yangtze 1903

北京时代华文书局

图书在版编目（CIP）数据

扬子江上的美国人1903 /（美）威廉·埃德加·盖洛著；沈弘审译.－－北京：北京时代华文书局，2021.7

（遗失在西方的中国史．盖洛作品）

ISBN 978-7-5699-4114-2

Ⅰ．①扬… Ⅱ．①威… ②沈… Ⅲ．①中国－考察－20世纪 Ⅳ．① K92

中国版本图书馆CIP数据核字（2021）第063232号

扬子江上的美国人 1903
YANGZIJIANG SHANG DE MEIGUO REN 1903

著　　者	[美]威廉·埃德加·盖洛
审　　译	沈　弘
译　　者	晏　奎　孟凡君　孙继成
审　　校	李宪堂
出 版 人	陈　涛
选题策划	余　玲
责任编辑	丁克霞
执行编辑	王凤屏
责任校对	凤宝莲
封面设计	今亮後聲 HOPESOUND 2580590616@qq.com
版式设计	赵芝英
责任印制	訾　敬
出版发行	北京时代华文书局 http://www.bjsdsj.com.cn
	北京市东城区安定门外大街138号皇城国际大厦A座8楼
	邮编：100011　电话：010-64267955　64267677
印　　刷	河北京平诚乾印刷有限公司　010-60247905
	（如发现印装质量问题，请与印刷厂联系调换）
开　　本	710mm×1000mm　1/16　印　张｜23　字　数｜300千字
版　　次	2022年1月第1版　印　次｜2022年1月第1次印刷
书　　号	ISBN 978-7-5699-4114-2
定　　价	88.00元

版权所有，侵权必究

大水汀的牌坊

代序

告诉世界一个"真实的"中国
—— 对20世纪初W. E. 盖洛系统考察中国人文地理的评述

沈弘　郝田虎

　　W. E. 盖洛（William Edgar Geil）是西方颇负盛名的美国旅行家和英国皇家地理学会会员，1865年出生于美国宾夕法尼亚州的多伊尔斯城，1890年从拉斐特学院毕业之后，曾当过几年宣讲《福音书》的传道士，但在他心中一直蕴藏着一个周游世界的梦想。于是在1896年，他请了长假，从纽约登船前往耶路撒冷朝圣，从此开始了他的全球旅行生涯。在此后的30年中，他的足迹几乎踏遍了非洲、大洋洲、欧洲和亚洲等。正如士兵战死于疆场、学者辞世于书房，这位不知疲倦的旅行家最终在一次重返圣城的旅程后病逝于威尼斯城。在其生命的最后20多年中，盖洛与中国结下了不解之缘。1903年，他途经日本首次来到中国，从上海坐船溯流而上，沿途考察了长江流域部分地区的人文地理，写下了《扬子江上的美国人1903》（1904年）一书，从此便一发而不可收拾。从那以后，中国成了他魂牵梦绕的研究对象，他又数次前来中国考察，走遍了大江南北、长城内外、三山五岳，陆续出版了《中国长城》（1909年）、《中国十八省府1910》（1911年）和《中国五岳1924》（1926年）等一系列重量级的著作。

在历史的长河中，写过中国的西方作家数以千计，我们为什么偏要挑中盖洛来作为研究对象呢？这首先是因为他作为人文地理学家的独特价值。盖洛在其一生中，曾享有许多头衔和美誉。首先他是一位著作等身的多产作家，出版过 13 部著作，还写了大量的日记、演讲稿、报刊文章和信札；早在 1905 年，他就被誉为"在世最伟大的旅行家"，见识过了五大洲、四大洋；他同时也被称作"伟大的演说家"，在世界各地做过几千场演说，听众达数百万之多；在关于他的传记中，作者总是称他为大字书写的"探险家"（the Explorer）。丁韪良在为《中国十八省府 1910》所撰写的序言中也将这位探访过非洲原始森林和太平洋群岛原始部落的探险家跟利文斯通和斯坦利相提并论。然而，盖洛有关中国的上述四部书吸引我们的并非那些华丽雄辩的语句辞藻，或是吊人胃口的历险故事情节，而是作者用照片、文字、图片、地图、谚语等一系列手段详细记录下来的 20 世纪初中国最精髓和最真实的人文地理、历史和现状。

作为一个受过现代教育训练的专业人士，盖洛所选择考察中国的角度是独特和具有先进水平的。他是早期系统考察长江流域人文地理的少数西方人之一，也是第一个全程考察长城、十八个行省首府和五大名山的人文地理学家。迄今为止，我们没有发现国内外曾经有过如此全面系统地考察中国传统和现代人文地理的第二人。他在考察过程中充分利用了各地的方志和当时已有的科学手段及摄影技术，仅上述四部书就精选了 400 多幅照片作为插图，其中包括长城所有的烽火台和 1909 年中国十八个省府的历史照片。光是这些老照片本身，便是如今研究中国人文地理的无价之宝。

一

由西方人来写中国，其难度是可想而知的。在 1842 年中国的门户被迫对西方开放之前，能够进入内地的外国人可谓凤毛麟角。而且中国幅员辽阔，地区与民族之间方言繁杂，况且当时盗匪出没，交通十分不便，所以即使在门户开放之后，西方人要真正做到周游神州大地，也是一件非常困难的事情。不过，这些还不能算是阻碍西方人了解中国的真正障碍。中国有五千年的悠久历史，文化传统博大精深，各地区的风土人情和各民族人民的生活习俗与西方人相去甚远，在中国长期闭关自守、东西方语言不通的情况下，要想打通东西方文化之间的障碍，又谈何容易！故而，在盖洛之前虽然也有相当数量有关中国的游记和论著问世，但是真正能够准确把握华夏民族的精神面貌和客观反映神州大地人文地理全貌的著作可谓屈指可数。而绝大部分作者往往受到各种客观和主观条件的局限，要么钻到故纸堆里，靠第二手的材料来编织这个东方古国的神话，要么就凭借自己浮光掠影的印象和即兴的想象发挥，来描述一个不甚准确，有时甚至是南辕北辙的中国形象，颇有点坐井观天的意味。例如，作为奇西克皇家园艺学会温室部主任的英国植物学家罗伯特·福钧（Robert Fortune），他自1843年起曾四次来华调查中国茶叶的生产、栽培和制作的情况，并先后出版了至少五部有关中国的游记。其中第一部书名为《华北诸省漫记》，可是茶叶怎么会跟华北诸省有关呢？假如你有兴致耐心读下去的话，就会发现这儿所说的"华北诸省"原来并非指河南、河北或山东、山西，而实际上是指江苏、浙江和福建等产茶的省份。

早在19世纪初，第一个来到中国的美国新教传教士裨治文（E. C. Bridgman）就已经发现，在有关中国的早期论著所描述的情况和他所亲眼看到的实际情况之间有很大的反差和距离。在其于1832年创刊并主编的《中国丛刊》首期发刊词中，他就大声疾呼要以该刊物为平台，向西方介绍一个"真实的"中国。怎样才能做到这一点呢？裨治文认为，关键就在于要把书本知识和实际的田野调查紧密地结合在一起。一方面，西方作者应给予中文典籍和方志以足够的重视，因为那里面包含了大量翔实可靠的信息；另一方面，还必须以实证的精神，对中国的地理、气候、矿产、农业、渔业、商业、宗教和社会结构等做深入细致的实地调查。无论多么微末的细节都不能忽视，都要认真加以记录，只有这样才能帮助西方人准确地了解这个古老帝国的状态和特点。

虽然盖洛与裨治文的年龄相差约一个甲子，但他们都具有相同的新英格兰新教背景和"扬基佬"典型的实证精神。在撰写其四部有关中国的论著期间，盖洛不仅大量收集（借助翻译）、阅读中文的典籍和方志，而且矢志不渝地坚持在描述某一地方或事物时必须身临其境、眼见为实的原则。即使是在回顾历史事件时，他也尽量设法借助摄影技术和历史图片、地图和拓片等手段，帮助读者回到事件现场。在考察长江流域时，他冒着生命危险，在语言不通，不得不借助当地苦力和向导的情况下，独自一人深入崇山峻岭和少数民族地区。在写《中国长城》时，他带着一支精干的考察队，从山海关一口气走到了西藏境内，沿途采风，记录下有关长城的各种民间传说和沿途各地的风土人情。原本大家都以为长城的最西端为嘉峪关，但盖洛在实地考察时发现，在嘉峪关以西的西宁或西藏境内，仍然有连绵不断的城墙向西延续，而这些城墙的存在在当时的地图上并未标明，就连西宁的地方志上也找不到相关的记载[①]。在考察了长城之后，他又马不停蹄地走访中国十八个行省的首府和京师，每到一处，必拜访当地的行政长官和文人学者（为此目的，他专门在上海定制了200张中国式样的名片），收集典籍方志，参观名胜古迹，采集民风民情。当他为最后一本书来华实地考察时，已经54岁，身体已经比较衰弱。然而他仍然坚持在妻子的陪伴下，一座又一座地努力攀登中国的五大名山，亲自考察当地的民俗和宗教信仰，并用相机来记录历

---

① 在该书第318页的插图中，作者附了两张记录这段长城的照片。盖洛在书中所说的"西藏"和"西宁"都是指青海，而不是特指现在的西宁市和西藏地区。盖洛所见的嘉峪关以西的长城也不是一路向西，而是呈半圆形向西南方向延伸。

史。这种为追求理想而不惜"破万卷书,行万里路"的坚毅精神乃是常人很难做到的。

盖洛在上述四本书中所包含的近500张老照片、图片、拓片和地图①加在一起,展现了在清末和民国初年时期中国文化、民俗、社会各界人物和地理风景的独特历史画卷。这是一笔极其珍贵的中国历史文化遗产。

这些老照片的价值就在于它们的时代感。照片的内容包括长江流域和长城内外每一个行省首府(包括京师)及众多城镇和乡村的建筑、街道、城墙、城门、庙宇、农舍、贡院、学校、官府、衙门,以及小桥流水、江河湖海、名山大川、悬崖峭壁、黄土高原和戈壁沙漠等自然景色。除了总督、巡抚、外国传教士、社会名流、钱庄老板、少数民族群众之外,还有街头的小吃摊、茶馆、店铺、鸦片馆、剃头挑子、小贩、工匠、乞丐、苦力、独轮车夫、江湖郎中、朝圣香客、算命先生、妓女、赌博摊子、花轿、婚丧行列,以及衙门里的公堂提审、寺庙里的和尚道士、乡间的水车和放牛娃也都纳入了盖洛的镜头。应该特别指出的是,许多这样的画面如今在别处已经找不到了。例如,盖洛在考察长城时,把当时尚存的每一座烽火台都编上号,并拍下了照片。其中有些镜头无论在中文或是西文的资料中都已绝迹。再以杭州为例,从19世纪末洋人绘制的地图上看,当时杭州城的城墙和十个城门、四个水门还首尾相连,相当完整。可如今除了一个水门的局部尚存,武林门、凤山门、涌金门、清波门等地名还在使用之外,清末那些城墙和城楼的身影已经消失得无影无踪。在中文资料中,我们最多只能找到描述这些城墙、城门的片言只语,直观的历史图片资料可以说是绝无仅有。但在《中国十八省府1910》

---

① 在《扬子江上的美国人1903》中有122张,《中国长城》中有116张,《中国十八省府1910》中有113张,《中国五岳1924》中有101张,共计452张,这还没包括第三部书中解释汉字寓意的插图,如加上那些插图,总数就接近500张了。

一书之中，我们却惊喜地发现了杭州凤山门、御街和大运河上的太平桥等早已消失的景点的老照片①，它们栩栩如生地为我们还原了20世纪初清末老杭州的本来面貌。盖洛在序言中告诉我们，该书的100多张照片是从1200多张照片中精选出来的。按照这个比例来计算的话，盖洛在中国拍的照片总数应该在5000张以上。

在历次考察过程中，尤其是在1909年访问中国的十八个省府时，盖洛敏锐地感受到中国正处于一个辞旧迎新的重大历史关头，因为他身边的一切事物每时每刻都在发生着变化：

> 许多个世纪以来，中国人一直在潜心研究和平的艺术，并从心眼里瞧不起那些动辄便要撒野的赳赳武夫。无论他们内心是怎么想的，中国人现在已经屈从于西方人的见解，并已经训练出大批的士兵。在新的教育制度中包括了许多类似西点军校和桑赫斯特皇家军事学院的武备学堂。在每个大城市都建起了兵营，而且往往是兵营刚刚落成，马上就住满了士兵。再也见不到弓和箭，也没有了翻跟斗和吼叫，取而代之的是用欧洲的精确瞄准武器所进行的系统性欧洲式操练……整个大清帝国都在武装起来，其方式并非心急火燎的，而是非常彻底和执着的。中国的资源是没有任何一个欧洲国家所能比拟的。

当然，这种变化并不仅仅局限于武备学堂和兵营。一路上，盖洛见到了旧的贡院被拆毁，在其废墟上建起了西式的学校和大学；公共图书馆和邮局取代了旧式的藏书楼和驿站；铁路正在替代大运河作为交通干线；工厂和煤矿在全国各地出现；纸币开始淘汰已经用了上千年的铜钱；

---

① 盖洛在《中国十八省府1910》的第32—45页共附了8张杭州的老照片。

学生们在谈论革命、民主、自尊、公民权和改革；就连巡抚和省府衙门都在筹备议会的召开。盖洛睿智地意识到他必须用相机把这些历史变革的瞬间定格在他的照片之中，因为这些都是"新的和有预见性的事实"，而"事实毕竟胜于雄辩"，"事实摆在面前，任何人都可以对此加以阐释"。就这样，我们通过这位"扬基佬"的相机镜头，看到了用宝塔替代钟楼、具有中国特色的教堂；看到了在泰山庙宇前从相机镜头前抽身逃走的尼姑；看到了不久以后便绝迹的中国开封的犹太家庭。如今，盖洛的预言已经得到了证实：这些貌似随意的快照现已成为难能可贵的珍品，而它们记录的历史瞬间则变成了永恒。

虽然在上面这本书中，汉口和江西东北部的两张地图放错了地方，但盖洛所收集的地图分别是当时最佳或最新版本的地图，其价值自然不言而喻。例如他所选的广州历史地图取自《羊城古钞》，而他选中的成都地图则是宣统元年三月绘制的《最新成都街市图》。其中有些地图甚至是盖洛的传教士朋友亲手绘制的，例如英国医师祝康宁（F.H. Judd）绘制的江西北部地图和莫泽（I.H. Moser）绘制的汉口地图。

上述这些插图在书中并非仅仅起了点缀的作用，而是书中必不可少的一个有机部分，而且在上述这些书出版之际就受到了评论家的赞誉和读者的欢迎。盖洛曾经宣称："这些插图本身就很能够说明问题，不需要多余的文字说明。"出版者也以同样的口吻来解释这些插图的意图和功能："作者试图避免重复讲述同一个故事。书中的插图不仅仅是为了充实文字，更是为了做一些实质性的补充。"作者与出版者的上述努力并没有白费，从为《扬子江上的美国人1903》（1904年）做广告而汇集的报刊书评中我们可以看到，当时对书中的这些插图好评如云："该书一个突出的特征是其精美的插图""插图印得非常漂亮""插图精美，引人入胜，大大增加了这本书的价值"。

二

盖洛是一位狂热的藏书家。从他的书中我们可以看到,每到一处,当他拜谒当地的督抚和文人学者时,必定会要求对方提供有关当地的古史、方志、地图和碑文古迹等信息。在《中国十八省府1910》一书序言中,盖洛对于这样做的动机做了解释:

> 当君士坦丁堡的学者们携带着古希腊的学问逃到西方时,没过几年,那些古老而受到敬仰的拉丁语教科书便被当作废纸从欧洲的大学里扔了出来。中国目前正在经历这么一个时刻。在过去两千年中被用来训练中国文人的那些典籍和更为短命的那些通俗小说和志怪杂记同样即将寿终正寝。西方的学问和垃圾正在将原来的那些书籍取而代之。过不了多少年,那些老的书就几乎看不到了,因为官方的毁书行动已经开始。在总督、巡抚、翰林学者、藏书家和书商的帮助下,我们收集到了一大批这样的老书,并在本书中选用了其中的少数范例,以便使读者能了解这些古书的风格。

丁韪良在其序言中也专门提到了这一点,并且预言:"这些文献必将成为一个汉学研究图书馆的基石。"

值得注意的是盖洛为收集地方志所做出的努力。在上述这本书出版以后,盖洛又再接再厉,开始为他的下一本书《中国五岳1924》收集素材。第一次世界大战的爆发使得盖洛不得不两次推迟对中国的访问,然而他却在研究中国的典籍上付出了更大的努力。他的传记作家威尔逊告诉我们,盖洛于1916年12月30日写信给他在北京的朋友惠志德博士(Dr. Wherry),向他索要描写五大名山的"地方志"。后来在《中国五岳1924》一书中,盖洛果然从《钦定古今图书集成》《泰安府志》等各种中文素材中引用了大量的图片、地图和文字资料。他的这种努力受到了英国汉学家翟林奈（Lionel Giles）[①]的高度赞誉：

> 我认为，该书最突出的特点就是引自中文素材的译文。书中所引用的大量文件中包括了诏令、序言、日记、传记等，这些材料以前从未见诸任何其他出版物，其中有些具有很高的历史价值。它们对于学者非常珍贵，普通读者对此也会颇有兴趣。显然完成这本书需要极其繁重的工作量和原创性的研究工作。它是你所写的最好的一本书。

我们完全赞同翟林奈颇为专业的评论，盖洛对于中文地方志的重视和研究在西方作家中确实是比较少见的，这也是他的著作具有学术价值的一个突出特征。

中文地方志为盖洛提供了有关各地区当地历史、地理构造和文化习俗的大量细微而翔实的信息。在《中国十八省府1910》一书中，他充分利用了这一资源来描述长沙的自然地理和城池建设、成都的物产、北京的政治史、杭州名称的演变、广州的人物传记、太原的轶事传说、安庆的地方诗歌、西安的家庭礼仪、济南的赋税制度、南昌的灾祸和迷信，等等。因为地方志跟别类注重系统性的书籍不同，往往是跟这个地方有关的东西，事无巨细，照单全收。以《昆明县志》为例，书中的各章节内容就分为"疆域""山川""风土""物产""建置""赋役""学校""祠祀""官师""贡物""工业""艺文""家庭""闺媛""古迹""祥异""冢墓"和"杂志"。

[①] 翟林奈是剑桥大学汉文教授翟理斯（H.A. Giles）的二儿子，出生于中国，后任职于大英博物馆图书馆，负责管理东方书籍。

盖洛在该书中对地方志中的"祥异",即超自然现象,表现出了特殊的兴趣。他所引用这部分内容的频率仅次于政治史。在这些超自然现象中,有一部分如彗星、地震和气象等使古代人感到困惑,但可以用现代科学来解释的自然现象。这些记载,由于有确切的日期,对于科学家和学者来说是具有很大的科学价值的。然而其他大部分的"祥异"内容都是天方夜谭式的神话故事。这些材料若在人类学家手中,可能会给《金枝》一类的书增添不少素材;然而盖洛选择这些材料是为了要说明中国人心态中根深蒂固的迷信。他把"风水"和"祥异"归类为"迷信和偏见",并且宣称:"迷信和偏见是中国文化遗产中的毒药。"他的这种说法在当时可谓是一针见血的。迷信和偏见的对立面,按照盖洛的观点,是科学和信仰,当然这里指的是基督教信仰。从这一深层意义上来看,盖洛对于迷信的猛烈抨击实际上又跟西方在华传教事业具有一定的联系。

但毋庸置疑的是,随着他研究和考察的深入,盖洛对于中国文化本身的价值越来越着迷。在《扬子江上的美国人1903》一书中,盖洛跟其他第一次来到中国的旅游者并没有太大的区别,最能吸引他的仍是些具有浓郁异国情调的人物和风景画面。但他在旅行过程中逐步了解并热爱上了这个国家和人民的历史、文学、生活习俗和民间传说。等他在写后面这几本书时,盖洛已经越来越自觉地把对于这片国土的客观描述跟在这儿生活的人民,以及地方志中所记载的传说故事联系在一起。在《中国十八省府1910》中,盖洛坦率地承认,他之所以对地方志感兴趣,完全是因为能够帮助他洞察中国人的心态:"说真的,对于事件的简洁记载偶尔也使人感到失望,但从中可以窥见人民的感觉,他们对事件的看法,他们的心态和伦理概念都通过这些记载而表露无遗。"盖洛与其他旅行家和游记作者的最大区别就在于他对于中国人内心世界的兴趣和探索。他为此目的而在智力和体力上付出的巨大努力使他真正成了一个人文地理学家。

《地理学词典》给"人文地理学"所下的定义是:"总的来说,这部分地理学所针对的是人和人类活动……人文地理学家必须描绘出……'一个秩序井然的、以人作为不可或缺的组成部分的世界图景'。"换言之,人文地理学的对象是某一地区人类活动的各个领域,其中包括经济、政治、社会、家庭、宗教、教育、文化、文学、历史,等等。盖洛在书中的描述大致可以分为共时和历时这两个范畴,他不仅想抓住现在的瞬间,而且也努力挖掘深层的历史,这样就能在华夏文明的深厚底蕴上凸显出处于往昔和未来转折点上的中国社会状况。他在《中国十八省府1910》一书的序言中指出:

> 在很多年过去之后也不太可能有其他人再次重复同样的旅行,因此我们并不想把此书写成一本旅行指南。然而我们注意到了在这个重要的历史时刻,各种事物的不断变化,并试图对此现状做一个印象主义的描述。而且我们这样做的目的是想通过记录这产生了翻天覆地变化的十年中的一年,而使这本书具有永久性的价值,从而能跟我们研究中国的其他著作一起被世界各大图书馆收藏。

通过文字和图片的媒介,盖洛成功地记录了20世纪初处于一个重大历史变革时期的中国。而且正如他自己所说的那样,上述这几本书现在确实已经被世界各大图书馆收藏。

作为西方现代科学和实用主义的鼓吹者,盖洛在阐释中国文化时,往往能够提供一个独特的视角。例如他对古代中国人建桥的工程技艺推崇不已。他所拍摄的老照片中有许多是表现石拱桥和悬索桥的,如贵阳的大南桥、杭州的太平桥和云贵少数民族地区相当普遍的悬索桥等。他在提及跟成都有关的诸葛亮、李白和李冰这三位名人时，认为其中最伟大的应是水利专家李冰，因为他所建造的都江堰为当地人民的生活带来了切实的好处。按照中国人的传统观念，诸葛亮和李白的知名度可能要比李冰高得多，因为后者作为工匠艺人，在中国古代社会中地位向来很低。盖洛出人意料的观点使我们联想起另一位推崇中国科学家的西方人，即《中国的科学与文明》的作者、英国汉学家李约瑟（Joseph Needham），他们所提供的新视角可以帮助中国人重新审视和评价我们的传统文化。

在中国的历次旅行和实地考察中，盖洛曾经有过许多重要的发现，如上面提及的他在西宁和西藏境内发现的长城环线，这一发现就使得在西方的中国地图上又增添了长达200英里[①]的长城。他还收集、请人翻译，并引用了大量的碑文拓片，许多这样的石碑现在已经不复存在，或是因为石头的风化，或是由于人为的毁坏，如今我们只能通过盖洛保存的碑文照片来了解这些碑文的内容。虽然盖洛自己并不具备翻译这些碑文的能力，但他扮演了文化和文明的传播者、收藏者、编纂者、保存者和保护者的角色。在保护人类文明的努力这一方面，他代表的是典型的美国精神。正是由于这种精神，才使得这个国家能够拥有世界上最好的大学、图书馆和博物馆。

三

除了对老照片和地方志给予了特殊的重视之外，盖洛对于中国的谚语和通俗文学也情有独钟。他在中国旅行和考察的过程中，总共收集了数千条在社会上流传甚广的谚语，因为他认为这些民间的口头禅包含了中华民族的智慧，往往能够直观地反映社会各阶层的伦理概念和心态。

[①] 1 英里 ≈1.6 千米。

作为演说家和作者，他自己也非常喜欢在演讲和写作时引用这些比喻和意象使人耳目一新的中国谚语。然而，他也清楚地意识到自己在这方面所做努力的局限性："我们对各地谚语的搜集是历次收集中规模最大的，大量的新材料足以充满三卷书，从中挑选实在勉为其难。"他所提及的"大量的新材料"最后并未正式结集出版，然而盖洛设法将这些中文谚语及其英译文附在他描述中国的论著页端上发表。在《扬子江上的美国人1903》一书中，他将这些谚语附在每一个章节的开端。这个做法显然很受欢迎。到了第二本《中国长城》和第三本《中国十八省府1910》时，他就在每一个单数页的页端上都附上了谚语。在《中国五岳1924》中，他在序言之前用一整页的篇幅来刊登一条谚语。这四本书中所刊登的谚语总数达到了407条。

这些谚语的来源大致可以分为下面这几类：

1. 口头相传的谚语。"嘴上没毛办事不牢""每一根草有一棵（颗）露水珠儿""老天爷饿不死瞎家雀儿""女人心海底针""灯草弗做支拐""哑巴吃饺子肚里有数""会的不难，难的不会""人敬有的，狗咬丑的""人是铁饭是钢"。

2. 文献典籍。盖洛收集的许多谚语来自《古诗源》《三字经》《三国志》等一些常见的古书，例如"水清无鱼"来自《汉书》中的"水至清则无鱼"；"将相本无种，男儿当自强"来自《神童诗》；"少所见自多所怪"，原本是东汉牟融所引用的古谚语，清朝的沈德潜将其选入了《古诗源》："少所见，多所怪，见橐驼言马肿背。"它最后变成了一个成语——"少见多怪"。

3. 成语。"对牛弹琴""画蛇添足""鼠目寸光""掩耳盗铃""望梅止渴""狐假虎威"。

4. 对联。"人恶人怕天不怕，人善人欺天不欺"，原来就是刻在云南府（昆明）阎王庙的立柱上的。

　　5.名人名言。例如《扬子江上的美国人1903》第327页上有一个很长的对句，据说它就是由乾隆皇帝所题写的。

盖洛在收集中国谚语这一方面并非最早的开拓者，在他之前有好几位汉学家着手做了这方面的工作。正如卫三畏在《中国总论》(1895年)中所指出的那样：

> 有关中国谚语的全集迄今仍未有人编纂过，就连中国人自己也没有试过。德庇时(J. F. Davis)于1828年出版过一本《道德格言》，其中收了200条谚语；童文献(P.H. Perny)于1869年发表了441条谚语；卢公明(J. Doolittle)在他的《英华萃林韵府》中收集了700条谚语、广告语、对句和对联。除了这些之外，沙修道(W. Scarborough)于1875年又出版了2720条谚语，附上了索引，并像上述几个人一样，提供了原文。

沙修道出版的谚语经过林辅华(C. W. Allan)的增订，于1926年再版。林辅华起初在汉口传教和在长沙的协和神学校任教，1926年又调往位于上海的广学会担任编辑工作。他是盖洛的朋友，曾经向后者提供过有关武汉新式教育发展状况的信息。

从收集和出版中国谚语的时间和数量这两点来看，盖洛的工作与上述几位先驱者相比似乎有些相形见绌，这也许就是他不将其收集的谚语专门结集出版的原因。然而我们认为，盖洛在书的页端上印谚语的方法具有鲜明的个性和醒目的效果。在阅读这些文本的同时，读者无时无刻不意识到单数页页端印着的那些中国谚语的存在。它们言简意赅，质朴平实，然而非常吸引眼球，能给读者留下深刻的印象和回味的空间。值得一提的是，传记作家威尔逊显然是受到他这种做法的感染和影响，也喜欢在传记每一个章节的前面都附上一句中国谚语。

在盖洛的书中，还收录和引用了大量的通俗文学作品。所谓通俗文学，就是那些通常印刷粗糙，售价低廉，为广大下层人民所喜闻乐见，但不登大雅之堂的文学作品。盖洛对这些作品感兴趣，是因为它们能够帮助他了解社会的底层。在《中国十八省府1910》一书描述济南的章节中，作者专门提到了这些作品：

> 然而当文人圈子中的人向孔子顶礼膜拜之际，总是存在着另一个识字阶层，他们的阅读兴趣是不以"文化"为转移的，而且那些廉价的书坊总是准备刊印一些迎合他们趣味的书。《天路历程》和《司布真布道文》在文学史和著名出版商的书单中是找不到的，但它们在小贩的地摊上卖得很快，就连德莱顿作品的销量也无法跟它们相比。布兰克的杂志也许没有永恒的价值，但其销量会使黑格尔和朗费罗感到汗颜。我们决定搜索一下这个大省府为老百姓所提供的真正的精神食粮。我们逛遍了这儿的书铺，结果买下了大量的图书。

从体裁上分析，盖洛收集的通俗文学作品中包括了小说、传说、故事、童谣、民谣、催眠曲、墙壁诗，等等。在考察长城的旅途中，盖洛偶尔在他下榻的嘉峪关旅店墙上发现了一些很有意思的诗歌作品，便将它们抄下来，并用于《中国长城》一书之中。后来当他来到开封时，又在一个存放着149个宋代名人牌位的殿堂里看到一首写在墙上的诗歌。当然，他又将它抄了下来，并在《中国十八省府1910》一书中提供了该诗的两种译文。这样的作品具有自生自灭的特性，其原文很多都没有被保留下来，在这种情况下，盖洛书中的英译文文本就成了它们唯一的载体。

四

　　尽管盖洛主观上的确是想通过各种努力来告诉世界一个"真实的"中国，然而我们也要清醒地认识到，由于受到时代和个人等各种因素的影响，盖洛在其书中所描绘的中国形象，跟其他许多早期西方汉学著作一样，也是有其局限性的。如果按照我们现在的学术标准来衡量的话，不难发现他书中的缺陷和错误，有些甚至可以说是比较严重的错误。

　　首先，作为一个虔诚的新教基督徒，他对于中国的佛教和道教等本土宗教的描述和分析不可能是非常客观和不偏不倚。他在《扬子江上的美国人1903》一书中写道：虽然有些中国人做了坏事，怕受到报应，不敢上寺庙烧香，但在大多数情况下，恶人还是厚着脸皮去寺庙烧香的。紧接着他就补了一句："说谎和发假誓是所有异教宗教的特征。"其实，现在大家都知道，这样的事在基督教教会里也是屡见不鲜的。盖洛在书中对于佛教和道教内部的腐败所做的揭露，以及对于迷信的抨击，从中国当时的历史背景来看，应该说基本上还是正确的。然而每当他把中国的宗教跟西方的基督教做对比时，其对基督教的宗教热忱和对中国宗教的偏见便暴露无遗。在考察中国十八个省府的旅途中，他在成都见到很多道教和佛教的寺庙被政府征用改建成学校时，便联想到在意大利和法国这些欧洲国家里传统的罗马天主教会也正在失去其往昔的权威。于是他便发了下面这些议论：

> 然而（道教和佛教的）寺庙跟我们的教会是不可以相提并论的。前者本身从来就没有过任何神圣的东西，即缺乏神圣的本质，并且向来被用作各种不同的用途，尤其是作为临时的旅店。

　　他这么说在当时可能还有一定的道理，然而对于一个现代的读者，尤其是道教徒或是佛教徒来说，这样的观点是无论如何也不能接受的。

然而必须指出的是，尽管盖洛可能对道教和佛教持有偏见，但他所拍的老照片中还是给各地的寺庙、道观、和尚、道士留了很大的篇幅。盖洛亲自前往江西龙虎山上清宫采访道教首领张天师以后，给他拍摄了一张罕见的照片。

其次，作为以探险、旅行和演说为主要职业的人文地理学家，盖洛在历史研究和文学、文化研究等方面并没有经过系统而严格的学院式训练（在当时的美国也不可能有这样的汉学学术训练），同时要在一个相对很短的时间内处理一个规模过于庞大的题目，也难免会犯一些初级的错误。例如中国古代的皇帝都有自己的年号，这些年号跟皇帝的名字是有区别的。"元符"是宋哲宗的年号（1098—1100年），"河清"是北齐武成帝的年号（562—565年），可是在《中国十八省府1910》中，盖洛分别把前者误解为人名，而把后者误解为"黄河变清"。还有一种情况是不同皇帝的年号有时候听起来十分接近，如明世宗年号"嘉靖"（1522—1566年）和清仁宗年号"嘉庆"（1796—1820年）前后相差近300年，但在同一本书中，盖洛将《长沙地方志》原文中的"嘉庆十五年"（1810年）换算成了"1536年"（即"嘉靖十五年"）。

实际上，这些错误很可能是由盖洛的助手翻译得不严谨所造成的，但是作为在扉页上署名的唯一作者，盖洛还是应该对这样的错误负全部的责任。这就引出了下一个相关的问题，即盖洛的汉语造诣。

跟丁韪良等长期居住在中国的汉学家或传教士不同，盖洛似乎并没有真正掌握汉语这个研究中国文化所不可或缺的基本工具。因此在其整个对中国的考察和对地方志、谚语和通俗文学的研究过程中，他都不得不依赖于朋友、翻译、助手和向导的帮助。这样一来，就大大增加了在各个环节出现错误的机会。

正是由于盖洛最初来中国考察时具有教会的背景，在书中说过一些要依靠基督教来改造中国的话，所以在很长一段时间内，他的著作被打入冷宫，国内很少有人知道他考察中国的情况和所发表的作品。然而改革开放以后首先来到中国徒步考察长城和漂流长江、黄河的外国人有不少是通过他的作品而对中国产生兴趣的。要想在世界文化中开辟一个中国的视角，我们中国人首先要有一种开放和容纳百川的胸怀，要善于学习和吸收其他文化的优点，以及正视西方人对中国文化的研究和看法。正是基于这一点，我们今天对盖洛考察20世纪初中国人文地理的著作进行研究应是具有重大现实意义的。

参考文献

Bridgman, E. C. "Introduction." *The Chinese Repository*. Vol. 1, No. 1, 1832.

Fortune, Robert. *Three Years' Wanderings in the Northern Provinces of China*. London: John Murray, 1847.

Geil, William Edgar. *A Yankee on the Yangtze*. New York: A. C. Armstrong and Son, 1904.

---. *A Yankee in Pigmy Land*. London: Hodder and Stoughton, 1905.

---. *The Great Wall of China*. New York: Sturgis & Walton, 1909.

---. *Eighteen Capitals of China*. Philadelphia and London: J. B. Lippincott, 1911.

---. *The Sacred 5 of China*. London: John Murray, 1926.

Monkhouse, F. J. *A Dictionary of Geography*. Chicago: Aldine, 1965.

Perny, Paul. *Proverbes Chinois*. Paris: Firmin Didot frères, fils et cie, 1869.

Scarborough, W. *A Collection of Chinese Proverbs*. Rev. and enl. by C. Wilfrid Allan. Shanghai: Presbyterian Mission Press, 1926.

Williams, S Wells. *The Middle Kingdom*. Vol. 1. 2 vols. New York: Paragon, 1966. Reprint of the 1895 rev. ed.

Wilson, Philip Whitwell. *An Explorer of Changing Horizons: William Edgar Geil*. New York: George H. Doran, 1927.

沈德潜：《评选古诗源》卷一，会文堂书局。

导论

威廉·埃德加·盖洛

"帝国的道路通向西方。"可是,这西行之路又始于何处?它是陆地之旅还是海洋之行?无孔不入的白种人是否会从旧金山的金门出发,横渡烟波浩渺的太平洋,让遍地灿烂金菊的日本或者绚丽多姿的中国浸润在白种人的理想中呢?含蓄的中国哲人是否会因此愠怒,愤然反击那些在其脚跟狂吠的洋鬼子呢?他们会不会将无力抵抗的洋鬼子,连同他们短暂的文明,驱出亚洲甚至赶出欧洲,扫进大西洋或地球上某些不毛之地的角落呢?

不久前,我们曾得到忠告,说使用白银的黄种人很可能会凭借他们的勤奋,将使用黄金的白种人挤走。英属哥伦比亚、加利福尼亚和澳大利亚对此都很害怕,亟望将黄种人排除在外,可他们又总不能将黄种人的货物拒之门外。除商业竞争之外,军事观察家也一直担心亚洲的游牧部落会不会再次意识到他们的潜在力量?觉醒的中国,在日本这个榜样的激励下,是否会将欧洲列强淹没在大海之中?东方对欧洲构成的生存威胁可不是一两次了。成吉思汗、帖木儿等名字如今或许已鲜为人知,但曾几何时,人们谈及他们时无不屏息静气。他们的足迹过后,留下的是一座座城市的废墟和堆成金字塔般的骷髅头。那些曾将这些蒙古人的方法移植到博斯普鲁斯海峡的野蛮人,至今仍在蹂躏和屠杀着数以千计的可怜的欧洲人。

有时人们会想，在东方人行动前，是否有可能与他们进行和解，或者向他们灌输西方的理想与价值。这种实验已经失败了两次。一千多年前，波斯的基督徒曾经派遣过一些热情洋溢的宣传家经由陆地到达东方。他们赢得了中国皇帝的欢心，将《圣经》译成汉语刊印，培养了当地的信徒，使其能继续他们的传教工作。但他们没能让基督教完全汉化，在某种程度上他们仍听从幼发拉底河某位高僧的指令。当蒙古人大举入侵时，这种外来的宗教便随之消亡；[①] 当中国人重新崛起时，这种宗教再也没能出现。唯有西安的景教碑成为那次失败的基督教传教行动的见证。

接着是罗马基督教徒进行的尝试。圣方济各会和耶稣会都向中国人灌输过基督教。但他们都太迁就于当地的思想。至少对耶稣会士来说，他们牵强附会的布道说教使其教义显得前所未有的贫弱。因而他们也失败了，他们的传教努力半途而废。

现在，新教徒正再次进行尝试。而义和团似乎将第三次抵御外国的影响，以反对外来干涉。但这一次的东进似乎更有生命力：它在狂风暴雨来临之时曾有过退让，但雷鸣电闪过后，它又重新挺直了身板，聚集了新的活力。吴板桥[②] 等人还赢得了政府高官的信任，当地人也加入传播基督教的行列。第三次失败还没有出现。不过为什么要有第三次失败呢？拿撒勒的耶稣本身就是亚洲人，亚洲人对他的理解本来应该比我们更加深刻才对。只要他们愿意，东西方必会加深彼此的了解，到那时也就没有什么可怕的"黄祸"了。

但愿每个民族都能接纳伯利恒出身的神，认他为自己的救世主、自

[①] 作者此处的表述不够准确。在唐代首次传入中国的基督教是聂斯托里派，即景教。它因唐武宗灭佛受到牵连而一度在中国内地衰微。元代时景教又曾兴盛一时，后随着元朝灭亡才逐渐断绝。

[②] 吴板桥（Samuel Isett Woodbridge，1855—1926）是1882年来华的美国传教士，先后镇江和上海等地传教。由于妻子是美国总统威尔逊的堂妹，所以他受到了清政府的礼遇。

己的理想、自己的神，唯有如此，人类才能实现自己的愿望：

  世界和平，
  人类大同。

于美国宾州多伊尔斯顿

  本书所用插图，大部分由作者拍摄，少量选自 G. F. 斯多克斯、铁先生[1]和扶学富[2]拍摄的作品。

---

[1] 铁先生（Walter C. Taylor），即泰勒，是中国内地会传教士，在四川万县从事传教活动。
[2] 扶学富（A.H.Faers）也是中国内地会传教士，在四川叙州从事传教活动。

目　录

第一章　001

从蓝色到黄色——上海——中国妇女——迷信——鸦片——国学

第二章　015

子夜启程——像华人一样旅行——中国饭——南京——贡院——科举考试奇观——在中国的传教活动

第三章　037

从南京到汉口——"荣颜"其人——有关传教士的陈腐俏皮话——传教使团成功吗？——美国客房——拜见端方总督

第四章　053

金沙江——从汉口到宜昌——中国的暴乱和叛乱——圣诞夜——老月和扬基旗

第五章　075

过扬子江三峡——从宜昌到险滩——在中国兵船上——红牛犊——江难——《圣谕广训》——向美国国旗致敬

第六章　093

天府之国四川——万县——总督眼中的鸦片——义和团问题——婚礼早餐——水灾与火灾——中国人的轻信——中国文化与基督教

第七章　110

华人也能争分夺秒——难忘的步行——重庆——无处不在的竹子——中式的苦力合同——重庆的传教使团——前往泸州之路

第八章　127

传教的需要——当地人的服饰——泸州——拜访官员——中国囚徒——保票——盐井

第九章　142

干旱和当地迷信——中国的水利灌溉工程——官员的荒淫——传教历程——一位中国乡绅

第十章　158

盛大的欢迎——石洞——"代理"的美德——街头混战——土著酋长——老兵勇阿仁——漆树

第十一章　179

官员眼中的铜矿——对孩子的暴行——昭通的众神——中国民歌——赌博——不孝之子的死——扶乩殿——阎王殿——杀婴

第十二章　195

解救饥民——回民起事——中国的野兽——狼群的攻击——白蜡虫——贞节牌坊

第十三章　205

东川——街景——流浪乐师——悲痛致盲——纸扎的冥间财富——海拔一万英尺——活焚麻风病人

第十四章　215

如何旅行——书面协议——中国苦力——射箭比赛——岑总督的规矩——血与铁

第十五章　229

中国译员——商业街——带有蕴意的神话——谒见总督——中国官场的冷漠——中国的急需之物——叛乱时期的衙门

第十六章　236

云南的电报——中国人表达悲痛的方式——中国的瑞士——对作恶者的严厉警告——弑亲者的可怕命运——老潘客栈——神秘的"薄荷"——神奇的井

第十七章　248

大理府——恶魔罗刹的故事——一次回民起义——中式疗养院——劳作中的中国鞋匠

第十八章　260

鸦片的危害——观音庙——牢不可破的城堡——臭气熏天的小客栈——回民的棺材——仁慈的毛拉老师——熏香带来的苦恼

第十九章　273

怪诞的队伍——婚宴——古老的节日——幽灵山谷——怒江的妖怪——苦力的迷信——不知感恩的病人

第二十章　283

中国人对洋药的信任——腾越坝子——大同传说——泥煤的起源——中国药丸——腾越需要传教士——蓝友三——无价的珍珠

第二十一章　296

掸人村庄——南天——掸人和缅甸人——演戏——当众刮胡子——谋杀马嘉理先生——赌场——埋葬鬼魂——日记摘录

第二十二章　317

　　谬迪——莽撞的厨师——罐城八莫——八莫城的传教使团——缅甸的精灵——掸人——前往曼德勒

第二十三章　327

　　旅途的终点——斩头神灵——仰光——对猫的猎杀——传教士的失误——传教士的奉献和传教收获

*天下无难事，单怕用心人。（时谚）*①
There is no difficulty in the world that cannot be overcome by the man who hustles.—current proverb

第一章

从蓝色到黄色——上海——中国妇女——
迷信——鸦片——国学

在远离中国海岸 30 海里的太平洋上，扬子江的颜色依然清晰可见。不计其数的泥沙随江流下，沉积在倾斜的大洋海底。作为陆地的创造者，这条中国的密西西比河，可谓无与伦比。它从西部携带来的泥沙逐渐沉淀，为江苏创造了大片陆地。目前当地人赖以生息，并用来耕作稻米、棉花和小麦的大片土地，原来都是其先人所说的"海"。今天，这条大江还在以掠西补东的方式，从事着扩展疆土的生产，并且搅浑了并不总是太平的太平洋海水。到中国来的游客在看到那低平的海岸之前，也会首先发现那种类似藏红花和巧克力的颜色。风平浪静的海面上有时会出现一片蓝黄分明的水域，在那里，蓝色的海水与黄色的江水拒绝混合在一起；接着远洋轮会滑过这明显的分界线，从蓝色的海水进入黄色的江水之中。巨大的太平洋远洋轮吃水太深，无法驶入狭小和随潮汐起落的黄浦江口，以直达位于黄浦江上的"上海模范租界"，所以我们只好在离吴淞口这个中国村庄数海里处抛锚停靠。这儿离租界约有 12 英里②的路程，正好位于黄浦江和扬子江的交汇处。乘客们从轮船换乘拖船，

---

① 为了尊重原著，除每章有不同的谚语外，书中的地理区划用语都保持原样。
② 1 英里 ≈1.6 千米。

后者载着乘客及其行李溯江而上，越过黄浦江口附近的"天赐屏障"。这道屏障对航行构成了巨大威胁。那儿潮水湍急，巨浪滔天，到处是漩涡，许多不慎驶入此处的平底帆船和轮船在这里遇难。许多海船船长发咒道，该"屏障"并非天赐。

上海是东方的大都市，每一个来到远东的人迟早会来拜访这个城市。这里汇集了来自世界各地的人，有美国人、英国人、德国人、法国人、俄国人、葡萄牙人、荷兰人、意大利人、日本人、朝鲜人，等等。亨利·诺曼写道："远东之行有许多令人惊叹的地方，其中之最当然是初见上海……我简直不敢相信自己的眼睛。那是一座富丽堂皇的城市，被一条宽阔而拥挤的大河所环绕，虽然其华丽只是表面的，因为上海所有美丽而坚固的建筑全都集中在沿河一带。但我所说的是对上海的第一印象，这种印象超过了纽约，也远远胜过了旧金山，几乎就像利物浦那样令人难忘。一条宽阔而美丽的林荫大道（当地人叫作外滩）沿着河岸延伸，而外滩的另一侧从头到尾都矗立着商业建筑，全都是世界一流的……外滩的尽头是一片硕大的绿地公园，盛夏的黄昏总会有乐队在此演奏。整个上海灯火辉煌，通宵达旦，还有那些不计其数的电线杆，也会让你想起芝加哥……此外，如果站在甲板上，那么你所看到的，除了汽船上色彩鲜艳的各种旗帜在和风中飘荡，还有领事馆上的旗帜在城市上方飘扬，这场景增添了更多动人的色彩。"

在诺曼写下上述文字以后，上海又取得了长足的进步，早已今非昔比了。美、英、法的租界都远远超过了原来的地盘，一眼望去，外滩那些壮观的建筑和排屋延伸到了几英里之外的地方。大型的工厂正开足马力，生产丝绸、纱线和火柴一类产品，说来遗憾，还有啤酒。看到下面这幅图景是十分有趣的：各色各样的人从这个世界性港口城市的各家工厂和办公楼出来，此时海关大楼上那口大钟的长短针正好同时指在12点的位置上。双驾的大型马车、座位下有载狗车厢的背靠背双座轻便马

上海街景

盖洛

THE AUTHOR'S CHINESE VISITING CARD.　　HIS CELESTIAL NAME IS GEILOH.
ON THE REVERSE SIDE OF THE CARD ARE CHINESE CHARACTERS SAYING—
"THE GREAT AMERICAN TRAVELLING MAN WITH A PASSPORT."

作者的中文拜帖。他的中文名字是"盖洛"。
在名片的背面写着"持护照的大美旅行家"。

车、单马双轮轻便马车、汽车、自行车、黄包车、独轮手推车,甚至还有轿子,沿着堤岸潮水般涌来,然后飞奔到那些"马路"上(或者那些标着地名的街道,比如南京路、北京路)。它们或者穿过那条名叫"洋泾浜"的水道进入法租界,那儿的标牌上用汉字写着"法兰西";或者去往另一方向,穿过礼查饭店旁的花园桥,沿百老汇路或熙华德路上行,再穿过美租界(当地人称其为虹口)。扬子江上挤满了中式平底帆船、欧式三桅帆船、舢板、大英火轮船公司和法国火轮船公司的大船、洋式纵帆船、拖轮,还有军舰。好一个大杂烩!这种景象足以使那些"中国佬"吃惊得"翘辫子"(相当于我们的俗语"蹬腿"),甚至连处事不惊的英国士绅也会惊讶得合不拢嘴。在他们看来,这种情景并未"开化"当地人,而是更加增强了他们的观念,即这些架设了照明设施和盖起了摩天大楼的蛮夷是货真价实的魔鬼。要想用所谓"西学"或"文明"去清除迷信和偶像崇拜,就如同用玩具气枪去击沉一艘停泊在黄浦江上的美国战舰。

许多肤浅的环球旅行家都根据上海来认识中国。这是个严重错误,因为这个海港城市尽管在中国,但并不是真正的中国。中华帝国的人民非常小心谨慎,很难接受一种新的暴发户式的文明;在高鼻梁的欧洲人到来之前,中华文明已经经受了数千年的历史检验。进入20世纪后,创新已然不可避免,对今天的中国而言,创新是悲剧和喜剧的可笑混合。上海的传教工作十分艰难,但犹如其他事业一样,传教士们还是选择了上海为他们的活动中心。设在上海的美华书馆也许是亚洲最大的出版机构,仅今年就印发了80万页的文献作品,雇用了250名华工。其他传教使团也有同样的举措,而附属于各个教会的学院和学校也大都得到了当地名流和富绅的捐助,他们现在广泛看好教会学校所衍生的巨大利益。目前在政府部门就职要求有一定的英语知识,所以绝大部分政府雇员都出自教会学校。同文书会不仅拥有一流的英语翻译人才,而且是强大的启蒙机构，对人们的教育起着极其重要的作用。但最具影响力的还是那些教堂，它们散布在区域广大的上海租界，就像电灯一样照亮了浓浓的黑夜。光荣属于美国监理会在虹口的优秀学院！光荣属于美国圣公会的圣约翰学院！对上海的访问使我心花怒放，而上海不过是大清帝国一个小小的部分。放眼西望，那就是我即将启程的伟大旅程——放眼中国的人民，8000万男子是一个多么惊人的数字！

请牢记这惊人的数字。索福克勒斯曾说过"万千奇妙人为首"，中国谚语也称"人是万物之灵"。那么，这个我们所轻蔑的伟大民族都有哪些纪录呢？早在卡克斯顿出生之前一千年，中国人就发明了印刷术。当他们已经拥有许多图书馆时，我们还没有学会在桦树皮上用木炭写象形文字。我们的祖先之所以能放弃用石头和葫芦制作的器皿，原因在于他们将陶器制品摆上了市场。还有丝绸！你可曾见过比中国丝绸店的丝绸更加精美的织品？可你会问：中国人是不是像我们一样？要回答这个问题易如反掌，因为在不少方面，他们都胜过我们。在礼仪上，他们是温文儒雅的切斯特菲尔德伯爵[①]；我们是穴居生活的类人猿。作为工匠，他们的坚忍和耐心，与其发明新机器的能力正好成反比。作为农民，他们能够每年生产三茬优质的庄稼，而所用的工具只不过是木扶手的铧犁，就连播种和收割也全凭双手。一台收割机、脱粒机或轧棉机，都会把他们吓得从田里逃走。作为学者，他们都是记忆的巨匠，不费吹灰之力就能背诵整卷书籍，但说到实用知识或应用科学，他们则浑然不知。比如工程学，在他们看来绝非一种职业，只是"劳作"而已，而中国的士绅又是不能"劳作"的。不过看看大运河吧，长达120个地理里格[②]，

[①] 切斯特菲尔德（Earl of Chesterfield，1704—1773）是18世纪英国著名政治家和外交家。他曾写过《给儿子的几封信》和《给教子的几封信》，主要内容是教人如何待人彬彬有礼。

[②] "里格"为长度单位，1里格约为3英里、5公里或10华里。"地理里格"是将地理单位（即赤道上经度1分的长度为一个地理单位）与"里格"结合的长度单位。

上海火车站

是世界史上无与伦比的伟业！还有长城，其体积，按黑格尔的计算，比英格兰和苏格兰全部建筑所用石料的总和还要多！

是的，8000万男子，这还不包括女子——有同样数量的中国女子生活在男子的阴影之下，就像我们生活在中国人的阴影之下。中国妇女所遭受的社会压迫、苛政统治，包括将她们卖身为奴的制度，以及年轻媳妇所面临的来自婆婆的迫害（至今依然十分普遍），可谓罄竹难书。可对英美人来说，关于这个话题的所有文字记载都是难以让他们理解的事实。那些矗立在许多城市郊区的小小弃婴塔，以及准许那些阴森恐怖的弃婴塔存在的野蛮习俗，全都昭示了那些女婴刚出生就遭遗弃的悲惨命运。然而也应该注意到，女性一旦赢得主宰权，通常都会用铁腕来加以维护。眼下的慈禧太后就是一个范例。40年来，她一手遮天，主宰着皇室和整个清帝国。目前她掌握着巨大的权力，也是全世界最专横的女人之一。她的许多精力，在我们看来，是被那些昏庸无知的大臣给误导了；然而她似乎从自己的痛苦经历中获益匪浅。凡是适用于皇室的，也必定适用于整个帝国。皇太后能拥有目前的地位，靠的是奋斗而不是继承；她能维系这个地位，靠的也是自己那不屈的毅力。唯有她才是人类四分之一人口的绝对统治者，管辖着人类四分之一的人口。中国男人从不轻视比自己更强的女人。在印度，只要得到允许，寡妇就会自焚殉夫；在中国，男人会竖立牌坊，以表彰那些拒绝再婚的女人。

除非对其虚幻的环境有足够的认识，否则我们将永远无法理解这群为数众多的男人。据说中国人缺乏想象力，物质至上，讲究实际，生活范围狭小而有限。事实上，中国人是生活在虚幻的世界里，他们祭拜那些从未见过的鬼神。举国上下，数不胜数的庙宇，即是对这些鬼神的供奉之地。善男信女对此不惜时间金钱，旨在消除鬼魂的纠缠。中国人怕闹鬼，衙门里、马车上、轿子里、私宅内，甚至蚊帐后，处处都有鬼魂出没。除祖先之外，也有不少是善良的鬼魂。中国人祭拜祖先的在天之

上海附近一座当地人自行修筑的桥

灵，比起祭拜天地来，无论用时之多还是用心之诚，都有过之而无不及。你不能说中国人是圣人或恶人，但他们时刻在担惊受怕之中生活，须提防阴阳两界的众多鬼魂。这个国家拥有世界上最多的煤矿资源，却从来没有开采过，因为害怕惊扰那条掌管天地的巨龙。"一旦将钻机打入它的脊背"，人们会说，"那定会把它从沉睡中惊醒，四周的锯齿状群山会在瞬间化作凶猛的龙兽。不！让那些煤永远地埋在那里吧。我们宁愿烧芦苇稻草，也不愿冒险去招惹那可怕的灾难"。这里还有丰富的金矿和银矿，开天辟地时，造物主把它们放在那儿，至今仍没人敢动。实际上，中国人所遵循的乃是奥维德的警告："财富出土，万民受苦"①。

每逢电闪雷鸣，虔诚的中国人就会躬身低头，以示敬畏，恰似敬奉神灵一般。我们对他们表示，我们对于雷鸣闪电并非害怕，而是敬重，因为我们用它来驱动车轮，或命令它在海底或陆上传递信息。我们向他们证明，只要将地下宝藏开发出来，他们的祖国就会是世界上最富有的国家。我们现身说法，告诉他们那些鬼神和精灵都只是心理的产物，是过去遗留下来的迷信。8000万男子当中，只有10万人得到福音书的解救而摆脱了鬼魂的奴役！那么其他人呢？

你或许会说，"噢，但他们怪异诡谲"。我不那么看。你若以貌取人，那你的结论定会大错特错。毕竟长一对鸡角眼的中国人还不到总人口的十分之一。他们走路、欢笑、恋爱、学习，都跟我们一样。至于皮肤的颜色——请你记住美是相对的——欧洲人灰暗而病态的神情难道比善良而健康的黄种人更美吗？你问他们住在哪里？他们居住在乡间，他们聚集在城市，他们在山川和平原栖居劳作，他们生生死死，全都在抬足可及的地方！他们中间有狂热分子，不过狂热分子到处都有，而且也不是什么坏的迹象。他们有许多品德，只要善加利用，就会使他们成为杰出

---

① 原文为"Effodiuntur opes irritamenta malorum"，拉丁语，出自奥维德的《变形记》。

上海附近的菩萨

扬子江畔一位富人的陵墓

的基督徒。基督徒应该认真思考一下。想想看,中国的城市是数百万人聚集的中心,却得不到福音的恩泽;有上千市镇,却没有女孩可去的教堂和学校,整个大清帝国却连一所女子学院都没有!时至今日,还没有一本中文小说是为宣传耶稣的教义而写的。中国人感情强烈,绝非柔弱之辈,并不像软弱无骨的海蜇。他们对金钱的渴望跟其他所有民族一样强烈,就连犹太人也不例外。对金钱的渴望使他们十分勤奋,而勤奋则是成功的关键和主因。天下没有不长尾巴的老鼠。他们也在赌桌上小试身手,以求"捞取"一丁半点儿,可他们似乎还没有染上赌股票和棉花期货的狂热。苦力们拿到铜板的报酬之后,会跑到茶馆去掷几个骰子,玩几把骨牌或摇几下转盘之类,想让铜板翻倍,但也可能输个精光。

除了可怕的鸦片嗜好外,天朝人对烈酒并不贪杯。他们饮用大米酿制的低度酒,且不滥饮。在白人开的商埠之外,很难找到威士忌。在中国的公共场合很难见到酗酒者,可鸦片却无处不在,渗透了整个帝国。大片的土地被专门用来种植罂粟,这比种水稻或小麦更容易消耗土壤的肥力。在轮船、住家船①、运河上和大商号里,到处都有人躺着抽大烟。鸦片并不是吃的,也不是在大街上抽的。它成了一种全国性的癖好,人人都知道它的危害,但甘心成为它奴隶的鸦片鬼多达千百万。由于当地人具有追求享乐的特点,所以一旦成瘾,便往往不能自拔。一个人看上去严肃持重,其实却不然。每个市镇都有众多的茶馆。人们休闲时就聚在茶馆里,在杯子里泡着清茶,或洽谈生意,或聆听小曲,或闲聊一些市井新闻。

中国人也有自己的行会。在天朝大国里,就像在其他地方一样,劳资双方也都有完善的行会组织。钱庄老板的行会控制着金融市场;还有许多同乡会,其会员都是来自同一个省的男性。帝国的每个城市都有这

---

① "住家船"指以船为家的船只。

上海龙华塔

样的行会，它们权力巨大，就连官员也不敢与之作对。中国人的感情强烈可以从他们对文学的酷爱中得到证明。这是一个盛产文人的民族，他们对文学大家有如崇敬神灵一样。对所有的问题，中文的典籍都具有终结性的权威。诗词歌赋是艺术的精髓。戏剧的地位仅次于文学，其作用在于传承风俗与习惯，并通过历史剧的表演来保存古代历史。总体说来，戏院是个不错的地方，不妨到一家能容纳2000人的剧场去见识一下。除了妇女之外，所有人都戴着帽子。观众面前的茶几上端放着精巧的茶杯，很多人在看戏时都津津有味地品着茶！听听戏院里那此起彼伏的笑声，但听不到一点掌声。一连几个小时，观众都在洗耳恭听演员的台词和唱腔，演绎先人如何击败入侵敌军的故事。你可以在这儿找到中国人性情活泼的充足证据。中国的普通乡村有两大事件，一是祭鬼神，二是庙会演出。演出几乎全由男人担当。中国人善良品性的另一个表现就是行善，早在哥伦布发现美洲大陆之前，中国就已经有了许多重要的慈善机构！在耶稣基督降生前一千年，中国的典籍就已经在提倡慈善事业了。然而，他们依然没有学会该如何真正地行善。不过，我的用意在于证明他们对行善有强烈的热情，尽管行善的动机或许并非将善传给受益者，而是获得人们对施与者的赞扬。中国人最看重家庭，这是他自身价值的证明。一个人独身而终是很不体面的。社会的细胞是家庭而不是个人。政府是家族制的政府。一家之长统领着所有家族成员，除非妻子比自己强，否则每个中国男人都是自家圈子内的皇帝。8000万个精力充沛和意志刚强的男子汉正迈开步伐，背向未来，赶赴往昔！

多少楼台烟雨中（描写南京的诗句）
Tower and porticoes shimmering in the mist.——Spring in Nanking.

天下唯理可以服人
Of all things under Heaven only Reason can subdue men.

第二章

子夜启程——像华人一样旅行——中国饭——南京——
贡院——科举考试奇观——在中国的传教活动

我在中国的长途旅行开始于子夜时分，颇有点逃亡的意味。人说"午夜凭瞭望，墓地哈欠时"。我手里提着照相机的三脚架，离开了"上海"（Top-Sea）[①]的福州路码头，乘坐一艘摇摇晃晃的小船，登上了"洪昌号"客轮。它停泊在水道中央，锚抛在八英寻[②]深的水中。前来送行的几个朋友跟我一起上了船。选择"洪昌"，不是因为其名号，而是因为船主允许外国人像中国人一样旅行。扬子江上的有些轮船规定，除了中国人之外，不允许任何其他人进入国内舱。我之所以做这次旅行，并与中国旅客一样吃住，是为了想真切地了解中国及其人民。所以我设法预订了一个专供中国人使用的舱位。夜晚的上海很美，江岸上流光溢彩，在码头停泊和水道中航行的船只的航标灯交相辉映。12月的空气显得潮湿而寒气逼人。我们疾步登上这艘有着三层甲板的轮船，不由得使我想起了美国密西西比河上那定期往返的船只。中国人的大客舱位于主甲板的前方，我们走过一条两边都是高级包舱的宽阔走廊，很快就找到了那个客舱。右舷的木壁上挂着一块牌子，上面写着：

[①] 在汉语里，"上海"即"高海"。——原注
[②] 1英寻（fathom）相当于6英尺或1.8288米。

请为传教士

准备好

五个国内舱。

　　这就是对我身份的认定。很明显，在他们眼中，我就是一个传教士。坐轮船的中国人很多，大部分都住在甲板上的船舱里。在众多的乘客中有一群基督教传教士，为了给教会省点钱，他们也都跟中国乘客一样旅行。以这种方式，可累积起一大笔费用。比如乘头等舱从上海到汉口，按鹰洋①来计算，外国乘客的费用为四十元，而国内乘客只需十元四角。鹰洋的币值有波动，我在上海逗留期间，一鹰洋大约为四十美分。

　　那群传教士由几位女士和大学教师组成，后者都蓄着饰有流苏的辫子，带着家眷和孩子。

　　子夜时分，兼管信号的舵工敲了八下钟，之后我便转身进了自己的短小铺位。铺位上除了我在上海为去缅甸的漫长旅行而购买的被褥之外，没别的东西。在一阵怪异的铅棒敲击声把我惊醒时，我发现轮船已从汹涌的黄浦江拐入了当地人称为大江的扬子江中。这是一条令人惊叹的大江，川流不息，奔流在长城和珠江之间。它发源于青藏高原，从那终年积雪的山中静静地流出，带着远古的恢宏气势，冲破宜昌三峡，席卷东进，庄严而宏伟，似乎它对自己在世界商业界举足轻重的地位已是心知肚明一般。它还是八个省的运输主动脉，将半个大陆的水，经由日益变宽的河道，倾泻到黄色的海洋之中。即将到来的事件总是将影子投射在前面，扬子江也是如此。埃弗利特船长验证了这样一种说法，即这条滔滔巨河从光绪皇帝的帝国心脏带来大量黄沙，使沿海50海里范围内都因此而染上黄色。扬子江无疑是旧世界的第一大河，只有新世界的

---

① 鹰洋：墨西哥银圆，也叫做"墨银"。

准备上路的传教士

在扬子江上撒网捕鱼

密西西比河与亚马孙河能与之媲美。

在涉及扬子江航运情况的英国海军部中国指南中，我发现用黑体字印着这样的文字："注意，水流变化；注意，水流的升降；注意，扬子江口的潮汐；注意，卡尔斯水道；注意，流行病；注意，江龙沉船灯塔；注意，水流速度；注意，危险暗礁；注意，漂砾浅滩；注意，宜昌峡谷；注意，第一湍滩；注意，从重庆到宜昌的每个险要之处都有保甲船。"基于这些提示预知种种危险，令人感到无比的欣慰和镇静。由于这些提示所预示的种种危险，另加上其他一些原因，我决定将行李用轮船送到仰光，随身携带的物品只有照相器材、个人财物、一个装着书的竹箱、一床被褥、几件毛线衫和三脚架。后来的麻烦让我意识到，我把过多的东西送往了仰光，只好自讨苦吃。关于这事，以后再谈。

"早饭"供应从 8 点 40 分开始，带有酒水，设在那个被隔开的走廊里，我们的船舱有门可以直通这个走廊。餐厅里没有悬挂显赫的名人字画，但充满了画面中常见的明暗对比（penumbra）。这里污渍的存量之大近乎浪费，想必轮船公司对它们的供应是无穷无尽的，因而无处不在。每个角落、每道舱壁，甚至地板中央，都有其踪影，而且都是黑白分明，绝非那苍白而稀疏之类可比，后者在皮肤黝黑的当地人脸上时有发现。这种污渍连白蚁见了也会心花怒放的。圆桌上铺开一块白布，周边摆放着饭碗和鲜红的筷子，中央四个盛着开胃小吃的瓷碗。这些碗具上都有一条张牙舞爪的龙和一些怪模怪样的装饰画。第一个碗里是过期并散发着臭味的虾；第二个碗里是令人作呕的豆腐，轻轻地漂浮在盛夏大海一般的当地的醋和芥末油里；第三个碗里是腌萝卜叶等；第四个碗里是豆腐干，它让我想起在硫化氢中浸泡过的野猫肝。这种早餐直让人想起那句拉丁谚语："刀剑伤人，酒肉更甚。"①

---

① 原文为：Plures crapula quam gladius。

在我们"进攻"早饭前,"福音传播者们"唱起了"感恩祷告",绅士们深沉的男低音和优美的男高音与淑女们银铃般的歌喉交相呼应,和谐悦耳。这是一支在异教徒团团包围之中的奇怪插曲。她们吟唱了下面这两段歌曲:

> 我们崇拜的主是多么善良,
> 他是我们忠实不变的朋友,
> 他的爱跟其力量一样伟大,
> 既无法计量,也没有尽头。

> 耶稣基督就是原初和终结,
> 他的灵将我们平安送回家,
> 我们赞美他,为了过去的一切,
> 我们相信他,为了将来的一切。

我定睛看着他们,一边端详,一边在心里纳闷,不知道他们中谁会第一个遭屠杀,因为他们要去的地方据说有骚动和叛乱。要不是有扬子江沿岸两位总督的友谊,在义和团那场运动中,他们肯定已在中国西部被抛尸野外了。那些侥幸活命的传教士所属国家的政府应该赞扬和感谢这些头脑冷静的清政府官员。

我们吃完这顿要命的早饭时,江面已经非常开阔了,足有10英里宽。这条文明的大江,从遥远的擎天柱中流出,经过神秘莫测而又令人敬畏的西藏,蜿蜒曲折约3000英里,穿越了这蓝色睡袍般的土地,而后在吴淞口汇入浩瀚的大海。我的同窗学友威廉·斯特克尔曾对我说过,流动的水是万千自然中最美的。但他所说的流动的水,乃是宾州多伊尔斯顿附近的可爱草地中、蜿蜒流过奇形怪状鹅卵石的某条秀丽的溪流，而绝对不是眼前这庞大丑陋的泥河。但这条大江永远令人入迷。从航路的浮标上可以得知，距离上海还不到10海里，尽管江中的湍流来势凶猛，可水急浪高的潮汐仍然以每小时3节的流速逆流而上。放眼望去，眼前是一片洪水泛滥的景象。

"洪昌号"拖着一艘船体比自己还大的黑船。它的顶上覆盖着波纹铁，将在某个港口被用作接待码头。它缓减了我们的航速，但被捆扎在船舷一侧，倒也可以用作散步的甲板。著名的剑桥乐队的一位神经质的成员和我一道，信步从"洪昌号"走向"塔奈斯号"（黑船的名字）。当我正迈上"塔奈斯号"时，他的辫子因卡在支柱上而掉了下来。幸运的是，那辫子不是从他自己头上长出的，他刚从英国回来，自己新蓄的辫子依然"留着"，掉下来的原本就是别人所蓄的二手货。有几位背上垂着真辫子的中国人俯身在船舷的上缘，七嘴八舌地议论着这个掉了辫子的假洋鬼子。

有两艘船从我们身旁快速驶过，继续往大海驶去。第一艘叫"顺达号"；紧随其后，竖立着黑烟囱的，叫"昌德号"。

船上的服务生一副兴高采烈的样子。12点整，午饭上来了，比早饭更加不同凡响。为我服务的"老幺"和"成贵"，是我在"洪昌号"上的开心果。我喜欢他俩，并通过观察他们而得到了不少乐趣。老幺虚岁22岁，也就是说实际年龄是21岁，阴历十一月出生。多数时间是他在服侍我，但有时我也服侍他。有时他会显出倔强、冷漠和反感，以抗议被人使来唤去。但他总是那么善良，胖胖的脸上挂着亲切的微笑。特别是当我用巨大的筷子和潜水员打手势，向他解释我需要牙签的时候，他会转身离去，并很快返回递给我一些他自制的牙签。这些牙签，放在卷尺上量一量，足有5英寸[①]长，都是用竹片削制而成的。而那些竹片

---

① 1英寸≈0.0254米。

又都来自一种当地的扫帚柄，已在苦力手中用过很长时间了，其年岁和质地，都可以从它边上的古老印记中看出。

我的照相机三脚架安然无恙。中国人是这个星球上最古老的民族，就连我的两个"伙计"也似乎遗传了那种"老年"特征。老幺是个地地道道的天朝人，精明能干，经常会给人意外的惊喜。午饭刚过，他便忽地奔了进来，端着盛有开水的洗手盆，将其放在一张方形的中式椅子上。一贯满不在乎的成贵，这时也兴高采烈地走了进来，将桌布敏捷地摺在右肩上。他将碗碟浸在盆里，并用桌布擦拭着它们，直到人们弄不明白，在碗碟、桌布和人之间，到底哪个更干净些。成贵是个油滑的年轻人，身上的鲜油脂极其丰富，足以做成一块洗面香皂，所需的只是配以适量的碱液——他自己就是一张口就谎话连篇。① 然而他主意很多，脸上总是堆着笑。我注意到这扬子江的颜色，恰好就是成贵的颜色。似乎他那数以百万的祖先，都曾在这川流不息的江水中沐浴过，每个人都洗去过一点颜色，终于使这条大江变成了一种特殊的黄色。我们白天所经过的江阴（意为"江边的树荫"）② 是一个坚不可摧的要塞，那儿有不少大炮。一位知情的旅伴告诉我们，这些大炮能够横扫十英里范围之内的江面。要是它们也能命中船上的餐厅，我们会感激不尽的，因为这里也需要"横扫"一下了。

终于有个机会，可以看看我们的船舱四周了。我发现有各式各样的小东西为了逃避海关官员敏锐的目光而偷偷地搁在船上。中国人笃信洋人，他也会以任何自认为是合法的手段去分享他们所有的一切，尽管"唐山"的居民中少不了一些小偷小摸，但他们也有一些辨认罪犯的绝妙方法。请看下面的例子：在某个小城镇的城墙之外，有一位卖油饼的

---

① "碱液"和"假言"，英语分别叫 lye 和 lie，是同音双关。
② 属作者误解，其实意为"长江的南边"。

小贩，他的早餐油饼两文钱一个。他总是把油饼盘子放在祠堂前的石狮子上，当顾客付钱之后，他就把卖得油饼的钱放在还没卖掉的美味油饼旁边。一天早晨，他因故离开了几分钟，待他回来时，"现钱"不见了。由于找不回那些钱，他急匆匆地跑去找地方官，像中国人所习惯的那样大声喊冤，要求地方官主持公道。衙门的差役们把他带上大堂后，他讲述了案子的经过。所有的钱都不见了，小偷又踪迹皆无，但知县大人却胸有成竹。他声如洪钟，当堂断案，下令将放置饼盘的石狮带上大堂，并打了板子，因为只有这头狮子可以承担一切责任。诉讼吸引了衙门四周的大量流浪者。对狮子用过刑后，所有的门窗关上了，只有大门还开着，但那儿已放了一个大水缸，人们只能逐一离去，出门时还必须向缸里投一个铜板。一位精明的捕役受命详查这个过程的每个细节。他很快就发现，有一个家伙扔进铜板后，水中浮起了油饼特有的油渍。捕役立刻拽住他的辫子，温和地说道："还有吗？都给我吐出来吧！"

我的照相机完好无损，经受住了整个航行的考验。

我那两个妙趣横生的朋友老幺和成贵在旅程快结束、给小费的时间即将来临时，态度变得更加殷勤。他俩都有汉民族的那种商业本能，我也开诚布公地说明，我绝无嘲笑他们的意思。按船上的那口钟，我们到达南京（意为"南方的京师"）对面时已经过了正午。这最后一段旅程过得并不轻松，因为老幺和成贵都显得坐立不安，也许是不太肯定能拿到多少小费。最后还是我自己走开，因为戈蒂埃①曾说过，"人的双眼，除非转到别处，是不能够长时间凝视痛苦景象的。女神都会厌烦，所以那3000个前往高加索去安慰普罗米修斯的海洋女神们，一到晚上就急忙起身回家了"。动身前，我给了他俩几个银币，他们伸手接过钱，脸

---

① 戈蒂埃（Théophile Gautier，1811—1872），19世纪法国著名的诗人、小说家、评论家和记者。

上的忧郁瞬间烟消云散,这是何等的神奇!我们逐个从"洪昌号"转到了一艘平底船上,然后踏过一块厚厚的滑木板到了泥泞的岸上。这里的马车和破旧不堪的黄包车之多,是我前所未见的。我的好友包文[①]从头天晚上10点开始就已经等候在码头上了,这儿离他的住处有4英里。我们一同驱车进了城。一道周长20多英里的坚固城墙将整个城区团团围住。城内的大片空地足以生产充裕的粮食,即便遭受围攻,全体居民和守城将士的食品也不用犯愁。一条宽阔的碎石路,从栈桥开始,穿过城门,并经过总督衙门,长约10英里。这条作为中国改革实践见证的路是《劝学篇》的作者、敢作敢为的张之洞总督修建的,张之洞的改革方略使他获得了"洋奴"的绰号。

似乎有些不可思议的是,基督教青年会目前在中国仅有一座楼房,而且这座楼还就位于南京城内。我特意停下来看了一下,那是一座崭新的漂亮建筑,尚未完工,耗资2500美元,全部由"黑猫"库珀捐赠,它是专门为汇文书院的学生而建的。任何商人,只要像我这样看到过这座建筑,并知道其造价,都会得出结论,即目前在中国的传教士中有不少精明的商人。仅在南京,教会学校的学生就有好几百,此外,还有1.5万名学生定期前来,参加三年一次的科举考试。我发现在整个中国,最热心和最有用的外国人要首推鹿依士[②]、来会理[③]和格林[④],他们都是美国的大学毕业生,从事着最明智和最稳妥的工作,即开导和拯救中国的广大学生。

---

① 包文(Arthur John Bowen,1873—?),1897年来华的美国传教士,汇文书院博学馆总教习。

② 鹿依士(Spencer Lewis),1881年来华的美国美以美会传教士。

③ 来会理(D.W. Lyon,1870—1949),1895年来华的美国传教士。他在天津创办了中国第一个基督教青年会。

④ 格林(Robert R. Gailey,1870—1948),1898年来华的美国基督教青年会传教士,毕业于普林斯顿大学,曾在天津协助来会理组织中华基督教青年会,1910年出任北京基督教青年会总干事。

在前往贡院的途中，我路过了两座圆形的、用石灰水刷白的弃婴塔。塔旁还有座小房子，外观有点像寺庙。这是我来华后第一次亲眼看见弃婴塔。大门旁边张贴着竖写的布告，宣称这儿的服务是全部免费的。在前院放着一个婴儿盆，儿童夭折后，尸体焚化前先放置在这盆里，焚化后的骨灰便扔进了塔里。也许这里只收死去的婴儿，但在帝国的一些地方，活着的女婴也会被扔到这种可怕的弃婴塔里，而且我还听说，人们常常会听到从这恐怖的弃婴塔中传出撕心裂肺的哭声。

在众多不同凡响的景色中，南京有一处风景堪称奇迹，而且无论从哪个角度看都最为壮观（我省去了对明孝陵的详细描述），这个不可不提的地方就是贡院。南京贡院的大门正对着夫子庙街，来这儿参加科举考试的人恐怕比帝国其他任何一个贡院的都要多。它仅有一道门，所有人都由此进出。万一有人在考试中不幸死去，尸体也都是从砖墙上方递出来。紧闭的大门上有总督的狭长封印，任何情况都不得启封，除非主考官以身殉职，死在场内。

生员们也十分忌讳有死尸从门中抬出，毕竟这里是他们渴望进入仕途和获取功名的通道。在步入大门时，我注意到，从外门入口处一直到各个考厅，两旁都有好几排淡红色的防护栏。院落的中央是一座高高的塔楼，因里面有面大鼓，故名鼓楼。贡院的四个角落各有一个角楼，科考期间，里面都有护卫日夜监视。

从鼓楼上看下去，建筑群的总体规划便呈现眼前。一排排的小屋是学子们用功大考的地方。它们用土砖建成，单行排列，瓦块盖顶。每个隔间进深44英寸、宽37英寸、高5英尺[①]8英寸，后墙上有一个小小的壁龛，供放置蜡烛。我数过这样的小隔间，其中有一排有96个，还有一排达100多个。通往小隔间的过道十分狭窄，从前排正面到下排后墙

[①] 1英尺≈0.3048米。

汇文书院内的基督教青年会

的距离，最多不过46英寸。我曾站在中央塔楼的一个窗户边，数过一排排的隔间，共有6千多个。因此，这里所能容纳的考生至少在1.5万以上。这使我想起了一位官员，他也曾估计过如此庞大的数字。现在，考生的数目之多有时就连贡院也容纳不下，碰到这种情况，为了能使考试正常进行，便在过道里增设临时隔间。过了鼓楼，还有三道大门，门的上方各有匾额。右门上方为"东文场"，左门上为"西文场"。中门上为"鐍闭气清"，其大意是说：贡院大门一旦锁上，作弊之举便绝无可能。

我拿出了照相机三脚架，可并不是借助它来作弊。

这些举国尽知的"大考"或"科考"具有诸多非同寻常的特征。其中最特别的，是考生的年龄差异。我曾听说过一个神童的故事，他12岁便中举，相当于获得硕士学位，但英年早逝，用他声名显赫的后裔的话说"他太过聪明，20岁便去世了"。年过七旬，甚至已过八旬的老头，哪怕多年努力均名落孙山，也仍然不改初衷，每年如期而至，希望能赢得匾额和旗帜，以此来光耀门庭。那梦寐以求的学位有时被授予这些长者，以奖掖他们老当益壮、坚忍不拔。

中国人都是优秀的组织者，有着天才的组合能力。在进入外大门之前，每个生员对自己的隔间位置和号码，早已了如指掌。他的食物、蜡烛、炊具等，都在官府颁布的一部书里预先做了详尽的规定和描述。这些规章是不断进行修改的。前些年，生员都必须点红烛，但在上一次科举考试中也允许点白烛了。这么大数量中国最好的学者在这个省会城市的短期停留，非但没有丝毫消减当地人那种迷信、偏执和描述，反而使之越发增强。几年前，曾有一位美国医生通过一件纯粹是行善的事，无意间引发了一场小小的骚乱。他为一个当地病人摘除了一只无用的坏死眼球，以一个玻璃眼球代之。手术很成功。可不幸的是，有一天这位病人当众将玻璃眼球取了下来，随即又一下子塞回了眼窝里。在场的人见状都惊骇不已。他们现在终于眼见为实，可以证明那不幸的外科大夫确

第二章 | 027

南京的古城门，附近有骇人的弃婴塔。

实拥有魔力。此前早有流言，称传教士用儿童的眼睛来做药，这下可有了确凿的证据。流言不胫而走，于是一群暴徒聚集到了这位医生的住处，干起了其他暴徒在中国曾经做过和将来还会做的事情——将那传教士的房屋彻底捣毁，如此种种。后来，官方制止了那场闹剧。他们还贴出了布告，解释那个玻璃眼球的"无害与必要"。

中国人十分重视科举大考，但也并非皆大欢喜。中国推崇儒家思想，但紧邻贡院的是一个赌博和酗酒的地方。生员们的宗教信仰并不妨碍他们自杀身亡。有的吞鸦片，有的上吊（但这种方法不是很流行），有的抹脖子。科考失败是导致忧郁和走向自我毁灭的一种原因，而科考时的极度紧张和持续压力所造成的精神错乱，迫使很多不幸者自取性命。而且科举考试总在八月份举行，那是一年中最炎热和最易发疾病的季节，正是人体机能因酷暑而变得虚弱的时候。无怪乎，即便是习惯酷热和不怕吃苦的当地人也经常会想不开。南京金陵医院[①]的比必[②]医生给我讲过一个有趣的故事：一个年轻人用利刃抹了脖子，大家都以为他中了魔，所以为他举行了一个特殊的驱邪仪式。比必医生被请去时，发现那人正躺在床上，床前一张方桌，上面有各种蔬菜及点着的蜡烛，桌子下面则捆着两只公鸡。一位道士也被请来除魔驱邪。那道士抓起一只公鸡，割断鸡的喉咙，把鸡血撒在屋里。在撒血仪式中，道士频频做出怪相，十指交叉，屈膝躬身，喃喃念咒，并不断走到床边，查看他的符咒是否已经见效。公鸡驱邪不幸失败后，道士又要来文房四宝，先在石砚上滴些墨水，然后将笔放在墨水中浸蘸，最后在自己手心里熟练地写了几个汉字。然后他将手放到那人毫无血色的脸面前，把那些字吹掉。这样做的用意是，道士有能力将这些字的精神及其作用吹入患者的呼吸，从而将

[①] 金陵医院的英文名称为"Philander Smith Memorial Hospital"。
[②] 比必（Robert Case Beebe），1884年来华的传教医师，隶属美国美以美会。

南京的贡院

魔鬼驱逐。比必医生用他的手指将年轻人那已经切断的气管接在一起，以便让他能连贯地说点什么，从而发现了他那轻率举动的真正原因。那不幸的家伙神志完全是清醒的。文怀恩①是南京的长老会牧师。有一天路过街道旁的一口水井时，他发现水面上露着男人的一双脚。当时科举考试刚刚结束。就在头一天，有个考生不小心让一滴墨汁掉在了自己的文章上。眼看所有成功的希望毁于一旦，既没有时间修复污损，也没有时间重写文章，于是他决定自杀，以便一劳永逸地结束自己的失望和生命。文怀恩所看到的正是那名不幸的生员。

有人告诉我，以前这里有个习俗，一位官员要站在贡院中央大门前的小桥上，挥舞一面长方形黑旗。就在考生们进考场之前，他会高喊：

有恩报恩，有仇报仇。

此时，中央瞭望塔里的大鼓就会敲响。考生都非常清楚，司仪正在祈神，以报复那些胆敢在这个神圣的地方露面的杀人犯、恶人或亵渎神灵的人。人们将银箔做成银锭焚化，以驱逐前来复仇的鬼魂，而成千上万的考生，会以令人恐怖的呼喊回应："复仇者到，复仇者到。"

伦理道德被神奇地糅合进中国的教育体系中，学子也都深信有些凶残的鬼魂会在这时闯进考场，夺走作弊考生的命；许多人屈从迷信，胆战心惊，吓得当场毙命。由于显而易见的原因，清政府已经停止了这种考试。

1902年8月的考试，是天朝皇帝特别恩准的一场大考。平常，举人数为145个，但这次是特考，所以名额翻了一倍，另外还有了49个

---

① 文怀恩（John Williams，1871—1927），美国传教士，后来曾担任金陵大学的副校长，死于1927年的南京事件。

第二章 | 031

江苏省内的水稻田

化缘的道士

特殊荣誉名额。每百人中约有一人脱颖而出，如愿以偿。激烈的竞争极端残酷，身心的压力无比沉重，但中举的人赢得了回报。在中国人心中，这种回报足以弥补他的所有劳苦和耐心。这个回报就是一笔小的俸禄，名叫"杯盘薪"，约值4个墨西哥元，外加少许旗匾费。中举的人可以将旗匾陈列在家里。挂匾的时候总是异常热闹，亲朋好友全都前来喝彩助兴。路过城市的街道，有时可以看到正门上的大幅红纸，上面写着家族某某人的名字，这意味着那个人成功通过了在省会举行的3年一次的科举考试。他所受到的尊敬，甚至超过了在美国所见的凯旋的橄榄球队队长！

大腹便便的李先生刚刚通过了考试，他告诉我说，报喜官想了一个妙招，可以在中举者张榜公布之前，就将中举者的消息告知天下。这个天才的招数就是将获胜者的姓名（每次50个），分别系在信鸽的腿上，于是，考生尚未离开考场，而"猫早已从袋中放出"。①

对传教士来说，这些考试真可谓天赐良机。虽然安排在8月5日开始，但要把中文刊印的基督教文献发给考生，通常得等到11日的深夜。这样做的目的，在于确保那些通过了三场考试的人才有资格获得阅读材料。生员们通常在凌晨3点带着食品和蜡烛进入隔间，并在那儿待两整天。之后他们全部出来。通过首轮的考试者第二次进去也在凌晨3点左右。这些人在里面待满两个整天后，又出来做短暂的休息。更多的人败下阵来，没能通过第二轮考试。这种筛选过程在今年进行了三轮。直到最后一轮的严峻考验之后，传教士才在夜里11点到凌晨3点半之间，将阅读材料分发出去，交到那些经受过最后一轮考试的生员手上。1.5万捆文献材料于当晚分发给同样多的生员，他们都参加了三轮竞争考试。每捆材料都包含三种文献，一般为《哥林多前书》《马可福音》或《路

---

① "猫已从袋中放出"，仿拟自英语谚语"把猫从袋子里放出来"，意为"泄露秘密"。

加福音》，另加科学入门书两种，后者也都明显地打有基督教的烙印。

寻访过这些学子后，我发现，读过这些书的，远不止受书者一人。要是在从前，这些书大多没读就被扔掉了，但现在今非昔比了。尤其在今年，人们每接受一部书，都无不满怀感激。不少例子表明，以这种方式分发出去的书籍，已经使不少村庄和集镇皈依了基督教，并最终建立了一些教堂。在我看来，未来 10 年内，这 6 万卷书将至少拥有 30 万名读者，在我看来，这样的估算是有理有据的。在中国，书籍的派送并非什么新鲜事物。仅在过去的 1000 年里，中国的慈善家就向大众派发过一些修身养性的作品，以宣传自己的观点。传教士趁科举考试的机会分派优秀书籍，不过是入乡随俗而已，而这个习俗许多世纪以来长盛不衰。

还有一个科举考试的奇闻也值得一提。在贡院内设有一个药房，生病的生员可以申请在那儿调配汤药。今年开考时，正值霍乱肆虐，所以官府为每个考生都配备了一瓶药丸，全部是从一家外国人开的医院买来，免费供给生员使用的，并规定，一旦出现症状，立即服药。城里一位富有的中国慈善家，不愿让精明的洋人独占鳌头，也准备了一个治疗霍乱的处方。他的药也在时疫肆虐时，分文不取，广为发放。请注意：这服中药里并没有致醉的成分。在中国发明用大米酿酒的那个人早在 4000 年前就被充军发配了。该中药的配方如下：

犀牛粪……………………2 钱

樟脑………………………4 钱

明矾………………………5 钱

硝化碳酸钾………………1.5 钱

金叶………………………100 片

尿沉淀……………………8 钱

废靛青……………………5 钱

麻黄·············4钱

硼砂·············3钱

灯烟子············1两

硫化砒霜···········1两

蟾蜍唾沫···········1.5两

皂树英············3两

辰砂·············2两

珍珠粉············3钱

麝香·············3钱

混合研制，捣成精粉。

剂量：每次一份，温水吞服；重疾加倍。中国的"两"比我们的盎司①要重，每"两"为10"钱"，每"钱"为10"分"。医生送我一个小瓷瓶，瓶塞是卷得很紧的纸，看上去像半截爆竹。瓶内装的就是这种医治霍乱的混合药。我外出时将其随身携带，小心呵护，可能的话，呈递给某个细菌学大会，权作我对医学的贡献。

记得有一次我在南京的一条主要大街上漫步，当我走过几家没有门的餐馆后，突然看到两个犯人，扛着同一个木枷，木枷上贴着一张薄纸，上面写着介绍他们所犯罪行、所受惩罚及他们姓名的文字。双眼被蒙着折叠的棕色纸条，以防阳光照射；面部也蒙着折叠的棕色纸条，使他们在面对人们的凝视时不至于感到羞耻。这个聪明的玩意儿用一绺辫子固定在前额上。他俩都是年轻人，其中一个原是教会学校的学生，只因道德品质有缺点，而又不愿改过自新，终被校方开除。这个中国人心中所想的主要是报复，而不是雪耻。他对开除一事满怀怨恨，决心践行自己

---

① 1盎司≈0.028千克。

的计划，而不是靠装在篮子里拖上城墙的任何鬼魂。他盗走了学校的望远镜，而学校对他的报复是使他戴枷示众。这个可怜而无知的辫子鬼就这么做了贼。还有一群学识渊博的德国军官也做了贼，他们不仅盗走了天文望远镜，而且北京天文台的所有价值连城的古今天文仪器，他们都一并打了包。在他们两者之间，究竟存在着怎样的道德差异，实在让人难以断定。当然，我们也都清楚"东方毕竟是东方，西方毕竟是西方"，但是，亚洲和欧洲之间难道真有什么不同的道德准则不成？或者说，现实的道德标准，与头发的长短、鼻梁的形状或皮肤的颜色，难道真的是成比例的不成？九江的一位绅士曾做过这样的解释："京城那些科学仪器是在冲突时期遭受掠夺的，那场冲突在历史书中称作战争。"但我对此立即回答："那个盗走了望远镜的可怜辫子鬼同样是在向假想敌宣战。那个假想敌就是学校当局。"

那些在南京的基督教传教使团有没有在行善呢？南京的政治地位，在天朝位居第二；在这座南部的都城里，共有4个传教使团在开展工作，当地基督徒的人数计有800多。一个礼拜日的下午，我到了汇文书院的礼拜堂，参加在那里举行的礼拜仪式。主持者是位世俗学者，当他面对所有在场的人，并请打算皈依基督教的人起身时，我十分诧异地看到，起身站立者至少350人，他们就以这种方式，宣告了对耶稣的信奉。

翌日，一位声名显赫的官员前来造访。他曾在美国接受高等教育，现在是精力旺盛和声名显赫的儒者。与此同时，他还是那些基督教使团的坚决反对者，并直言不讳地宣称，在他看来，那些基督徒中，八成都不是真诚的，只有那剩余的少数人，才是真诚和善意的。即便承认这个估计，南京的基督徒依然有160个是真正的皈依者，他们的敌人本身就是裁判。这位天朝绅士告诉我说，各级官员也都认为，传教士开办的医院、学校都是很好的和令人满意的。显而易见，这位硕学大儒跟中国人中占少数的基督教徒本质上没什么两样。任何东西，贸易也好、物质也罢，只要对中国有利，不管它来自哪个角落，人人也都是愿意接受的。我的客人还告诉我说，传教士的活动，在许多城市没有遭到人们的反对，但在一些村镇和乡下却给衙门惹来了麻烦。我就此做了进一步的咨询；我认为，与城市相比，农村地区的传教活动更具前途。我完全可以想象一位地方官在自言自语："谁知道这些洋鬼子到底在干什么？在城里，他们都在我的监管之中。但离开这里去了农村，远隔五六十里，甚至百里之遥，谁敢保证他们的活动呢？谁又敢说他们不是在偷走民心呢？"这位天朝绅士说，中国所急需的不是新的学问，而是新的精神。他还说，如果派遣两万名青年（而不是身心俱已定型的老头）前往美国，那么他们回国时就会具有新的精神，就能给他的祖国带来难以估量的好处。我意识到，清朝官员都有一种趋向，即对传教士和本国基督徒变得前所未有的宽容和尊重。但他们这种做法常常遭到无知平民的误解，特别是歪曲了他们的良好初衷。我一直认为，如果让中国民众自己判断，那他们一定会做出公正结论的；排外情绪都是舞文弄墨的学者们所煽动的；所谓"人民的愤怒和怨恨"，也不过是清朝官吏所收获的自己播种的果实而已。我非常想问我的朋友，他把辫子塞在美式帽子下面能给他体面的祖国带来多大的好处？是不是想让新长出的头发变得更加坚硬和更加壮？

起身告辞时，我注意到，他友善的黄色面庞上泛起一丝满意的微笑。他擦着双手，心中显然想到了圣人的教诲："有朋自远方来，不亦乐乎。"

愿天常生好人，愿人常行好事。（寺庙里的碑铭）
Oh, that Heaven would always beget virtuous men and that men would always do good! ——
Inscription on a Temple.

第三章

从南京到汉口——"荣颜"其人——有关传教士的陈腐俏皮话——传教使团成功吗？——美国客房——拜见端方总督

下关位于江边，是南京的一个郊区。这里有家客栈，既是商店又住人。我花了一块鹰洋，在楼上的地板上过了一夜。那儿本来有床的，可种种迹象显示，裹着防水油布睡地板要省事得多。在这样的情况下，做梦是不足为奇的。那晚我梦到的故事是在那个弃婴塔附近听来的。我必须讲一下这个真实的故事。是发生太平天国起义时，有个家住南京的官员负责购买军火，提供给保卫清朝的军队使用。他购了些木制武器，还有大量根本就不能用的弹药，而将绝大部分购买武器的钱装入了私囊。他的腐败丑闻震惊了整个朝野，京师派遣了高官，要取他的首级，将他五马分尸。因为极其富有，他派人给那些日益逼近的钦差大臣送去了珍贵的礼物，后又将这些官员恭迎到自己家中，敬若上宾、盛情款待。他还将自己的财富做了均分，送给前来执行死刑的刽子手，使他们改变了初衷。但王法是不得公开违抗的，于是一个极为精明的方案酝酿出笼了，在预先选定的行刑日子到来之后，这些钦差大臣带着众多随从，一路大呼小叫，聚集到一起。街道两旁站满了士兵，放出烟幕说已将犯人正法。为了证明这个事实，还抬出了一口硕大的木棺，里面据说装着那个缺席的罪犯；又举行了适当的仪式，将木棺运到乡下，并在那里等待风水先生选定一块下葬的风水宝地。而罪犯本人现在就住在南京，享受着那笔经皇帝拨下来用于购买大炮的专项资金!

　　清晨5点,那位长着杏眼的旅馆老板急匆匆跑上楼来,大声叫唤,说船已经到了。我们七手八脚收好行装,沿着泥泞溜滑的河岸,来到一艘平底驳船前。那是一艘中式舢板,平底、方鼻、样子古怪,已做好了准备,把我们运到"醵资号"轮船上去。这是一个月明风清的夜晚,几乎可以跟许多世纪以前的那个八月十五相媲美。当时也是月明风清,皇帝下令,当开筵席,以兹永久纪念。① 这时,一个体格结实健壮的汉人解开了套绳。在一群叽叽喳喳,打着手势,散发着同样气味的汉子簇拥下,我们在平静的河面轻快地向着"醵资号"驶去。我们让那些匆忙的、带着奇大无比的行李包裹的中国人先行登船,他们没有任何废话便一跃而上,其速度令人惊讶。随后我们也带着行李上了船,上船后发现,除了我们预订的舱房,其他所有的头等舱,都由一位富商及其妻妾和仆人占用。一个年轻丫环睡在女主人舱门外的过道里。妇女的双脚都紧紧地裹着布,就像圆规似的,还不及婴儿的一只小手大;她们的双颊和下唇中央,都涂着厚厚的胭脂。

　　在航程的第一阶段,轮船逆流而上,航道弯弯曲曲。沿岸的景致大多索然无味,可人们说,要是天气放晴,九江一带的峭壁便会舒展出一幅令人陶醉的画卷。

　　11月18日下午1点30分,"醵资号"驶过一排不毛的低矮山峦后,停靠在九江码头。在这里,我见到了大名鼎鼎的"荣颜"。他是东方世界最富有的传教士,天朝人为了表示感激,给他取了这个名字。他为中

---

① 据《唐逸史》《龙城录》《太平广记》等文献记载,唐开元年间(713—741)的中秋之夜,唐玄宗李隆基与方士罗公远在宫中设宴饮酒赏月。望着皎洁的月亮,唐玄宗感叹自己无法登临月宫,一窥嫦娥和殿堂之美。

国内地会[1]捐赠了位于上海吴淞路的两栋颇具规模的大楼。他还出资在烟台修建了一栋教学楼，许多传教士的子女都在那里上学。荣颜一贯慷慨大方地支持福音派教士的各种活动。他住在九江自己的家里，他的家就像他本人一样方正、高雅和舒适。我发现这位商人既精明能干，又热情洋溢，对未来有着美好的憧憬。我马上就想到某位愚蠢的旅行家。后者对这些事实充耳不闻，又在这位乐于牺牲的富商这里受到免费款待，然后写出恶意的批评文章。有位抱怨自己出生太晚，未能及时发现这位人杰的文痞就曾经这么干过。"荣颜"这个中国人给他取的名字，可谓十分恰当。因为他就像那古老故事中的摩西那样，"他的脸发光"。他亲身来到"醵资号"，为一位行将起程、沿扬子江逆流而上的朋友送行。作为富商的他，给我讲了下面这个真实的故事。

有个柳老先生刚刚过了80大寿的庆典。大约11年前，他就热衷于传播福音，还让出了自己的居家大院，用作布道场所。他还出资雇用了一个当地人，帮助福音传播者。他十分渴望拯救人的灵魂，长期以来，真挚地为20位皈依者祈祷。审查受洗礼者资格的时刻终于到了，他助手提交给他的名单上竟有56人之多。然而荣颜强调，这是当地皈依工作的开始，所以对接受入教的人应该特别谨慎。于是人数被降到了28个，而最终被认为具有足够学识、具备接受洗礼仪式条件的只有14个。得知这一消息后，柳老先生非常沮丧，因为他一直在诚心祈祷，希望能吸收20人。他问荣颜，是否能同意再多接纳6个，以使他的祈祷完全应验。当得知不行的时候，柳老先生非常难过地回了家。"第二天早晨我见到他时，"荣颜说，"他显得非常高兴，我问他，是什么让他改变了心情。他解释说，他

---

[1] 中国内地会（China Inland Mission），新教向中国派遣宣教士的差会组织，由英国人戴德生创立于1865年，总部设在伦敦，在美国、澳大利亚等设有分会。中国内地会曾派遣大量传教士，深入中国内地、边疆和少数民族地区，这些传教士来自不同的宗派，以英、美、加、澳和新西兰人为主，也有少数德、奥、瑞士和北欧人。因在中国直接设立分会，有时被误认为是个宗派。后文中简称内地会。

回家后仔细想过了,发现他的祈祷的确应验了,因为按当地的计算方式,7等于10,因此说14等于20,这其实就是他一直在祈祷的数字。"

在中国就是这样,当说到1000现大洋,实际上所指的却是800,甚至更少。这种情况大家都能明白,交易活动正是以此为基础的。这不禁让人想起某个享有现代文明的民族的一个滑稽场景。例如,有个老人的时钟出了点问题,可他依然按照下列规则算出了准确时间:"当时针指向4点时,它敲出的是11响,所以我就知道现在是7点20分。"

从前,也就是几年前,曾发生过这么一件事情。某地有个男子把自己打扮成传教士模样,从上海起程,经陆路来到了缅甸的八莫[1]。一路上他都依赖传教士的帮助,后来却吹牛皮说他用不到20英镑就完成了这次旅行。他沿途遇到了许多真诚和富有同情心的传教士,接受了他们无数次的盛情款待和友善帮助,却写书辱骂和贬低他们的工作。这使我想起了《伊索寓言》中那个关于农夫和蛇的故事。就是同一人在其书中有不少刻意胡诌,用以误导读者的记载。说到华而不实的文学历险者,他可是个极好的范例。下面这件事可以反映出他的行为。在汉口时,他曾经住在圣经会[2]的一位代理人家里,这位代理人同时还为另外三个协会做代理。这个流浪作者在这位绅士家里住了近一周的时间,后来竟厚颜无耻地宣称这三个协会在这所城市里各有自己的代理。于是就变成了共有三个不同的代理。他还改头换面地重复某些在烟草熏袭下、威士忌光影中和满嘴脏话的零售商口中仍在流传的陈腐故事。这些故事往往是诋毁那些崇高和具有自我牺牲精神的传教士的品德的。在那些地方,男人仍把丑化传教士视为时髦,他们还在讲着不适合妇女和儿童的言语。

---

[1] 八莫,缅甸北部城市,旧称新街,位于伊洛瓦底江的上游,离我国云南西部边陲小镇陇川不远。

[2] 这里的圣经会指《圣经》出版协会;同句里的另外三个组织,指基督教的另外三个协会。

汉口的计约翰[①]说："我初来乍到的时候，人们告诉我，这里有个洗衣工是基督徒，还是一个传教使团的执事，但他被发现偷穿顾客送来洗的衣服。（这事发生在 26 年前，至今还有人把此事讲给过往的旅行者听。）我与布兰克医生商量后，找到了那个向我告状、自称其衣服也被人偷穿的男子，将他请到驻地来与疑犯对质。当那位执事被带进来后，告状者却连声说，'噢，不是这个人。'我们说：'可这是本市唯一的教徒洗衣人啊。'打那以后我发现，中国的每个口岸都有一个华人执事洗衣人，他们都偷穿着顾客的衣服。"陈腐的笑话还有一个，讲一个中国鞋匠把传教士给他的书用来做长筒靴的鞋底。其实中国人并不是这样，他们将书视为神圣的东西，绝不会把书如此糟蹋。你可以看到大街小巷那些不大的容器，那是人们焚烧字纸之处。很多年来，汉口圣经会的废弃纸屑，一直由当地的"敬惜字纸会"取走后仔细焚化的。这些纸屑现在改为掩埋了。那位喜欢写书的流浪者简直在胡言乱语。一想到他，总让我想起缺了笔画的一个密码。

像波士顿一样，汉口常常被视为世界的枢纽。它距上海 600 英里，是 8 个省区的商贸中心，有着十分重要的地位。实际上那儿有 3 个城市，而且各自都是一个大都市。汉江和扬子江在此交汇。汉口的人口大约为 80 万，全都位于汉江东岸；汉口与汉阳隔江而对；而扬子江的对面则是武昌，即湖北和湖南两省的总督所在地。三市之和，大汉口的人口大约有 150 万。汉口是商业之城，汉阳是制造业之城，武昌是官吏之城。汉口以其商业中心的地位而闻名遐迩，其水路直通 18 个省份中的 10 个。从这儿你可以与帝国几乎所有重要地方保持联系。此外，这里还曾经是了不起的邮政中心。已经修了 5 年的京汉铁路，现在可以将火车开出城外 130 英里，预计再用 5 年，便可以连通北京。通车第 1 月的收入仅有

[①] 计约翰（John Archibald，1853—1927），1876 年来华的英国苏格兰圣经会传教士。1913 年，他辞去了教会的职务，在汉口创办了一家英文报纸《楚报》(The Central China Post)，自任社长兼总主笔。

600鹰洋，最近这个月（第5个月）已实现收入2.6万鹰洋。京汉铁路有比利时的特许、法兰西的资金和俄罗斯的保护。该铁路坚持按法国方式行事，雇员一般都待不长。

给人的总体印象是，这条铁路最终可能入不敷出，如果坚守协定的话，连投资也无法收回；中国官方经过竭力地讨价还价，才给予了这个苛刻的特许权。经营管理似乎不合常理。举个实例，不久前他们曾发出一个关税表，第一款就提到四轮车厢，可事实上在华中地区几乎没有这样的车厢，即使有也少得可怜。

这里有几家归政府所有的大型冶炼厂、一家超大型棉纺厂、一家铸币厂，外加一些其他工厂，都装配了现代化的机械设备，但它们的运行似乎对国家来说都是亏损。所有这一切，反映着一种值得称颂的努力，它来自最具改革意识的张之洞总督，其目的在于开发帝国的自然资源。

在三市合一的大汉口，有11个新教传教使团，还有好几个罗马天主教传教使团。像英属新几内亚一样，这里的新教徒也绞尽脑汁、想出了各种招式，用以划分区域，以免造成工作抵牾。他们明智地遵循着这样的原则，即只要异教徒的来源尚未枯竭，就应该避免彼此争夺信徒。尽管71名新教传教士的总部都设在这儿，但大多数新教传教士绝大部分时间都是在漫长而艰辛的旅途中，其足迹遍及湖南和湖北的山山水水。汉口的一个本地人教堂定期在星期日白天做礼拜，前来参加仪式的华人达500人之多；而在汉阳，浸信会礼拜堂的正式教友则多达600人。在市中心①的周边地区，新教徒人数在1万左右。教会的工作呈现出可

---

① 市中心地区，即武昌、汉口和汉阳三市的别称，在这里，大英循道会传教使团（the Wesleyan Methodist Missionary Society）有68座教堂和布道站。

在汉口和九江之间，扬子江被分为六段，每段约30英里。每段的尾处都有一座城市或集镇。在五座市镇中的四座中，循道会正在开展他们的工作。

在汉口，循道会有三个礼拜堂，会员众多。桥口礼拜堂距大批船民居住的地方不远，离城郊菜农住的地方也很近。——原注

喜的态势，整村整族的中国人正争先恐后地要求加入基督教。他们同意提供礼拜堂和学校，还同意支付牧师的工资。这种情况下，究竟该何去何从，基督教徒内部产生了两种不尽相同的看法。一种意见认为，应该接纳他们，尽数吸收，而后教育；另一种意见则认为，应该等待时日，接受更多教育，而后再决定是接纳还是拒收。他们都是老实巴交的乡民，一旦教育得当，都有可能成为不错的基督徒。自义和团运动以来，人们就一直盼望着能加入基督教。理由之一是他们想依附某个有坚强靠山的组织；他们相信，基督教会就是这样一种组织。在中国，个人算不得什么，不过车轮上的一颗嵌齿而已，所有的中国人都担心离群独处。只要传教士善于利用目前局势，并以适当方式对这场运动加以引导，那么华中地区的皈依就将指日可待。借用伏尔泰对他法国同胞的评价，"他们（中国人）总是迟到，不过到底还是来了"。

现在让我们看看，在中国传教的花费究竟如何。眼下，大约有300名新教传教士在中国传教，此外还有1.5万名有报酬的本地人牧师、圣经女和其他助手。这些传教士，每年收到的费用约为350万金元。我曾做过仔细的调研，也曾询问过许多算法保守的人，得出的结论是，每个传教士平均可对200个信奉异教的中国人宣讲福音书。那么在1903年，[①] 应当有360万当地人在倾听福音书的宣讲。这就意味着，花在每个中国人身上的钱不到一个金元。当然，这还没有包括各级学校和医院的大量工作，更没有包括一支重要的教化力量，这支力量就是已经皈依的大量当地基督教徒，他们正在接触、影响和改变着身边的无数心灵。这些人已从基督教传教士的言谈举止中，接受了全新的道德和精神理念。

目前，大清国已有10多万领取圣餐的华人新教徒，还有50多万定

---

① 下文写到，作者这次长江之旅是在"虎年"，即1902年，第四章也说那年是"光绪二十六年"，故这里的1903年当为翌年。

期而诚恳的慕道者如期而至，想更多地认识那位加利利人①。要精确地算出人数，我们还得加上另外 50 万人，他们虽然只是时断时续地上教堂，但都是真理的求索者。此外，还有一点也不该忘记，那就是约 100 多万人能基本如期到教堂去参加某些布道仪式。毫无疑问，传教士在中国的工作是有成效的。每个关切的读者，不妨扪心自问："在中国的广大人口中，迄今为止到底有多少人还没有听说过耶稣基督的名字？"

对义和团运动，包括其兴起、与基督教的冲突，以及最后的失败等，中国上下有着激烈的争论，即便在帝国的边疆也不例外。这些事件，从最现实的意义上来看，造成了因战争赔款而日益加重的税赋，但它也至少给 3 亿中国人带来了福音书的信息。在那难忘的 1900 年，大量传教士被杀害。不过，又有谁能说，他们以自身的殉难所成就的，难道不是远远地多于其他方式吗？

殷德生②和吴德施③都是美国青年，殷德生不久前刚刚被任命为主教，他俩携手合作，开创了一种备受青睐的传教方式。在汉口美国圣公会的工作中，他们以通过开放会客厅的方式，赢得了中国人的喜爱。他们发现，用这种方式传播福音远比大街上的礼拜堂更有效。前来造访的中国人都被视为贵客，并按当地风俗受到最地道的款待。在会客厅里，宣教士和他们的本地人助手与造访的中国人亲密接触。很多人定期前来，不断地受到教化。这里没有街道礼拜堂里的喧嚣与混乱。起初，来访者一般只是出于好奇。但是，随着学习的逐渐深入，个人兴趣终被唤醒，很多人成了主的虔诚追随者。他们"有了罪孽的认识"。一位助手王先生说道："但却没有个人负疚感。读到十诫时，他们觉得自己没有

---

① 那位加利利人即指耶稣基督。
② 殷德生（James Addison Ingle，1867—1903），1896 年来华的美国圣公会传教士。1902 年，他在汉口任华中圣公会主教。
③ 吴德施（Logan Herbert Roots，1870—1945），1898 年来华的美国圣公会传教士，他在殷德生之后，于 1904—1938 年间任华中圣公会主教。

扬子江下游的一所女传道士培训学校

违背最后四诫,脸上也露出了非常高兴的神情。但是,当我们按照《新约》来给他们解释十诫,告诉他们怨恨即谋杀、不洁的想法即通奸时,那些确实堕落的人,便开始用不同的眼光审视自己了。起初,我们只想在这些异教者心中激发这种负罪感;后来我们发现,越是贫穷的来访者,他们的负罪感越是深刻,而富人则相反。这种负罪感来自这样的事实,即中国人认为,贫穷是犯罪的后果,他们无力购买昂贵的冥币,也没有办法在佛事中买到功德,为那些没人照管的'孤魂野鬼'做点什么,所以他们的罪过和贫穷才与日俱增。我们常常会遇到一些十分诚恳的人,他们在听了恕罪的教义后,总是心存疑虑,担心会破了十诫,因为那样就会罪上加罪,罪孽越发深重了。"

会客厅使传教活动能够定期进行、持续不断,与此同时,又能保持应有的礼节,让中国人感到非常亲切。会客厅还能激发助手们的更大热情,以使更多的人接受福音的影响,激励他们持之以恒地前来聆听布道。我听说过一个姓林的人,景况十分不错,在这里皈依后,以其对救世主的坚定信念而远近皆知。他的父母都是顽固的异教徒,他的几个儿子都是那些蔑视基督徒的文人的坚定盟友。尽管如此,林先生依然坚持自己的信仰,而且还适时地带来他的对手,让他们目睹自己所信奉的真理。就像那个唯一的陪审员一样,虽然另外11个陪审员把他按倒在窗子的外面,威胁要把他扔下去,可他依旧忠于自己的信念。林先生的事迹届时也许会让他的反对者看清他所坚持的正确立场。

在汉口,我必须办一件重要的事情。虎年冬月二十日的早晨6时,我们坐上左摇右摆的黄包车,前去拜访端方总督。所谓"我们",其实就是指我本人、章必成先生[①]和美国领事馆的一位代表。在我到达之前,

---

[①] 章必成(Montagu Beauchamp),"剑桥七杰"之一。另六人是施达德(C. T. Studd)、司米德(Stanley Smith)、何斯德(P. E. Hoste)、盖士利(W. W. Cassels)、杜西德(Cecil Polhill-Turner)和杜明德(Arthur Polhill-Turner)兄弟。

湖广总督就已经会见过了美国领事，并和他商定在当日下午 2 点半跟我会面。总督大人对我之所以表现出如此兴趣，大概与北京发来的电报有关。无论如何，他做了种种安排，使微不足道的我受到了特别的礼遇，而并没有什么人让他必须这么做。我抵达汉口时，正遇上暴雨瓢泼，而且据我所知，扬子江上游的各种轮船都被迫停开，或者说，都被搁浅在岸边的泥泞和沙滩之中。本日正午时分溯流而上的那条船，也许是十日内唯一能行动的船只了，所以我通过尊敬的领事请求在今天上午 9 点半拜会总督大人，我的请求得到了欣然应允。

黄包车走过美国领事馆，再拐过一个弯，就上了一条美丽的堤岸，那是铺砌整齐的前滩大路。这条中国最美的路或称街道，只限于洋人通行，即便那些十分富有、乘坐一流马车的中国人，也都被禁止通行；人行道的限制更加严格，凡是中国人，哪怕一只脚都不得踏上。不过这样做似乎也是情有可原的。他们的人数实在太多了，假如他们也想去散步消遣，那么不仅人行道，恐怕所有的一切，都会被占用的。

苦力拉着我们的黄包车，沿着弯曲的道路，穿过几条泥泞不堪的狭窄街巷。街巷两边竖着许多高而窄的招牌，上面写着或者刷着天朝人的奇异象形文字。而那些短而宽的招牌则写着英文，它们都是横着的。我们必须乘船过江，因为总督阁下住在江的对岸。不过，至于我们到底该怎样走过那些可怜的石头台阶，登上那更加可怜的破船，才能避免殃及当地人，才不至于将角落处小贩的货物弄得鸡飞狗跳，那些立誓者[①]只字未提。

每年这个时候，江水都比较浅，要是在夏季则会高出 50 英尺。届时，那些住在岸边低矮茅屋中的穷人，就不得不四处寻觅更好一些的安身之地。领事的代表信誓旦旦地告诉我说："这里的传教士多得就像香烟的牌子。"这显然是"很老套"的一句常备谚语，因为里面有一种陈腐发

---

① "立誓者"，可能指设招牌者。

霉的书卷味，在相当长的时间里，显然是他信手拈来（或宁愿说是信口道来）的话语。他神秘地告诉我，就像他毫无迟疑地对其他人常说的那样，连他也分不清这些传教士到底属于哪个教会，实在太多；还说如果连他都分辨不清，那么异教徒想必更是满头雾水！我想这话十分不合逻辑，可我没有说话。

渡船就在对面，但我们等了足有15分钟，才看见其踪影。一个中国大胖子让我们又等了一段时间，因为他那干瘦如柴的苦力，守着两个大箱子，远在石梯的顶端，像是聋了一样。后来他恢复了听力，把箱子扛了下来，我们才得以动身，急忙赶到武昌时，已经晚点了。一上到大街，我们就坐进了黄包车，是近似于汉口的那种。进了城门，眼前是一条并不太宽但却泥泞不堪的商业大街，尽头就是总督衙门，也是总督本人的官邸。刚走到城门与衙门的中间，一位骑兵风驰电掣般向我们奔来，见到我们，他勒住马缰，向我们要拜帖。我递过一张鲜红的大拜帖，上面写着我的汉语名字，他接在手中，转身一溜小跑地回去了。不久，我们一行来到了衙门的外大门，几个警卫站在那儿，我们进去后将黄包车留在了外门内侧。两扇硕大的"龙门"打开后，我们走了进去，经过一小队举着刀枪的士兵，然后与出来迎接的几位幕僚相互握手致意，又过了两位举枪致敬的警卫，我们来到了一个开阔的庭院。这段时间，我主动与施肇基先生攀谈起来，他是康奈尔大学的文学硕士，也是端方总督的私人秘书，说一口流利的英语，人品出众，回忆起自己在美国的留学时光，似乎非常留恋。

更多的士兵举枪致敬，随后，啊，总督！他亲自出来，一边表示衷心欢迎，一边按地道的美国方式与我们热烈握手。我发现他绝非平常之辈，年纪大概还不到60岁，中等身材，体格健壮，戴着一副西式金边眼镜。他以地道的西方礼节，请我先行步入会客室。我遵命而行，他紧随在后。会客室呈长方形，约20英尺乘30英尺大小。正对入口的，是两把座椅，中间有一张桌子，这是中国上等人家的常见摆设。四盏盒状的大灯笼悬挂在天花板上,中央则是一盏罗彻斯特灯①。一张西式长桌,上铺一块白布,摆放着刀叉碗碟,四周配着西式的靠椅,一切都已准备就绪。总督走到桌子的首位,示意我在他的左侧就座,这在中国是贵宾的座位。我们全部落座后,上来了四道不同的糕点、两种水果,还有茶、雪茄和香槟。按用餐程序,我们应该首先品尝香槟,但是由于我不饮任何能让人产生醉意的饮料,所以婉言谢绝了。出于礼貌(我认为很值得大力提倡),他们谁也没有喝。我向总督提出,希望跟他私下交流,所有人都迅速起身离开了,只有施肇基和我留下。现在只有我俩单独地跟总督在一起,在义和团运动期间,这个人曾救过许多外国人的性命。

这位开明而仁慈的总督是个满人,也是端亲王的亲戚,可端亲王却是一个声名狼藉的攻击洋人的领袖。义和团闹事时,端方总督是陕西巡抚。在他和义和团之间只有一江之隔,他若给义和团提供援助也属自然,可他凭借冷静的判断,坚决拒绝了支持义和团。他以极大的热忱,接纳那些因逃避义和团而渡河前来的传教士,不但向他们提供食物和旅费,还给了他们其他礼物。命运总是这样古怪,正当他在陕西保护外国人时,他在北京的住处却正在遭受八国联军的洗劫,连祖先的神位牌也被人盗走了。自那以来,联军方面一直在试图找回这些神位牌。

端方和许多像端方一样的官员,在外国人身处绝境时能挺身而出,依然对他们待如上宾。如果欧洲人能以某种方式,公开地认可他们和向他们致敬,那么无论对中国人,还是对我们自己,都将受益匪浅。这样做,比起将那些行为不端的官员现场抓获、砍头处死,不知要好出多少倍。数十外国人的身家性命,是端方总督直接或间接拯救的,而且在他

---

① 罗彻斯特灯(Rochester lamp),一种豪华的英式灯具。厄普顿(Charles Stanford Upton,1844—1897)于1884年成立"罗彻斯特灯具公司",同年从伦纳德·亨克尔(Leonard Henkle)手中买得灯具中央火焰扩张器的发明专利,制造了各式各样的灯具,是当时设计最好制作最精的灯具。为纪念养育了自己的家乡城市,他将其公司生产的灯取名"罗彻斯特灯"。

署理湖广总督端方

的影响下，毗邻的甘肃省也有许多官员照着他的样子做了。当时还有其他一些总督，依仗自己的强大权势，对剿灭洋人的法令不予理睬；可端方不一样，他没有足够的军事力量，连自己的地位也难以保护，而他依然我行我素；如果我们能考虑到这样的事实，那么他的行为似乎越发值得称道。让我们深感奇怪的是，几个月后，被打败的慈禧太后和她的宫廷，竟然会到这个曾经故意抗旨不遵的行省来避难！端方曾违抗过慈禧太后，保护过无助的传教士，后来又帮助过逃难的朝廷，而现在则成了大清帝国最受敬重、最有权威的高官之一。欧洲人若能知其人、晓其事，便能明白其对自己的友善姿态。传教士将不会忘记，是他在可怕的危难时刻，为他们那些遭受迫害的兄弟姐妹，提供了种种安全保障；是他下达了最严厉的命令，派出强有力的卫队保护他们，直到危险不复存在为止。而他的士兵们也都服从主人的命令，恪尽职守，直到与张之洞从汉口派来接应他们的救援队伍会合。

由于他的地位和品格，我斗胆记录了这位精明干练、有影响力的总督与我的部分谈话。他说："我问过传教士，包括罗马天主教和新教的人士，征求他们对中国教友文化素质的看法，他们都说，在一万个皈依的中国人中，只有四个秀才，而举人则一个也没有。我认为其中只有三成有资格做牧师。当然，我希望有中国传教士，只要他们能得到足够的教育。约七成的外国教士是大学毕业生，他们的工作很出色，从各方面来衡量也都是好人。在不少事情上，新教传教士帮助人们改变了一些错误印象。比如有这样一个传教士，听说他的一些教友企图逃税后，立刻向地方当局做了举报。"说起这事时总督咧嘴笑了，显得非常满意和高兴。税收一直是中国官员心头的大事。

"传教士应该接受适当的管理。传教士如果违法乱纪，就应该向他的上司或领事告发。经过公正的调查取证之后，如果他确实没有大错，就该把他调到别处。如果他确实有罪，就该把他遣返回国。中国官员现在有点偏袒教士。"

"我们欢迎传教医师。"他说，满意之情溢于言表，仿佛回忆起某个传教医师为他治愈伤病的经历。然后，他扶了下眼镜，前倾着身体继续说道："传教士的教育工作绝大部分是值得称赞的，可有人认为教育只是其次，宗教才是首要的工作。要求教会学校的学生都到教堂去做礼拜，这会吓跑那些上流阶层，使他们停止赞助。"

恰好此时总督的儿子走了进来，并被介绍给我。他能说一点英语，他父亲希望送他到美国去接受教育。我问总督，他认为传教士最适合在哪里工作。他说，目前情况下，传教士还是住在城里更容易得到保护，因为乡村里没有军队，所以希望他们不要待在乡下。从前的摩擦只发生在基督徒和非基督徒之间，现在的天主教徒和新教徒也常常剑拔弩张。"说句心里话，"他压低声音，好像要透露什么重要秘密似的，"传教士贷给别人的钱利息非常高，不知教会管理层是否知道，也不知这样做是否符合他们的章程。"然后他继续热忱地说，"美国传教士中有很多好人，应该多派些来，既要受过好的教育，也要有好的人品。"他极为礼貌地再次提醒我说，凡是传教医师和能让人缴纳税赋的传教士总会受到欢迎。即便从世俗的观点看，经过教育皈依的当地人，让他按政府的征税办法纳税，也是理所应当的。《圣经》上说，凡欠人的都该偿还，救世主也曾纳过税，尽管那次纳税要求是极不公允的。中国官员对基督教的评价，主要基于其信徒的行为表现。

我们的会见持续了一个多小时。他为我准备了不少珍贵而得体的礼物，还许诺给宜昌发电，要求给予我一切礼遇和提供必要的保护。然后，他亲自把我送至庭院，祝我一路顺风。此时，礼炮齐鸣，以示敬意。我辞别总督后，尽量不失尊严地匆忙前往岸边去赶乘轮船，它将载我逆流而上，见识这伟大的扬子江。在我们离开码头前，总督阁下的一位使者急匆匆跑来，登上甲板，掏出一张卡片呈递给我。那是总督的名帖，以表达最后的善意和尊敬。

虱不咬忙人
Insects do not bite Busy Man.

第四章

<u>金沙江——从汉口到宜昌——中国的暴乱和叛乱——圣诞夜——老月和扬基旗</u>

　　有三层甲板的"江和号"就停泊在汉口码头。船吃水 5 英尺 8 英寸，船长则喝威士忌。这是艘双推进的新船，长 275 英尺，非常适合在扬子江上游航行。外宾舱位里没有电铃，即便船长要召唤侍者，也只能敲打那些一英寸厚的隔板。那天是虎年冬月十九日，也称光绪二十八年。当我们缓慢离开码头、驶入汹涌的河道时，天色已经很晚了。夏季，汉口的水流流速是每小时 6 节，而现在只有 2 节。我穿越"中央王国"长途之旅的下一段就这样开始了。沿江两岸的景致到目前为止一直十分单调，但扬子江本身非常壮美。它是大清国西部联结人口最为稠密的东部地区，直至东海的唯一通道，也是穿越这个古老国家的唯一交通干线。在中国的旅行者可以说别无选择，只能遵循普劳图斯（Plautus）[①]的忠告——

　　　　Viam qui nescit, qua deveniat ad mare
　　　　Eum oportet amnem quaerere comitem sibi.

---

　　① 普劳图斯（Titus Maccius Plautus，前 254—前 184 年），古罗马最受欢迎的喜剧大师，其喜剧以希腊的神话传说做基础，出色地反映了罗马的社会生活，对西欧文学影响很大。莎士比亚、莫里哀、莱辛、普希金、果戈理等，都曾从他的喜剧中寻求创作源泉。

> 谁若不识前往海边的道路，
> 只须沿着一条河顺流而下。

华北地区有很多路上颠簸行驶着的一些稀奇古怪、没有减震器的双轮骡车，发出刺耳的声音；而在广阔的扬子江流域，就连能走那种骡车的路也没有一条，有的只是狭窄的羊肠小道。扬子江没有遭受过任何污染；我想中国的其他河流大致也是如此，其中的原因就在于，各种各样的垃圾都可做农田的肥料。任何东西，只要能使土壤提升肥力，天朝的农民就会细心储存。所以，如果没有沉淀物，我会毫不犹豫地饮用"荆江"的江水。这是人们对位于沙市上游那一段扬子江的称呼。第二天夜里，我们到了湖南岳州（岳母之州）①的码头，并在其对面那死寂般的缓流中抛锚。这是一个薄雾笼罩和沉闷的夜晚。

前次沿江而下旅行时，"江和号"也曾在同一个地方停泊，那时这儿正发生一场不同寻常的暴乱。根据船长的讲述，故事是这样发生的。一个厨师带着他的助手，拎着一篮柑橘上岸，打算换些鲜蛋来。一群粗野的家伙向他冲来，踢翻他的篮子，抢走他的柑橘，还把他赶进了河里。他是个身手敏捷的中国人，纵身跳上一条舢板，迅速赶往"江和号"。但他那不幸的助手则落在了那群攻击者的手中。他一边沿着船侧往上爬，一边让船上的水手取来武器。他们都是广东人，平常也都十分平和和行为端正，可是厨师的遭遇激怒了他们。于是他们带着绞盘杆、绞车杠、拨火棍和其他火器，跳上几条舢板，前去报仇。途中，他们拟订了攻击计划，勾勒了战斗要点。打架的欲望急不可待，他们在岳州码头登陆，径直朝衙门方向奔去。厨师的助手已经被人扭送到那里，正在接受审讯。这群愤怒的广东人一边往前冲，一边左右挥舞着从船上带来的铁

---

① 属作者的误解。

湖南最富有的寺庙会馆的华丽内门，门前有冥钱炉和汉白玉狮子雕像。

家伙。他们撞开大门,出其不意地出现在公堂上。审案的知县见状惊恐不已,向囚犯喊了声"无罪释放",便拔腿逃逸了。至此,这次突袭的时机把握得恰到好处,结果也非常成功。可是那强悍的朝廷命官没跑多远,就吹了两声号角,召手下的军队前来营救。一场混战随即发生。士兵把救助者赶回了岸边,后者有的划舢板,有的游泳,返回了轮船。两名船上的水手失踪,另有好几个被刺刀刺伤了头部,只得卧床疗伤。自从普林尼①时代以来,和平就是中华帝国的常态,偶然也有些地方性的小暴乱;而在两次和平时期之间,则会发生一些范围广泛的叛乱和革命。要知道中国人在革命到来时究竟能做出些什么,不妨看看那次可怕的太平天国运动。那场运动的战斗口号是"铲除妖孽!"在那次大变动中,约一千万人直接或间接地丢了生命。倘若它成功,那么今天搭乘"江和号"沿江而上的传教士,有可能正在走向地球上的另一个国家。因为清王朝可能已被那些亲基督教的叛乱者推翻。那样的话,也许会诞生一个拥有四万万人口的基督教国家!

就在15到20年前,来扬子江上游地区的游客屈指可数,即便是现在,大家也都知道,除了传教士之外,游客依然不是很多。但有一点人们不会忘记,那就是,领事所掌握的和公众所知道的有关这个地区的信息,大多来自那些传教士。在西部的各个行省,传教士过着十分艰苦的生活。松潘的卡卢姆正在西藏边境一带工作,他讲了一个自己的故事。寒冬的一天黄昏,地面覆盖着厚厚的积雪,一个外貌粗犷的信使急匆匆跑来,说松潘以北40里的漳腊有个病人,问他是否可以立刻与他前去看看。他同意了,随即起身出发。在经过一个镇子,走过西藏边境上的最后一个要塞后,他们看见在前面偏僻的河岸边有一个磨坊和一间孤零

---

① 普林尼即老普林尼(Pliny "the Elder", Gaius Plinius Secundus, 23—79),古罗马学者,名著《博物志》的作者。

零的茅屋。在向导的要求下，传教士走进了茅屋，在一个房间里发现有个男子正躺在角落处的羊皮床上。原来他是一个受了伤的藏人。他以沙哑的声音有礼貌地欢迎传教士的到来。然后，他伸手从背后取出一个大包裹，看上去像是一包羊毛。他急切地说："给你。他们告诉我说，如果我能让它热着，你就能把它再接上的。"传教士接过包裹，走到窗台边，打开一看，发现那是一只男人的手，从腕关节处砍下来的。"这只手已经死了，再也接不上了。"这位传教医师说。那个幻想破灭的人似乎心都碎了，用极其凄惨的声音一再重复："他们告诉我说，如果我能让它热着，你就能把它再接上的。"当问到他是怎样失去自己的手时，他回答说："我带着些银两正在走路，一群强盗突然拦路抢劫。我拼命自卫，杀了他们三个人。"他称自己是猎人，靠枪生活；他说得没错，因为他无疑也是个强盗。卡卢姆发现，他曾企图抢走一个头人的女儿，所以与女方的亲戚大打出手，并因此弄丢了自己的手。这位仁慈医生的精心照料赢得了那位强悍藏人的心。后来，当这位没了一只手的藏人康复以后，经常带些野鸡和其他猎物送给他的恩人，以表自己的感激之情。此间的一位老头领曾经这样说过："这儿的人都会拦路打劫，直到40岁才罢休，然后，他们便会去转着经轮，试图以此来赎回过去的罪孽。"

  我仔细观察过甲板上那些传教士，没有发现他们有谁在破戒饮酒，也没听到有谁在诅咒发誓。恰好相反，我跟这群传教士相处甚欢，并且观察到他们的举止很优雅。我曾不止一次地看到，在甲板上成群的中国人围着一位传教士，后者正认真地讲述拿撒勒的耶稣等绝妙故事，而中国人也都听得很认真。

  "江和号"上不仅有传教士，也有商人和官吏。就像其他事物一样，中国的官僚制度也是趣味盎然。清朝的命官人人能言善辩、吃喝讲究和衣着华贵。一般而言，那些官员都精明能干、绝非蠢才。我曾听说过一个故事，讲的是一个县官如何摆平天主教徒的事。有个当地居民找到神父，自我举荐，要求入教。经过专门教导成了教会成员之后，他与一个同行发生了经济纠纷，被告上了县衙。神父迅速来到堂上，为他的信徒辩护。他一口咬定，坚信皈依者乃心地善良之人，之所以成为被告，纯属迫害。所以，出于害怕教会，这个案子被当堂驳回。但县官不愿就此而服输，于是将原告叫到一旁，告诉他说："你也去入教，然后把那家伙给我带来，告他同样的罪，我保你获胜。"事情果真如此。

据说有一次，慈禧太后亲自出面，要在两个大臣之间做出裁决，可她又不想让谁难堪，因为两人中，一个有鼓鼓的钱袋，一个有强大的军队。事由是如何分割一笔贵重财产，而她的裁决完全可以与所罗门媲美——那两人恰好是兄弟，她裁定由弟弟将财产一分为二，而由兄长先做选择。

在离四川省会约40里的地方，有个人杀了自己的妻子和外甥，并割下两人的头颅，到县衙告状，声称这两人通奸。为了验证真假，县官下令，让人搬来一个大木桶，放入清水，再将两颗血淋淋的头颅放进水里。"如果头颅面对面，则证明二人有罪，"他说，"如果背对背，则二人就是清白的。"两颗头颅背对背，该人被当场拿下，身系铁镣，投入阴森的大牢，等待应有的报应。对天朝官僚体制的谴责，最中肯的，虽然是无意识的，可能要算一个传教士了，他批评中国人的特征时，说了这么一段话："尽管清朝官僚体制腐败透顶，但许多官吏个人还是正派和令人敬重的。"

离开岳州之后，我们的下一个停靠码头是沙市。据说，扬子江流域第十次暴乱就发生在此地。游客的注意力全都被吸引到一道堤坝上了，它高达25英尺，保护着身后那低于冬季现行水位的广大地区。堤坝中的一段共分三层，层层叠加，每层高度在10英尺左右。四年前暴乱发生时，这里所有的领事馆和轮船公司都尽数被毁。但奇怪的是，传教士没有受到丝毫滋扰。在沙市，聚集在江边石阶上等船的人们都穿着蓝色的长袍；这种蓝色奇观，在我的中国之行中还没有见过。

沙市有一个很有趣的皈依者。石先生是个泥瓦匠，家住金县，在当

第四章 | 059

宜昌的苏格兰传教士们

"江和号"上的传教士们

地小有名气，也受过一点教育。一天，他正走在县衙所在的大街上，突然看到一个清道夫在捡拾纸屑，从泥泞的街道上"拯救"那些备受尊崇的字纸。他拿着一本书跑来对石先生说："劳您驾，好心的先生，请您帮我看看这个，我不识字。"石先生瞟了一眼封面，知道那是一本基督教徒的小册子。"啊，这可是好书，讲的是《旧约》《新约》和《圣经》。给我吧。"他把书带回家里仔细阅读，并决心要对这种新的教义有更多的认识，于是他四处打听，终于知道沙市就有洋人在传播这种新的教义。他动身到了五英里外的沙市，找到了在那里的瑞典宣教士，向他们讨要《旧约》《新约》和《圣经》。他们试图向他解释，说《旧约》和《新约》就是《圣经》，但在一段时间里，他却认为那些人有点自私，企图独自享受最好的东西。不过他很快被说服了，并再次皈依了基督教。去年春天，他接受了洗礼，现在是个书商和福音传道者，尽管他年纪已经很大。

这里有位御史，已逾古稀之年，拥有进士头衔，可还是皈依了基督教。他粗通新学，所以成功地为他众多信奉儒教的朋友答疑解惑。

沙市县有八万人口，据说是个很差的地方，甚至还有人说，这里是中国最糟糕的地区之一；但对这般言论，我却总是表示怀疑。据我的耳濡目染，沙市的缺点跟人口相近的中国的任何一个城市相比，并没有什么更加突出之处。或许是近来有所改善的缘故吧。

正午刚过，我们的船便驶离了沙市。路途中一切相安无事，可黄昏时分发生了一场小小的骚乱。有个当地游客去找厨师讨要开水，那时船上并无开水，可他不肯就此罢休，非要不可。餐室的一位侍者怒不可遏，向那个冒犯者猛扑过去，一把拽住他的发辫，扭打起来。一个宣教士好不容易才把两个打架者分开。二副穿着背上开着大口的睡衣及时赶到，这场骚动才算罢休。

第二天清晨天气非常好，只可惜这良好的开端没能持续多久。河面浓雾弥漫，我们只得再次抛锚。不过，我们又上行了一段，而且沿岸的

第四章 | 061

四川省官员张纯登（Chang Chuin Teng）

景致也常变常新。平原地区的单调让位给了丘陵地带的景色,美丽如画。在看过了无尽的平地后,我们都倍感兴奋。距宜昌下游40英里时,群山首先映入眼帘,那么壮美,那么动人。我满心欢喜,终于走完了下游那些乏味的平原和冲积盆地。正午时分,我们经过白洋镇,那里到处是石灰石采石场和石灰窑。眼前是一幅美丽的画卷:一座富丽堂皇的道观,坐落在一个迷人的山腰;远处是高耸入云的山峦;一个高高的小山顶上,孤傲地矗立着一方浅色的宝塔,其南侧的斜坡上,还有许多宝塔。在半小时的时间内,我就看到了好几座宝塔,比在扬子江上任何其他地方看到的都要多。在负鼠岬,有两只白山羊正在觅食,为了寻找暗礁,我们派出了汽艇。这艘小巧玲珑的汽艇,一边来回穿梭,一边抛下些大头系着石块的长竹竿,用来标出安全航道。一旦发现深水,汽艇则会打出一面黑旗。两个小时后,我们进入了虎牙峡。其两岸各有一座寺庙,以制约那些出没于这优美风景地段的精灵。

浓雾消散后,我们开足马力,直奔宜昌,到达时正好是下午5点。港口停泊着无数的当地船只。高高的江岸上,一栋栋洋房鳞次栉比。一艘中国兵船即刻开了过来,一位官员走上甲板,受命前来迎接我。遗憾的是,我已先期上岸,安排下一步的航程去了,所以错过了与他的相会。但我遇到了一个士兵,他告诉了我这位官员的来访,并说那艘炮船和一艘红色保甲船会于第二天清晨6点钟到轮船边来等我。这可是千载难逢的良机,而我也抓住了机会。一个美国游客将成为乘坐中国兵船旅行的第一人!我真诚地感谢这样的礼遇,并很高兴感受这新奇的事物。那天正好赶上圣诞节的前夕。在苏格兰宣教士丁慰宁①的私宅,我还见到了另外几个外国人。其中有斯图克医生,他是个精通外科医学的传教士,做了大量工作,赢得了中外人士的广泛信任,包括华人和洋人;我还结

---

① 丁慰宁(William Deans),1880年前后来华的英国传教士,隶属苏格兰福音会。

宜昌附近的人力耕田

用水牛耕田

识了两位来自新西兰的女士。在这里,我度过了一个愉快的夜晚。中国内地会的饶兴道邀我与海思波①和埃文斯共进晚餐,他们俩也正要前往西部。墙壁上挂着镶嵌着宜人翠绿的祝匾,在染成大红色的洁白棉布上,写着"新年快乐"几个大字。

圣诞节那天,六七个文武官员都送来了名帖,希望我能安排一个小时,与他们见面,但由于我很快就要继续沿河而上,我也就没能答应他们的来访。上午11点,我到那里的中国长老会教堂参加弥撒仪式。教堂里人山人海,还有好多人站在门外。参加者多达400余人,绝大多数都是基督徒。这个苏格兰传教使团在宜昌获得了巨大成功,比利时的罗马天主教神父们也在该城的制高点拥有一组高大而坚固的楼群。如果从南面进城,这些楼群最为引人注目。对岸那金字塔似的大山,十分壮丽,同样使人印象深刻。据说那里住着些邪恶的精灵,为了以往的恩恩怨怨,会越过大河,伤害这座城市,破坏这里的商业活动。为了镇住那些邪恶的妖怪,抵消它们的不良影响,富商联合达官贵人,捐赠了大笔款项,在东山上修建了一座三层寺庙。这座寺庙面对金字塔似的大山。当魔鬼蹦出时,就会将它们截住,扔回到水里去。

宜昌的意思是"宜于生财、昌盛繁荣"。常住人口有3万,流动人口约有2000人。以往所有的商业活动都集中在北门,但自从开埠以来,这个中心便移到了南门。但是生意似乎并不很好,许多当地钱庄都面临关门的窘境。那天上午就有一个钱庄老板,前来造访,询问可有什么业务需要办理。我的一个朋友问他,他的钱庄是否可靠,他答道:"把心放肚子里吧。"

---

① 海思波(Marshall Broomhall,1866—1937),1890年来华的中国内地会英籍传教士,著有《圣经在中国》(*The Bible in China*)、《中华帝国:概论和教会概况》(*The Chinese Empire: A General and Missionary Survey*)和《中国内地会五十年史》(*The Jubilee Story of the China Inland Mission*)等大量有关中国的书籍。

宜昌罗马天主教传教使团住所

宜昌的孔庙

在散步的时候，我经过了一块与大清国海关毗邻的土地，那儿正临时被用作中国人的墓地。海关当局一直想收购这块地皮，可始终没有成功，因为地皮的主人并不愿出售。为了免遭强迫出卖，人们想出了一条妙计，足可媲美精明的约翰。附近有座庙宇，里面存放着一些棺木，是没有来得及运往先人墓地的。在中国，买卖墓地是违法行为，所以老谋深算的地皮主人便想出了一个办法。他们把那些棺材搬到了这块让人垂涎的地里，使之变成墓地。他们七手八脚，着手开挖墓穴，并埋进了从庙宇借来的棺材——多数是空的，因为没有那么多尸体。现有的几具尸体都已经不那么新鲜了。

刚吃过午饭，兑换货币的钱商又突然出现在眼前，身上带着银两，说是途中的"零花"。在我的剩余旅途中，只能使用银锭和"现钱"。共有十八块银锭，每块十两。我取了八块，我的秘书和翻译也各取了五块。我们还有大约一万个铜钱，都是一吊一吊又笨又烦的东西。除了时间多于金钱的人，谁也不会为这种玩意儿去劳神费心的。

恰在这时，宜昌的道台送来了拜帖，还有圣诞节的问候，因为他知道"那天是洋人的重要节日"。他还派了一位官员伴我前行。这位官员要求见我，商议有关安排，我跟他约定下午一点见面，他便准时到来，分秒不差。

他带来了不少东西，有牛肉、羊肉、猪肉，有土豆、卷心菜，以及其他蔬菜，还有大量木炭，就算加倍消耗，也不可能在途中烧完。我们走下宜昌码头的陡峭石阶，登上那朱红色的救生船。他奉命全程伴我同行。这时已是下午3点半，我们立刻起航。离开码头时，穿过了很多平底大帆船，船尾有高大的船舱。我们升起竹帆，借着和风，很快就掠过了海关的浮桥码头。那里聚集着许多装载着皮革等应税货物的船只。然后我们继续前行，又经过了长排的其他船只——形状不尽相同、新旧也不尽一样，其式样，仍然停留在现代造船者祖先的时代。当然，也有少

宜昌的土坟

宜昌的知府衙门

许现代化的当地船只。不过船主们为了"保面子",都说是西方国家采纳了中国已经遗忘了的样式,现在模仿洋人,毕竟只能算是中国式样的复古。Fas est ab hoste doceri。① 停泊在港湾里的英国炮艇,为了圣诞节,已经做了精心装点;但它的德国表亲,那艘停泊在对面的军舰,却没有做任何装饰。我注意到一个崭新的大型日本仓库(中国人称货栈)正在兴建之中。其实,这个建筑如果属于其他任何外国人,而不是日本人的话,我或许不会注意。它表明,在世界的这个地方,日本乃是完全清醒的。许多样子怪异的船舵,都涂了油,放在沙滩上,以便风干。这些舵值得多看看。我们沿途经过了扬子江上游的住家船。有些船上有三个房间,有些则更多,其中的一只还配有豪华的装备。到重庆的旅费千差万别,从一百二十两到几百两白银不等。我非常幸运,成了搭乘中国兵船的第一个外国旅客。

红色保甲船靠近兵船时,大约是下午4点。这时,响起了三声礼炮,以示欢迎。陪同官员身着上等丝绸,已经等在船上;舰长也已将一切准备妥当,只待护送我前往上游。他们给予我真诚的欢迎。

那位官员名叫陈强,奉命前来护送我,以确保旅途安全。他戴着用丝绸做成的美丽护耳,周边缀着精制的软毛。他带着很多行李,所以派了几个士兵去再找一艘红色保甲船。其实,我们无须如此,因为已经将这些行李做了妥善安顿,并成功地为两艘船减轻了重量。此时,要"起航"已经太晚了。我们的兵船和红色保甲船,早在清晨7点,就已经停靠在轮船的一侧了,可我们就是迟迟下不了船。那些慢条斯理的洋人和错综复杂的钱庄货币兑换手续,还有必不可少的那一块块银锭耽误了时间。向那些为了我的舒适而安排一切的中国官员致敬!至此他们已经证明了自己的快捷、客气和耐心!

---

① 拉丁谚语,出自奥维德,意为:"学习无禁忌,亦可由敌教。"

扬子江上游的红色保甲船

一切已经就绪，但已是黄昏时刻，我们都盼着能在明天凌晨出发。我感到非常舒适和幸福，从容而得意地四处搜寻，准备找出我的美国国旗，那是我始终随身携带的东西。我寻遍了所有的便携包，却没有找到。我感到胸中有个什么东西在膨胀，心里越发担忧起来。我又检查了那些大包行囊，焦急而又绝望地寻找那个自由和勇敢的象征。但是它踪影皆无！我坐下来仔细回想了一番。对了，它已经与其他行李一道，走海路去了仰光。真是茶壶煮鱼一团糟！没有那星条旗，我就不能走，也不愿走。无论如何，我必须搞到一面美国国旗来。我叫来一个士兵，并交给他一张便条，派他去见这里的一个美国人讨要一面旗子。他很快又回来拿灯笼，因为在这黑夜中，他无法分辨美国人的房屋。事实是，他去我的朋友家需要经过一片坟地，而且他并非塔姆·奥香特，不愿拿珍贵的性命去跟那些鬼怪、幽灵和妖精周旋。不过他还是回来了，并带回了话，说港口就有面旗子，长约8英寸、宽约5英寸，只怕是难以得到。尽管这个结果令人沮丧，但我决不肯就此罢休。我带着英文翻译和这位中国士兵，又去了一家名叫"老月"的布店。老月微胖，抽的烟杆足有一码长。我们坚定而又不失礼貌地推开了店门，发现八个汉子正在数着盘里肮脏的铜钱，都是现钱，放在几个托盘里，估计是一天的销售收入。虽然我心急如焚，可也不得不佩服他们的分类办法。大币统统都堆在一处，以便在制成"合法货币"时，能放在"串"的中央；而那些小币则穿在两端，使之逐渐变细，最终凑成一千钱。这一千钱的价值，对美国人来说，颇有点抵押品的味道。穿好后的钱吊，中间大两端小，看上去非常对称。

起初，老月连布匹都拒绝再卖。早过营业时间了，这时太晚了。一阵劝说后，终于卖给我3尺红布、3尺白布、一块蓝布、一卷棉线。老月的布要现钱532文铜钱，棉线要付100文。这些材料将用来做一面美利坚合众国的国旗，并将在跨越中国之行中扮演其注定的重要角色！

宜昌的一棵神树，树上标牌上写着"有求必应"等字样。

我递给店主一块鹰洋，按宜昌的市价，值现钱 820 文。出于玩笑，我顺手拿起他已经穿好的 1000 钱，取了 200 文。他笑了笑，点头表示认可。这样，我购买这些东西，似乎只用了 620 文。在中国要弄清钱的真正价值实属不易。

我原本打算自己当裁缝做旗子，哪怕行期推迟也在所不惜。可老月却变得好奇起来，问我是总领事吗？我多大岁数了？有人说我十多岁，有人猜我二十几岁，大家都笑了，全然是天朝子民们的那种笑容。于是我问老月，能否为我找个愿意当晚干活儿的裁缝，在我的指导下做一面旗子。那时已经 8 点了，老月对我做了个肯定的手势，便消失在漆黑的狭窄街巷里。很快他就带回来一个常言所说"十里挑一"的裁缝。可他听说了要做的事（也可能是因为我）以后给吓住了，不愿接手这桩活计。老月再次出面说服他，这回就顺当多了，那位叫"全信"的裁缝终于留了下来，还另外叫了 3 个帮手。这个四人组合辛辛苦苦干了两个多小时。时间已经太晚，没法将所有的星都缝在旗帜的一角上去，我告诉他 13 颗就够了，他超额缝了 1 颗。鉴于这样会破坏了初衷，还可能引出误会，使人以为有某种偏心，所以我命令他必须取下一颗。正当我在寒冷的房间等待时，巡夜人敲着梆子从门外经过。他这样做是为了警告那些盗贼和杀人犯，让他们逃之夭夭，并让全城都知道，他还醒着，正在值勤。巡夜人每晚要巡更 5 次，每次都相隔一定时间，首次巡夜敲一下，二次巡夜敲两下，依此类推。不知是谁摇着铃铛从外面走过，那叮当声听上去就像雪橇的铃铛声一样，那是在遥远的家乡宾夕法尼亚州圣诞夜所听到的声音。啊，家乡！跟这儿是多么不同啊！对家乡的思念是如此强烈，直叫人黯然神伤。突然间，用汉语唱的圣诞颂歌那熟悉的曲调飘进我的耳朵。一问才知道，那是住在附近的一个自食其力的店主正做家庭礼拜。感谢上帝，即便在这些肮脏破烂的中国城市里，世界之光也已开始照耀了。

宜昌方尖塔前的一位尼姑

宜昌附近的一尊凶神恶煞的石像

旗子做完了，工钱相当于25美分。辞别了工匠，我们动身返回兵船。途中遇到了那个巡夜人，正在敲打三更。已经是晚上11点了！城门已经关上，但是，一听到那位士兵说他正在护送美国的客人，门砰然打开，我们这才出得城来。

礼多人不怪
Much courtesy forestalls offence.

第五章

过扬子江三峡——从宜昌到险滩——在中国兵船上——
红牛犊——江难——《圣谕广训》——向美国国旗致敬

虎年冬月二十七日的凌晨，天气晴朗，空气清新，景色迷人。还不到六点一刻，众人就悄无声息地张开了中国兵船上那条纹状的帆布，不到十分钟，一切都已准备就绪。立在船头的一位士兵正准备给那门漆黑的大炮点火捻。随着太阳从市区的后面缓缓升起，大炮发出了轰的一声巨响！隆隆的回声滚过河面，滚上对岸的山坡。随着第二声和第三声炮响，那轰鸣声显得越发响亮。人们以此向我那"可敬的国家"和我本人致敬。竹编的锚绳很快放开，刹那间我们的船驶入了急流之中。朱红色的保甲船也同样轻便灵活，就这样开始了扬基佬在中国兵船上的难忘之旅。我们经过那些大大小小的船只时，一艘舢板向我们飞速驶来，停靠在兵船的一侧，舢板甲板上那些翠绿和雪白的漂亮蔬菜很快消失，又立刻出现在我们的船头。那金字塔山峰映衬着东边天空下的剪影，显得愈加黑白分明。我们想象着那些精怪幽灵正冲向远处的江岸，而美丽的宜昌城守护神又将他们挡了回去。

我搭乘的兵船只有一根桅杆，船头呈方形，船尾较高，总长约40英尺，横梁的高度不足9英尺。桅杆只在码头一边有一根横索，另一边则靠那根升降索勉强支撑着。这孤寂的桅杆高40英尺，立在杆座里，通过杆座上的一个机械装置，可以很容易地将桅杆降下来。桅杆顶端有一个红色的木制矛头，另外在左侧挂有三面小旗。纵帆上缘的斜桁长15英尺，用短木头做成，其张帆杆则用粗壮的毛竹做成，长约20英尺。在斜桁和张帆杆之间，以固定的距离排列着14根竹竿，要是没有这些竹竿的支撑，那粗陋的帆篷就会在河风中，轻而易举地被撕成碎片，因为它是用最薄的棉布做成的。主帆呈扇形固定在8根竹竿两端。这些竹竿全部与舵柱处的滑轮连在一起，所以要操纵帆篷，非常方便。帆篷的整体形状，就好似一只羊腿，又像前桅斜桁帆和斜挂大三角帆的混合。这种帆特别灵便，一则重量很轻，二则降帆之后就可以自行收起来。船上共有10名桨手，6个在桅杆后段，4个在前段。桅杆以前约4英尺的地方，是船上厨房的所在。那是一个极为经济的结构设计，包括一个烧煤饼的火炉，无论白昼还是黑夜，炉子里面的火都不会蹿出来。我们的兵船行驶在水面上，就像一只特拉华州的鸭子：要是顺风的话，江上的任何帆船都赶不上它。总之，即便在中国以外的水域中，这也算得上一艘顶呱呱的小船。它有一门值得骄傲的大炮，据说可以打出1英里；它还有一架子来复枪，就放在船长的舱房旁边；此外还有些供水兵使用的骑兵短枪和其他火器。这艘战舰整洁而呈流线型，正式名称是"宜昌地区先遣中队第七号兵船"。

　　船长是个风趣的中国佬，我经过一番努力，才得以跟他沟通交谈，并且得知了以下事实。他今年42岁，16岁就出海，大多数时间都在沿海一带当差。可他的老家在湖南，现在暂时住在宜昌。四月份，他曾出去追一帮海盗，花了两个月时间去跟踪和抓捕他们。当听说是他在追捕自己，那些海盗居然都改邪归正了，被捕时连丝毫抵抗也没有！船长把他在船尾的舱位给了我，自己则住到了下面的货舱里，那是舵手过夜的底层舱。那位优秀的老舵手就住在我的舱位右边。船上的全部船员，包括厨师，共由12人组成；连同船长，我们这条船上的人数刚好是那"倒霉的13"。他们全都是心地善良、动作快捷、精明能干的人。

牛肝峡

巫峡下游的入口——官渡口

在曳滩处逆流而上的货船

他们的名字，译成英语之后，有些听起来十分怪异。船长是张先生（Mr. Long Bow，弓长先生），舵手叫荣官定（An-Official-Bound-for-Glory，必定赢得荣耀的官员）。其他年轻水手的名字分别叫颜永胜（The-Ever-Victorious-Color，常胜的色彩）、卓允（Special-Promise，特别的允诺）、林赤樟（Red-Cinnamon-Grove，红色的肉桂树林）、丁利（Little-Profit，微薄的利息）、罗大宝（Great-Treasure-of-a-Drum，极其宝贵的锣鼓）、休安（Graceful-Rest，优雅的休息）、和佑（Keeper-of-Truce，停战的保佑者），以及沙得仁（Crabtree-Who-Takes-Hold-of-Benevolence，得到仁慈的沙果树）等。

跟兵船一样，保甲船也只有一根桅杆，高度和船的长度相当，船尾的长桨也有那么长。它属于"水保甲局"，船身被漆成朱红色。在每一个急流险滩都配有这种船只，用以对付不断发生的航行事故。第十二号船曾救起过一百多人，上面六个健壮的小伙子，全是划桨的行家里手。它张开方形的小帆，随时紧跟着兵船。队员们每人每月的收入大约是三两银子，约合两美元。这种极其有用的小船，江上到底有多少，我不得而知，但扬子江"水保甲局"的常规报告，犹如美国漫长海岸线上救生站的报告，想必都是趣味横生的。总督派来护送我的那位官员，就在那红色的保甲船上；他的另一项任务是，一旦沿途出现什么事情，特别在湍流处，他将向兵船提供帮助。在徐徐的江风中，船只航行十分缓慢，三个小时后，宜昌才永远消失在我的视野之外。

要在这样的船上开始航行，中国人往往会做很多的必要准备，其中之一是杀只公鸡，将鸡血鸡毛撒在船首；离岸时还要在整条船上撒米。此外还要放大量的烟花爆竹，以便让河神知道人们没有把他遗忘。迄今为止，中国人依然在这样的迷信中居住、劳作和繁衍。鉴于兵船上有我这个洋客人，这次没有安排这些活动，取而代之的是鸣放礼炮。整条船都在礼炮中晃荡。厨师正砍一条竹绳，准备用做火炬，因斧头太笨重，他砍伤了自己的手。于是他径直用指头涂上自己的鲜血，开始在甲板上画符咒。这种美术，可不是什么人都能目睹的。然后他在伤口处抹了一种药粉，而不是把它清洗干净。我问他那是什么灵丹妙药，他回答说："龙骨粉。"

正午时分，我们到了宜昌峡谷的入口处。那些垂直的悬崖绝壁，足有800英尺高。沿着这些悬崖的底部，人们正在努力开采青石，修建宜昌江坝。我们似乎是穿行在一连串的高山湖泊之中。一个只在黄色海岸旅行的人，是无从想象中国的壮美景色的。唯有让他沿扬子江上行1000英里，然后再穿过宜昌和万县之间的急流险滩，他就会自然而然地意识到：在这个世界上，再也没有任何其他地方会比这里更加壮丽的了。自从离开奇境般的新西兰，我从未见过任何地方的悬崖峭壁这么雄伟，这么神奇。峭壁上方，一只雄鹰正朝着高处的巢穴展翅飞翔，整个场景神秘而浪漫。宜昌峡谷的地名也充满诗情画意，第一段名"明月峡"、第二段名"黄猫峡"。

下午两点过后，我们通过宜昌峡谷，进入了花岗岩的国度。这时，我与袁先生攀谈起来，请他讲讲那次淹没了整个峡谷，卷走了众多生命的大洪水。他说："尽管这是我亲眼所见，也确实非常恐怖，但那已是多年前的事，我早已经全忘了"。可怜的人，他显然是心存疑虑，担心我正企图诱使他承认过去的失职，这使我想起了贺拉斯的名言："没有不透风的墙，没有不泄密的人。"① 船长过来解围说，从前的扬子江水流不畅，排不出去。为了缓解江水的泛滥，康爷菩萨碰到一头红色的母牛犊，恳请它告诉自己哪里能找到一个让水流走的出口。母牛犊同意了，于是菩萨拽着牛的尾巴，跟随着去了那个地方。后来有消息说，那头红

---

① 原文为拉丁语Percunctatorem fugito nam garrulous idem est，出自Horace. "Epistles, 1.18.69"。意为：没有不透风的墙，没有不泄密的人。

色的小牛犊上了天堂。于是，那些无足轻重的小神灵为它在人间修了一座供人朝拜的庙。人们还把红牛庙的所在地指给我们看。传说那菩萨和母牛犊刚进入山谷，江水就奔流而下，冲开了一条全新的河道。所有的美丽传说都讲述着发生在这里的那些"由洪水和田地所引起的动人故事"①。每逢夏天，这里的江水总要上涨到50多英尺。

20英里长的纤绳，5万英里长的灯芯，这些东西乍一听来就像天方夜谭。可在扬子江上，长途运输的货物只是凭借着几只小船。那纤绳由竹子做成，比起其他国家的绳索，更加坚固，也更加轻便。在扬子江上游，所有的船只都用这种双线搓成的竹绳。在一家店里销售的竹绳，随手取来就有20英里长。而更长的竹绳正浸泡在石灰水中。至于灯芯，我估计这三艘船所载的灯芯，如果拉成一根直线，足够沿赤道给地球绕上二圈。从重庆沿江下来，这些船需要30天的时间才能到达这里。沿途特别容易受到风的影响，要想避免货物损失，必须极其小心谨慎。

当我们接近第一个湍流时，我们将船顶风停住，靠在另一艘兵船旁边。我的翻译从这艘船跨到另一艘时，一位船员过来搀扶，向他敬礼，称他为"张大人"。我们这位小小的命官低语道："这儿只有一位大人，那就是盖洛大人。"那船员伶牙俐齿，马上改称他为"张先生"。当我过去时，引起一阵不小的忙乱和敬礼，都称我为"盖洛大人。"在新几内亚，他们叫我"白人酋长"，而现在则是"盖洛大人"。我回家之后是否还能认得出我那些卑贱的朋友，只能交由时间去验证了。回到船舱时，我发现了某人丢下的十文铜钱。这个普通铜钱上面那个"十"字压得非常抢眼。我现在对所谓"十字的罪过"有了一种新的认识。由于种种显而易见的原因，中国人心目中的十字形象，与传教士有着不可分割的联系，

---

① 这是莎士比亚《奥赛罗》第一幕第三场中的著名诗行，原文是："Of moving accidents by flood and field."

所以义和拳民都对它嗤之以鼻。早在1900年爆发义和团运动之前，就有一些精神领袖上书请愿，要求清政府改变铜钱上这个可恨的文字。在政府的默许下，铸造出一种等值的特殊铜钱。"十"这个字样不再以通常的形式出现，而是字形变得比较复杂，原有的十字架形状已经被完全抹去。我所拾到的就是这样一种钱币，它代表着"十字的罪过"。

从宜昌出发，沿途尽是美丽的画卷、壮观的景色和雄伟的山峰。没有一个艺术家能在画布上再现那绚丽多彩的日落，没有任何语言能描述沿江那些峡谷和湍流的壮丽景致。在一个地方，悬崖峭壁从水边拔起，形成一堵达2000英尺高的坚固墙壁；在另一个地方，这些峭壁直指4000英尺高的天际。地球上有些悬崖比这里更大，有些山峰比这里更高，但那些都没有这样的雄奇和壮美。这儿的整体景观完美无瑕，这里的山水风光令我神魂颠倒。当我们的船只掠过狂野的急流时，湍急的漩涡随时能把我们尽数吞没，但这样的危险反而越发增添了这里的魅力。当我们进入大山深处幽暗神秘的空地，看到异教徒在负罪感的驱使下兴建的庙宇时，这种魅力便显得更加令人震撼。这些庙宇是来保护那些擅自闯入幽暗住所的凡人，使之免遭鬼怪伤害的。

在峒岭滩的入口处有一块巨石，一艘德国汽船就沉在它的旁边。那艘船在触礁20分钟之内便永远消失在洪流下的黑暗江水中了。船上有30位传教士，但只有一个外国人，即船长本人，被淹死。很多中国人丧命，其中包括一个高官的儿子，正搭船赶往家乡万县参加科举考试。轮船触礁后，他在仆人的帮助下，已经爬上了前来救援那艘倒霉轮船的红色保甲船。可他没有意识到迫在眉睫的危险，又愚蠢地返回轮船，想到他的船舱去拿放在箱子里的财宝。他还没来得及拿到，船就沉了，他的财宝，还有他本人，都被装殓入棺，埋在了水的墓穴之中。另一位遇难者是个曾在上海经商，并积聚了一笔可观财富的华人绅士。他在回家途中到了宜昌，发现这艘外国大轮船正要起航上行。"太好了，"他说，

"我就乘这艘船了。"于是他将所有的财富都放在船上,放心地出发了,结果也和其他人一起沉入了江底。在中国历史的漫长岁月中,丧命在这奔腾江水中的人又何止万千!

在我的日记中,我还记录了一件特别的事情——"今天一大早,厨师就在洗手。"他干吗要这样做?难道他的双手不够干净?难道他一直在和面、烧饭和做其他需要用手直接接触的食物吗?

关于我的日常行为,善良的秘书道格拉斯·迈克利安都会做记录。下面是他写下的文字:

> 第一缕晨光刚刚显现,盖洛先生便身披羊皮大衣(外有深蓝色的衬布),头戴褐色软毡帽——这种样子会让世界著名的"废物迪克"(英国小说中人物)都感到开心——站在他的舱门外,面对逐渐展开的自然画卷,以赞美的眼光凝眸远眺,开始描述它的壮美景象。跟他那身打扮搭配的还有一双棕褐色长筒靴和灰色厚毛衫;凡是见过他站在演讲台、身着洁白衬衫和挺括长礼服的人,如果看到他现在这马马虎虎的穿着,一定会觉得非常好笑。我说到他的目光,是因为舱门被前面所提及的大衣遮挡着,而我前面又没有窗户,视力所及十分有限。窗户都在船舱里面,即我的身后,这是一种从顶部放下来的木窗,由细竹竿向外撑着,所以我能看到的只有江水。

> 一旦有什么值得注意的东西,他就会口述出来,我则立刻在打字机上做记录,这样,全景似的画卷就会被现场记载下来。凡是有趣的东西,没有一样能逃过他那极富批评色彩的眼光。打字机的嘀嗒声,尽管不像钟摆的声音那么的持续不断,倒也完全可以替代那并不存在的微弱钟摆声。

> 要想看到后面的风景,可以站在宽敞的舵手位置上,那儿要比甲板高一英尺,这一英尺加上盖洛先生差不多六英尺三英寸的身

高，再刨去差不多有六英尺高的船舱圆拱顶，还可以留有足够的高度来观察风景。若在身后出现一个特别优美的景观时，盖洛先生就会站在一个约两英尺高的竹箱上，从高处滔滔不绝地讲述他的所见所闻。这种情形从黎明一直持续到黑夜，由于船舱里光线不好，早晚的描述只能借助烛光才能记录下来。

当我们终于到了新滩之后，由于水流湍急，危险性很大，我的护送官陈强反对我继续留在船上。我决定上岸行走，同时拍几张照片。那位心地善良的官员个头不高，但对我的安危十分关注，所以为了不使他担心，我还是上岸步行了。途中我拍了一座三层宝塔，塔名叫"白骨塔"。陪伴我的一名兵勇说，那是为无家可归的孤魂野鬼，即那些淹死在新滩激流中的人而兴建的，他们生前没有朋友，因为没有尘世的朋友会来为他们安顿灵魂。塔的一侧有座孤坟，里面所埋的那个可怜人也是在企图越过急流时丧命的。他的尸骨将留在这里，直到某个好心人出钱将其迁回故乡。

走过一个坐落在狭隘悬崖上的村子时，我在一座正在举行葬礼的房子前停下了脚步。房门开着，门前狭窄的街道上立着一个纸糊的塔状祭坛。不远处的圆形大石块上，放着一个山羊头，四周洒满了羊血。人们点着香和蜡烛（因没有更好的烛台，而将蜡烛插在半个萝卜上）。在纸糊的祭坛的对面还有一个猪头和一些俗丽的悬挂物。死者的亲朋，无论男女老幼，都戴着白色头巾，站立在顶部呈拱形的棺柩周围，看上去显得兴致勃勃的样子。最小的哀悼者当数那个婴儿，也穿着雪白的丧服。因为在中国，白色是丧服的颜色。我们走进一家茶馆，与一个上了年纪的道人攀谈起来。他是前来做道场的，左肩上搭着一串铜钱。他说死者71岁，这场献祭是为他赎清众多罪孽的。一个人死后，人们能因其赎罪而聚在一起，这的确令人感到欣慰，我指的是这种坦诚的态度。在那

新滩的白骨塔。

峒岭滩的道观,大门上方写着"清江观"。这座献给河神的道观建在山峡的入口处,为的是抵御恶魔的侵扰。

些所谓文明的国度，葬礼往往被人们用来编造厚颜无耻的谎言，并使这些谎言永远流传下去。年迈的罪人死后就会受到这样的礼遇，听起来似乎他就是天堂最受宠爱的圣徒。反倒是这些道士还保持某些美德。他们为死者举行的道场使人联想起了古埃及对待已故坏人的方法。那条古谚应当读作："De mortuis nil nisi verum."①

在当地，人们在葬礼上用三种不同的祭品：猪头、羊头和公鸡。这些都是为了帮助死者，使之得到超度。如果死者家庭富裕，他也会得到这些祭品；否则他便只能自谋出路了。

在一条狭窄的街道与另一条更狭窄的小巷相连接的拐角处，我拍摄到了一处特别惹人注目的建筑。后来才知道，那就是杜家祠堂。

我在街旁一个书桌状的柜子处停下来向人打听。附近张贴着各种布告。这原来是宣扬《圣谕广训》的地方。这《圣谕广训》影响中国人的生活已长达三百年。所以我在这里引用一位颇有声望的传教士的简短解释不会过分。他说：

> 构成《圣谕广训》基础的那十六条箴言是清朝的第二位皇帝，即康熙皇帝，在晚年以法令形式颁布全国的；第一部中国皇家字典就是以他的名字来命名的。
>
> 这些箴言的原文以七言的格式非常工整地写在木片上，放置于公堂之中，至今依然能见到。
>
> 雍正皇帝是康熙的儿子和继承人，他明智地意识到，这些箴言过于简洁，必不利于广泛传播，于是，他便书写了一个对这些箴言加以阐释的版本，并于他登基的第二年刊行天下，要求向百姓公开

---

① 拉丁谚语，原谚语是 De mortuis nil nisi bonum（对死者，当只言其好），此处更改一字，成为"对死者，当只言其真"。

新滩附近正去往万县途中的尼姑

宣讲。宣讲日定在每月初一和十五……目前对《圣谕广训》的宣讲每月有两次，即初一和十五。其惯例如下。每逢初一和十五的早晨，文武百官都身着官服，聚集在整洁宽敞的公厅里。一位称作礼生的典礼官高喊："列队！"大家便按各自的品级，依令而行。而后，他喊道："三跪九叩。"大家便纷纷跪下，面朝一个祭台磕头，上面放着刻有皇帝名字的牌位。接下来他又高喊："平身退去。"大家都站起身来，走向一个类似礼拜堂的大厅，《圣谕广训》通常就是在那里宣讲的。兵勇和平民也都聚集在那里，鸦雀无声地站着。

礼生又说："现在开始。"司讲长便走向点着香的祭坛，双膝跪地，毕恭毕敬地捧起写着当日指定箴言的木牌，登上讲台。一个老人接过木牌，放到台上，面向众人。然后，司讲长敲响手里的木板，让人们安静下来，自己双膝着地，开始诵读《圣谕广训》。读完后，礼生又喊道："请予解释《圣谕广训》的某一段或某一条。"司讲长便站起身来，讲解其含义。《圣谕广训》其他部分的朗读和解释，也都遵循同样的程序。

《圣谕广训》的十六条箴言如下：

敦孝弟以重人伦，
笃宗族以昭雍睦。
和乡党以息争讼，
重农桑以足衣食。
尚节俭以惜财用，
隆学校以端士习。
黜异端以崇正学，
讲法律以儆愚顽。

明礼让以厚风俗，
务本业以定民志。
训子弟以禁非为，
息诬告以全善良。
诫匿逃以免株连，
完钱粮以省催科。
联保甲以弭盗贼，
解仇忿以重身命。

然而清朝官吏拜读圣律的做法，已经不再那么隆重，可算是"无伤大雅的废止"。现在只剩那些"诲人不倦"的官员仍在例行公事。但是，中国的"民众"，犹如其他的民众一样，并不喜欢听从"孜孜不倦的规劝"。"取悦大众"，[①]宣讲《圣谕广训》也必须具有娱乐性，其魅力便包括故事，为了听故事，庶民也乐于"苦修"，听上一两条戒律。《圣谕广训》蕴含着关于道德修养和行为规范的劝诫。很多人无视它的说教，但没有任何持批评态度的高官硕儒会去取笑嘲弄其内容，也没有任何人会质疑它的权威性及其作者。

阐释《圣谕广训》的人都会引用许多例子来说明道理，其中的一些例子，即便在欧美人听来，也非常贴切。比如关于"二十四孝"的实例中，有一个是这样的："子当孝母。一天，儿子到山里拾柴火。几位客人不期而至，来到他家。母亲局促不安，盼着儿子能快点回来，无意中咬了自己的指头。远处的儿子即刻感到一阵疼痛，预感到家中可能有事，

---

① 原文为拉丁语 Ad captandum vulgus，相当于英语的 To attract or to please the rabble，即"取悦大众"之义。

于是立刻动身,并及时赶到家中,帮助母亲热情地接待了那些客人。"①这里的寓意是"天下孝行,莫过于斯;人间真爱,莫过于斯!"这也许就是心灵感应的古代例证。据说这个孩子就是后来的曾子,是孔子的得意门生之一。

另一个故事,讲的是一个少年。他的继母总在父亲面前告状,说他没有孝心。于是他决心以勇敢的行动,证明他的诚挚和美德。他决心满足她喜欢吃鲤鱼的口味,以此来感化她的心。数九寒天,他到冰封的河面上,打算抓几条鲤鱼。凿洞失败了,可我们的英雄没有沮丧,他脱去衣服,裸体压在冰上,要用自己的体温,去化开一个窟窿。冰奇迹般地很快就融化了,接着又蹦出了两条大鲤鱼。他带着鲤鱼,兴高采烈地回到继母身边。继母知道事情经过后,对自己的恶行表示悔悟。一位诗人因此说道:

千年难平冰裂痕,
万载不湮孝顺心。②

中国人对在扬子江上救生有些稀奇古怪的观念。在新滩村的一家茶馆里,我们正吃着油饼,保甲船的船长走了进来。我向他打听那座为穷人修建的白骨塔一事。他说,从水里打捞一具尸体,会得到皇上800文铜钱的奖赏。以前是救上一个活人给800文,要是死了的话则给400文。不过,人们很快就发现,这样做很不合算。于是便倒了过来。现在,保

---

① 这是《二十四孝》之《啮指心痛》的故事。汉语原文是:"周曾参,字子舆,事母至孝。参尝采薪山中,家有客至。母无措,望参不还,乃啮其指。参忽心痛,负薪而归,跪问其故。母曰:有急客至,吾啮指以悟汝尔。"
② 这里所讲是《卧冰求鲤》:汉语原文是:"晋王祥,字休征。早丧母,继母朱氏不慈。父前数潜,由是失爱于父母。尝欲食生鱼,时天寒冰冻,祥解衣卧冰求之。冰忽自解,双鲤跃出,持归供母。"汉语原诗是:"继母人间有,王祥天下无;至今河水上,一片卧冰模。"

第五章 | 091

飘扬着美国国旗的中国兵船，后面跟着有中国官员搭乘的红色保甲船。

纤夫拉着作者搭乘的兵船溯扬子江而上

甲救上一个活人是400文，打捞一个死人则是800文。这样，如果他被救出后死了，就可以有400文铜钱去安葬他。这的确非常有趣，保甲船上的另一个水手进一步解释道："死者需要埋葬费，活人不需要！"这就是天朝的逻辑推理。先把人淹死，之后再打捞上来，岂不更加划算！后来我还发现，保甲员如果弄湿了衣服，就能得到400文钱的奖赏；否则就只能得到200文。

每天早晨，当船尾的美利坚合众国国旗在和风中升起时，就会响起三声礼炮，船长会率领船员和我一起欢呼。之后，船长还要转过身来，与我热烈握手。旗上的条纹宽窄不一，比例也毫不正确，但从远处望去，与我的祖国那"大老旗"简直一模一样。我感到非常自豪。在大清帝国的历史上，一艘本国的兵船上飘扬着星条旗，穿越峡谷湍流，这恐怕还是破天荒的头一遭。

我们继续上行，穿过美不胜收的三角地段，眼前出现的，就是令人拍案叫绝的"曳滩"。

耳闻不如眼见
"I heard it" not as good as "I saw it."

第六章

天府之国四川——万县——总督眼中的鸦片——
义和团问题——婚礼早餐——水灾与火灾——
中国人的轻信——中国文化与基督教

在重庆和宜昌之间，最富有最重要的城市，当数万县。四川之富，随着扬子之旅，越发显现，并在这个人口众多又富庶的城市达到一个新的顶峰。东大路就是从这里开始，途经中国最富饶的地方，直达省会成都府，那儿也是四川总督的驻地。"万"即一万之意，既是县名，也是城市的名称。万县城内人口已达20万之多，但除了三个传教士之外，再也没有什么外国人。来年，这里将会成为开放口岸，届时，"教士先于商人"之说将得到证实。郊区散布着房屋，但其人口不到城墙内住户的十分之一。我在夜晚入城的时候，四个小乞丐正睡在城门边。这些乳臭未干的乞丐拨开了白天所点着的火堆烬，正四肢蜷缩，躺在尚有点热气的地方，以求熬过刺骨的寒夜。进城之后，我就直奔内地会。热心的传教士 W.C. 泰勒夫妇热情接待了我。这是一座新房，非常适合传教活动。房子前面是繁华的街道，房屋后面则可以将市区尽收眼底。这房屋是一个澳大利亚人修建的，屋里有一个专门接待中国人的客房，日夜开放；热情的主人在这儿满腔热忱，虔诚地宣讲福音。

万县这段江滨足有两英里长，中间有一条小河汇入大江，沿着江岸就是城区主道。一座美丽的石拱桥跨过一条宽约20英尺的小河。不过，

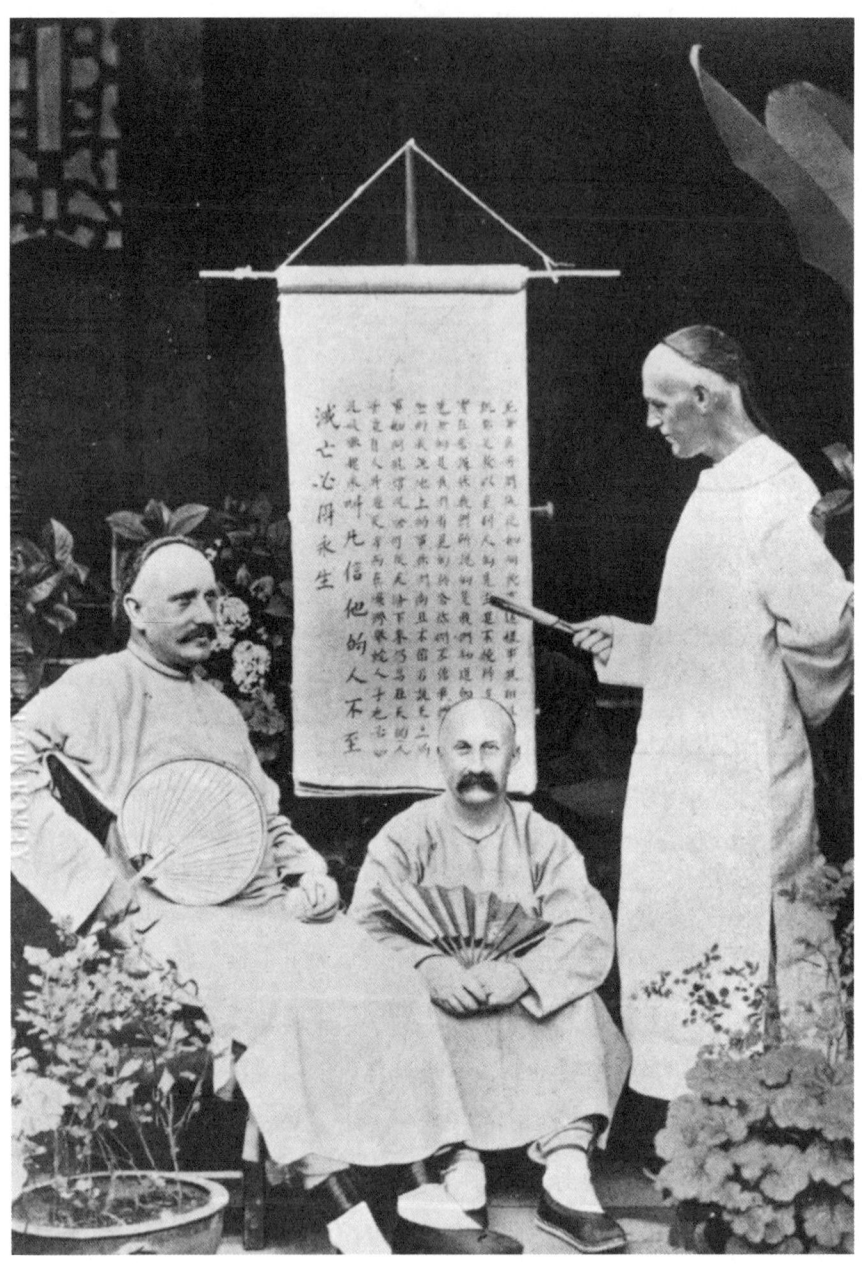

三位著名的传教士：杜西德、德安治、章必成

它让人联想到的是"驴桥"①，而不是天朝人的精明。桥梁的建筑师没有为洪水留出空间，一旦河水暴涨，人们只能涉水而过。按照中国人的观念，这座城市的风水极好。在北面有一个叫黑区的地方耸立着"天成堡"，它将恶鬼挡在了外面；南面是温暖的地区。大江对岸一排低矮的山峰为建造宝塔提供了合适的场所，而那些宝塔又把好运带给了万县的商贾。据说"阴阳"或"男女"这两种相对的势力乃世间一切的源泉，即所谓"阴阳生万物"。在当地人的心目中，阴阳的亲和，使得万县财源滚滚。

> 这对孪生兄妹，
> 在时间的围裙上，
> 对面而坐，
> 聚起他们所有的力量，
> 耕耘收获。
>
> ——丁尼生《公主》第二章

扬子江中央有一条巨大的石龙，唯有水位很低时，才屈尊露出头。它也是万县财运亨通的保证。城里不仅有自身的繁华商贸，而且也是川东和川北两地的贸易枢纽，两地的商人带着丝绸和食盐，经由闻名遐迩的东大路来到万县。著名的南浦（离万县有10天的路程）盐取自1000多米深的盐井。西西弗斯②般的钻井工作全靠双手，耗时数年才能完工一口。成百上千的竹管被拴在一起，放下井去，盐水就装在这些细长的

---

① "驴桥"，原文为拉丁语 Pons Asinorum，亦称"驴桥定理"，据说其含义为"驴桥在此，愚者莫过"。
② 西西弗斯是古希腊科林斯王和暴君，死后堕入地狱，被罚推石上山，但接近山顶时，石头又滚下，于是重新再推，如此循环，无休无止。

万县著名的石拱桥

万县基督教教堂内景。铁先生就在那儿布道。

竹管里被带上地面。每个竹管的底部都装着一个阀，可以让水进入；而在拉上来时，阀会关闭，将水封在里面。吊起盐水的工作，靠人力驱动的辘轳；要是盐井太深，就需要加一个垂直的鼓形圆桶，像大绞盘似的，用公牛驱动。这些设备，虽然原始而笨拙，但非常精巧，非常有趣。制盐过程中的最大花费是蒸发水分时所烧的燃料。

自从动身前往重庆以来，可食用的"羊毛团子"[①]就是我给养中的一个重要产品。这种食品汉语称之为"面"，由生面团擀成片，再十分巧妙地切成细丝，看上去就像一团没有洗过的羊毛线。人们用极其简单的方式，将它进一步拉长，直到需要的长度，然后切断，放入包中出售，以方便顾客购买携带。时间越长，质量越好。我买了六斤，约合八磅[②]，以备在途中食用。穷人扔掉的东西，富人却视若珍宝。中国人杀鸡后，把它放到开水中浸烫，然后再拔毛，这样会使毛更容易拔除，肉也更富韧性。外国人喜欢肉嫩点，毛也要干的，即便因此需要干更多的活儿，也在所不惜。外国人已经认识到这种野蛮方式的好处。成百上千吨的羽毛，被中国人运到沿海一带。这儿鹳很多，近来鹳的冠毛十分走俏，一根冠毛就能卖出20两白银的好价。就在几年之前，它们还是无用的东西，分文不值。可现在，这种鸟正在迅速消失，官方已贴出布告，禁止猎杀。然而，这个行当利润丰厚，捕猎者不计代价，也要铤而走险。对于官方禁令，并无多少人愿意遵守。造纸是四川的又一产业。我曾目睹50个苦力走成一字形，都肩挑竹料，送到纸厂去打纸浆。他们每天要担100磅的重量，走30英里的路程。在内地，直至甘肃和陕西，都有极其丰富的煤铁矿藏。硫黄的产量在四川的部分地区也相当可观，但是当地的苛税扼杀了那只下金蛋的鹅。我对中国的"银两"（"tael"，而非

[①] "羊毛团子"即四川的"担担面"。
[②] 1磅≈454克。

猪尾巴的"tail")虽有一知半解的认识,但从来分不清"锭"或别的计量单位。这种不能估量自己财富的情况,反而使我有一种千万富豪的感觉。

进口的洋货,较之于当地土产,所占比例极小,但走在大街上,依然可以见到曼彻斯特的印花布和棉纱摆在店铺里出售。普通民众都穿蓝色长袍,但中上阶层则选择色彩丰富的服装,于是布店里便摆上了多色外衣。在其他店铺,我还见到钟表、蜡烛和肥皂,但更多的则是"洋火","洋火"即火柴。土制火柴质量非常差,欧洲人到来后,中国人学会了制作摩擦火柴(其因缘关系他们以前就知道)。但他们的洋火质量很差,在当地商贸中独占鳌头的是日本产品。

至于万县的所谓恶习,我不想细说。最为可恶的也许是"洋烟"或"洋药",也就是鸦片。我估计一半以上的当地华人都是它的牺牲品,只是程度各异而已。当地人说,10人中有11人都在抽鸦片!有些旅行家企图掩盖鸦片的害处,说什么传教士普遍怀有偏见。不过让我们看看张之洞总督的意见吧,他总该是知晓个中原委的。他说:

> 近年进口洋货价八千余万,出口土货可抵五千余万,洋药价三千余万,则漏卮也。是中国不贫于通商而贫于吸洋烟也,遂成为今日之中国矣。而废害文武人才,其害较耗财而又甚焉。悲哉!洋烟之为害,乃今日之洪水猛兽也,然而殆有甚焉。洪水之害不过九载,猛兽之害不出殷都,洋烟之害流毒百余年,蔓延二十二省,受其害者数十万万人,以后浸淫尚未有艾。废人才,弱兵气,耗财力……
>
> 中国吸烟之始,由于懒惰,懒惰由于无事,无事由于无所知,无所知由于无见闻。……农无厚利,地无异产,工无新器,商无远志,行旅无捷途,大率皆可以不勤动、不深思、不广交、不远行而得之,陋生拙,拙生缓,缓生暇,暇生废,于是嗜好中之,此皆不学之故也。若学会广兴,文武道艺,城乡贵贱无有不学,弱者学之

扬子江上游的何家三姐妹

吃早饭

于阅报，强者学之于游历，其君子胸罗五洲，其小人思穷百艺，方且欲上测行星，下穷地隔，旁探南北极，岂尚有俾昼作夜，终老于一灯一榻者？……故曰兴学者，戒烟之药也。[1]

这个地区广泛种植"朱红芙蓉"，[2] 最好的土地，最好的肥料，最精细的耕作，全部都用在这上面了。每逢阳春，它鲜艳夺目，十分美丽。令人难以置信的是，如此灿烂的花朵，竟能产生如此毁灭性的灾难。1902年的干旱持续了近两月之久。热浪滚滚，遮荫处的气温有时高达110华氏度。当季庄稼绝收，使得次年米价大涨。所谓风不独恶、祸不单行（此为著名农谚，但忘了确切文字），那场干旱也让罂粟枯干而死。结果，鸦片的售价，从每两150文铜钱，一路狂升到每两500文铜钱，使得普通消费者无力购买，也使鸦片的销售相应减少。干旱要比治疗手段更有效地抑制了继续吸食鸦片的恶习。"方法简陋，但很顶用。"一个船员如是说。他头上缠着一条白色的头巾，把一根上面带有一团奇特物体的竹棒插在我的床边。他不时地会去啃一下这团看上去像是黏土、黄姜和口香糖的混合物。原因似乎是他吸食了五年的鸦片，而他啃食此物是为了戒掉鸦片瘾。他告诉我说，那是他在家乡叙州时，一个基督徒给他的。吸食鸦片的人都说，他们为了减轻某种疾病才染上鸦片瘾的；不过他们也说，一旦上瘾，戒烟比治好病痛更难。就像老渔民离不开海洋那样，很多人希望戒掉鸦片瘾，因为它不仅难以启齿，疼痛难耐，而且代价高昂。不幸的是，在中国人的心目中，洋烟和洋鬼子之间，总有一种特别紧密的关联。

一个富有的商人在泰勒的戒烟所里戒掉鸦片瘾之后，离去时赠送了

---

[1] 引自张之洞的《劝学篇》。
[2] 朱红芙蓉即指制作鸦片的罂粟花。

贵重的画卷给泰勒。他说，以前他总是不信福音书，但自从来这儿以后，他确信基督才是真正的主。万县的中国教会有40名成员，大多在当地有着很高的地位，属于学者，或家境殷实的商人。每逢礼拜天，他们都要关门停业。主持该教的传教士就是一位皈依基督教的商人。

虽然城市本身依然如故，但居民对基督教的态度已今非昔比。第一位来到这里的传教士，曾因乞丐的涌入，被迫离开他的传教之所。这已经成为往事。现在，教会有了很好的地产，重要的宗教活动正顺利展开，一些殷实的中国人主动让出房屋，作为献给福音工作的礼物，使传教活动更加如鱼得水。附近五个商业城镇都迫切要求教会派遣基督教福音传道者，并许诺承担一切相关费用。奥布里·摩尔的话得到了验证："人性渴望宗教和理性，缺乏这两者的生命什么也不是。"

万县周边地区过去基本没有受到义和团运动的干扰，直到最近才略有改变。10月份，一个传教士在南门镇遭到这些拦路贼的拦截。他被人包围捉住并关了三天，那些人还准备杀死他。但准备尚未完成，200名兵勇及时赶到，那些缠着红头巾的懦夫拔腿而逃。从那以来，那位传教士总是带着一个贴身保镖。据说，城外有个拳民挖出别人的眼睛，还放在兜里到处走动，以证明他的勇敢。周围地区依然有些乱。不过我在城里漫步时，却总会受到最恭敬的待遇。

有一个奇怪的景象，就是常常可以见到两个人将辫子系在一起沿街行走。原来他们起了争端，各不相让，都发誓自己是正确的。于是一起前往庙宇，当着鬼神的面赌咒起誓。有时真正犯错的一方会在到达前收回前言。但一般而言，他会厚颜无耻地为自己辩解下去。信口雌黄、信誓旦旦是所有异端宗教的共同特征。

在万县，我参加了一个仪式，比系发辫更加趣味横生。那是一顿早餐盛宴，是庆祝两位天朝青年的订婚礼的。在中国，订婚的约束力绝不亚于结婚。这场酒席于虎年腊月初八在内地会的会客大厅举行。地板是水门汀的，与订婚早宴的意图正好匹配。来宾围着两张厚重的方桌分别落座，方桌上摆满各种佳肴。我被安排在左上位，即离大门最远的地方。我不熟悉中国礼节的细微差别，当即就坐下了。而发现只有自己一人坐下时，才意识到自己的失礼，因为其他人落座，还要过一段时间。用餐的普通说法也就是"开饭"，而作为上首宾客，我的责任之一便是"分菜"。因为主人正忙得团团转，不停地搓着双手。我的职责是，放在桌子中央的每道菜，都由我先行"分菜"。然后，那些菜才会到桌边的小碗里，到客人的眼前去；之后又到侍者那里，他们会小心翼翼地看着，在空盘后将它们撤走。所有的菜都要交替上席，自然地，我弄了个错误百出，比如该分猪肉时分了羊肉。好在结果都是一样，因为吃到肚子里毕竟只用一个胃来盛。方方正正的猪肉看上去就像一个坚固的整块，我的魔棒（即筷子）一碰，便立即变成了切得很好看的肉片。酒席的大部分菜中都有猪肉，客人几乎全都蓄着猪尾巴一般的辫子，这桌宴席可谓是"不是冤家不聚首"，只是那些猪尾巴是从头上长出来的。我有点急事要走，所以没等职责完成，就不得不离开了，不过我理解，人们都愿"认洋人的理"，却不大习惯"吃洋人的饭"。

出席早宴的客人中有个叫"世荣"的士绅，虽然他已不再精通世故，但由于经营盐业，挣得不少钱财，所以至今依然荣耀乡里。他35岁时皈依基督教，父亲勃然大怒，强迫他背着木牌，游街示众。木牌上贴有布告，宣布他因成为基督徒而被逐出家门，一切责任由自己承担。我问他背负木牌的感受时，他说那是为了主，所以他的内心一直都很宁静。他是个虔诚的信徒，每逢礼拜天他的店铺都要关门停业，而对礼拜天的概念，中国人至今所知甚少。

坐在我右边的是个姓张的先生，他在城里最繁华的大街上开客栈。我从船上匆忙下来时，就曾路过那里，并被人拽了进去，按天朝的风俗在里面喝茶、吃水果、品点心。这种待遇，即便与费城的任何一张餐桌上的礼遇相比，也都不逊色。他的客栈并不出售任何酒水。

桌上还有一位客人，是泰勒先生的助手，绰号"影子"。人们这样称呼他，是因为六年前他从教会学校毕业以后便一直跟着泰勒。他是个优秀的业余摄影师，我所收藏的他的一些作品可以证明这一点。

一天清晨，杜西德（Cecil Polhill-Turner）[①]及其牲口队一行要前往叙定府，我站在内地会门前看他们做临行前的各种准备。之后，我决定到热闹的大街上去走走。经过上述那个全天开放的客栈柜台时，我见到一个看上去非常聪明的中国人。我问："这就是你接待客人的地方？"他迷人地笑着，用英语回答道："Good day（你好）。"接着他非常友好地提出领我们去逛街，我接受了他的提议。我们一边走，他一边不停地重复说"Sin（罪过），sin（罪过）"。这是一句非常普通的话，但我感到确有很多罪过就在身边，所以每次我都点头，同意他的说法。后来我发现，他所指的其实是太阳（英语中的"sin"与太阳一词"sun"读音相近）。我们身后跟着一群人，他们彬彬有礼，又充满好奇。过了几个街区，前面出现了一群通体黝黑的小猪崽，我指着那群摆动尾巴、拱土觅食的牲口说："Pig."令我感到非常有趣的是，跟在脚后的那个衣衫褴褛的顽童，把这个词重复了一遍，他身后的那些孩子也跟着附和起哄，在我周围的人群中，我听到的都是"Pig, pig, pig, pig, pig, pig"。

我那个善良的陪同，原是万县的一名福音传道者，有着惊人的意志力，以前也曾参加科举，并通过了秀才的考试，而且还名列前茅。他初次听到福音书，是在汉口，不久之后，便举家迁往万县。六年前，他开始教一个传教士学汉语。他所受的是儒家教育，但对基督的故事产生了兴趣。他俩一道读着，当故事临近高潮、快要讲到耶稣受难时，他完全沉浸其中了。一天早晨，他的学生因故离开了一会儿，他趁机一口气读

[①] 即"剑桥七杰"之三，中国内地会传教士，曾长期在四川传教。

完了耶稣蒙难的故事。当他学生回来时，发现他低着头，正在暗自哭泣。他宣称，从此往后，他将跟随为人类而死的基督。他将他的儒教朋友们召集在一起，当众焚烧了家里供奉的灶神爷。尽管受到乡邻的迫害，还被逐出了文人圈，但他始终恪守自己的信仰。他的座右铭是"无所畏惧"。1900年的义和团运动期间，他孤身一人走了上千里的路程，到偏远的传教站给基督教徒送去帮助和鼓励。其间的所有费用，都由他自己承担。当传教士逃向沿海一带时，他还亲自去接待过他们。从皈依时起，这位周先生就义无反顾，以他的无所畏惧，投入于基督教事业。

跟扬子江上的其他城市一样，万县也常常遭受严重的水灾。定期泛滥的洪水，来势非常凶猛，有时甚至连平常河流淹不到的地方，也会被洪水淹没。听说大水逼近，人们就会携带物品，搬到地势较高的街区，并拆除屋顶的瓦片，以形成气孔，供狂怒的巨龙呼吸。退水后要辛苦好些天，才能将残留的沉淀物清理干净。这个虎年还发生了很多火灾。据说芝加哥大火，是一头母牛造成的。它把尾巴伸进一桶煤油中，然后在附近一盏油灯上轻轻一拂。万县那场五月的大火，缘起于一个粗心大意的当地人。他住在南城门外的一间小屋里。那天，他将一根点燃的蜡烛，插在了竹子做成的隔墙里。中国人平时常这样做，并没有出过什么差错，可这次，蜡烛一路燃下去，最后烧到了竹墙上，干燥的竹墙很快被点燃，整个房屋随即燃烧起来。火苗从一座房屋蔓延到另一座，又蹿到了城墙上的建筑，并且引燃了城内的房子。那次火灾开始于晚上10点，很快就威胁到全城。整个城市没有化为灰烬，得益于当局的努力，他们用常规办法，拆除了几个街区，才阻止了火势。这个办法非常有效，当然代价也很大。幸运的是没有人员伤亡，直到翌日黎明，大火才得到控制。此时，300座房屋已荡然无存，另外150座已被扒倒。几天过后，第二场大火又接踵而至。一个儿童在一家火药厂里玩火把。不难预料这个游戏玩不了多久，火药突然爆炸，带着那个儿童瞬间就消失了。耀眼的火

舒先生，万县附近的一位小官吏。

光随即出现，大火摧毁的房屋数以百计。

在经历了这些灾难之后，县官发布了一个告示，指示人民如何防止下一个灾难。这个告示以中国特有的迂回说法，严厉地命令人们在遇到火灾时，要爬到屋顶上，打破六个鸡蛋，并且将一把米洒在大火里。当这位县官被问及他是否真的认为这样做会有什么效果时，他答道："不，但我们必须做这些事，以便使人民满意。"事实上，天朝大量的风俗习惯都只是为了"迎合大众的愿望"而设计的。当普通的手段不能够阻止大火蔓延时，官员的职责要求他为了人民的利益而牺牲自己，即纵身跃入火中，以平息火神的怒气。而狡猾的天朝官员为了自己活命，就在这件事上投机取巧；他把自己的衣服、帽子和靴子扔进火里。这样的献祭并不只局限于中国人。

前面提到过的那次干旱的初期，官方曾贴出布告，人人必须戒荤。猪肉店被关闭了，到城里卖鸡鸭的乡民也受到了严惩。而一旦县令的忍耐达至极限或他的胃口因吃菜太多而厌恶蔬菜的话，他有权指定在某一天暂时取消那条戒荤禁令。再说，偶尔也会有大官经过此地，要是没了那些无害和必不可少的猪肉，他又怎么能取悦上司呢？为了抗旱，县官有时会不辞辛劳，到远处的山洞，即龙的住所，取一瓶神水回来。这样的朝圣过后，取回的神水便可以在以后的旱灾中用好几次。人们认为，废弃的旧水井里住着魔鬼，它们的恶意捣乱造成了干旱，所以废井的井口都会用罪犯的木枷封住，以防止恶魔作祟。木枷上贴着纸条，痛斥恶魔造成的苦难。这种做法就是以世俗的观念来对付恶魔。

另一做法是找只黑狗，将它打扮成女人，再雇一个轿子，由四人抬着，沿街游行。最后的办法是负荆请罪。所有的朝廷命官都自戴枷锁，到龙王庙去忏悔，至少表面应该如此。其中有个更聪明些的官员这样跟自己说："在民众眼里，我不过是个小神；我们还是从大神开始吧。"于是他把龙王搬出庙来，放到衙门的庭院里，坐在龙王身旁，和它谈论天

第六章 | 107

万县的福音传道者赵先生

铁先生的"影子"吴士章

气。过了一会儿,他进了衙门,留下龙王在烈日中暴晒,直到身上的油漆全都起了泡。

抗旱还有一种办法就是用人来扮演水里的龙王,并经受人们用污水桶的夹攻。虽然中国人并不特别爱干净,但欧洲人也无法想象,他们会把那种令人作呕的脏水泼到扮龙王的人身上。

外国人的出现和福音书的传播似乎并非导致暴乱的唯一原因。在我看来,人们聚众闹事,还有着更大的企图,那就是财富。万县城里有很多钱,因为不过县衙之地,所以没有多少兵勇保护。目击者告诉我说,这里曾发生过多次抢劫,其中的一次原本是有预谋的,一伙人密谋在子夜时分发动暴乱,洗劫城市。一听到三声枪响,全副武装的暴徒就会冲入城内,把官员都抓起来。但灾祸中也存在着侥幸,那信号没起作用,暴徒们搬起石头砸了自己的脚。官员们非但没有被抓起来,反而在周围乡间逮捕了几个叛逆首领,并将其斩首示众,将头颅挂上高杆,以警告其他强盗。事后发现,万县的一个富豪曾在暴乱的前几天雇了不少苦力,将金银财宝等贵重物品,转移到了俯瞰城区的"天生寨"。他被控是同谋,对此,他坚决予以否认。但他的敌人不愿就此罢休,又指控他玩忽职守,没有禀告,犯有失职罪,他被判罚白银二万两。毋庸置疑,这笔罚金的一部分落在了那些官僚手中,但绝大部分还是物得其用——在各主要街道设置木栅栏。这些木栅栏白昼开启,晚间关闭,并有更夫负责看护。

章必成[①]先生告诉我,他认为洋人要时刻准备接触中国人,这一点非常重要,他还认为客厅传道的工作不该都让当地人做。他说将吸食鸦片的病人留在屋里,而不是当成门诊病人,绝对是有好处的。当保宁刚刚开放时,这是了解民众的唯一途径。章必成指出:

[①] 章必成(Montagu Beauchamp),"剑桥七杰"之六,英国内地会传教士,曾长期在四川传教。

我敢说，我们治愈的病人所讲的故事虽然对我们有利，但和那些不利的报道一样，也往往言过其实。接受治疗的人中，有些人老喊背疼，为了缓解他们的疼痛，我在手上套只精纺线袜，为他们做按摩。由于效果不错，他们便传言开去，说我有只魔袜，能包治百病。

另有一次，我冲进一座着火的房子，用水浇灭了大火。那些惊魂未定的中国人既钦佩，又惊讶，后来全城都传言说火烧不死我。我的部分病人，就是那些吸食鸦片的人，邀我去参观他们的市场，这使我得以从一个地方走到另一个地方，跑遍了整个地区。我做传教工作已经15年了，起初没有什么成效，有时干脆什么也干不了。但现在不同了，很多地方都忙着，或是买房，或是租房，或是翻修旧房，人们正做着传教的准备，还请求派教师过去呢。

几年前，我曾和一个农民交谈。他承认非常钦佩基督教学说，也说了不加入的理由：入教的文人太少。他说肯定有什么缺点是他无法发现的，否则皇上和文人为什么都不是基督徒呢？此后不久，皇帝颁布了告示，赞同西学，引发保守派的反弹，最终就是1900年爆发的动乱。

受过教育的阶层准备默认我们所说的那些基督教教义的优点，可是他们马上又会说，这跟中国圣贤的教诲并无区别。依我看，中国的皈依必须从社会的下层开始。

然而，难道不正是通过那些"明知不能证明"的人，才传播了这样的知识——"生命者，起于信而终于爱"？

> 只有错买，没有错卖。
> One only buys by mistake; he never sells by mistake.

第七章

华人也能争分夺秒——难忘的步行——重庆——
无处不在的竹子——中式的苦力合同——
重庆的传教使团——前往泸州之路

凌晨 2 点 45 分，我们到达泸枝，这是扬子江上游一个较大的市镇。船夫把一个铁头竹篙穿过船首的孔洞，插在前滩厚厚的淤泥之中。船员们蜷着身子，往铺盖上一躺，享受了几个小时早该得到的睡眠。由于 6 点 25 分又要起航，所以没能多看这个地方。泸枝这个地方比较开阔，部分城区就位于冰碛上。据船夫说，这个镇子最出名的产品是竹席，可以用作船篷。

离开泸枝，我们很快就穿过了一段湖泊般的美丽水域。我注意到，岸边的很多地方都有白色的斑点。后来发现，那些东西全是直径约一英尺的石头，上面都刷上了白石灰。据说这样能吓跑野兔，保护庄稼。我在中国还从未见过野兔，只见过家兔，所以这种说法的真实性只能依赖那位船长的诚实了。

我把秘书留在那只老爷船里，自己精挑细选一些船员和纤夫以后，便带着翻译登上红色保甲船，向重庆进发。我的那些船员非常出色，虽然只有五人，但人人认真负责，跟传教士一样。还有一个从万县就一直跟着我的兵勇，善良能干，体格强健。我们超过了很多溯江上行的船只，表明我们正以破纪录的速度行驶。即便在吃饭时，也没有把船停在某个

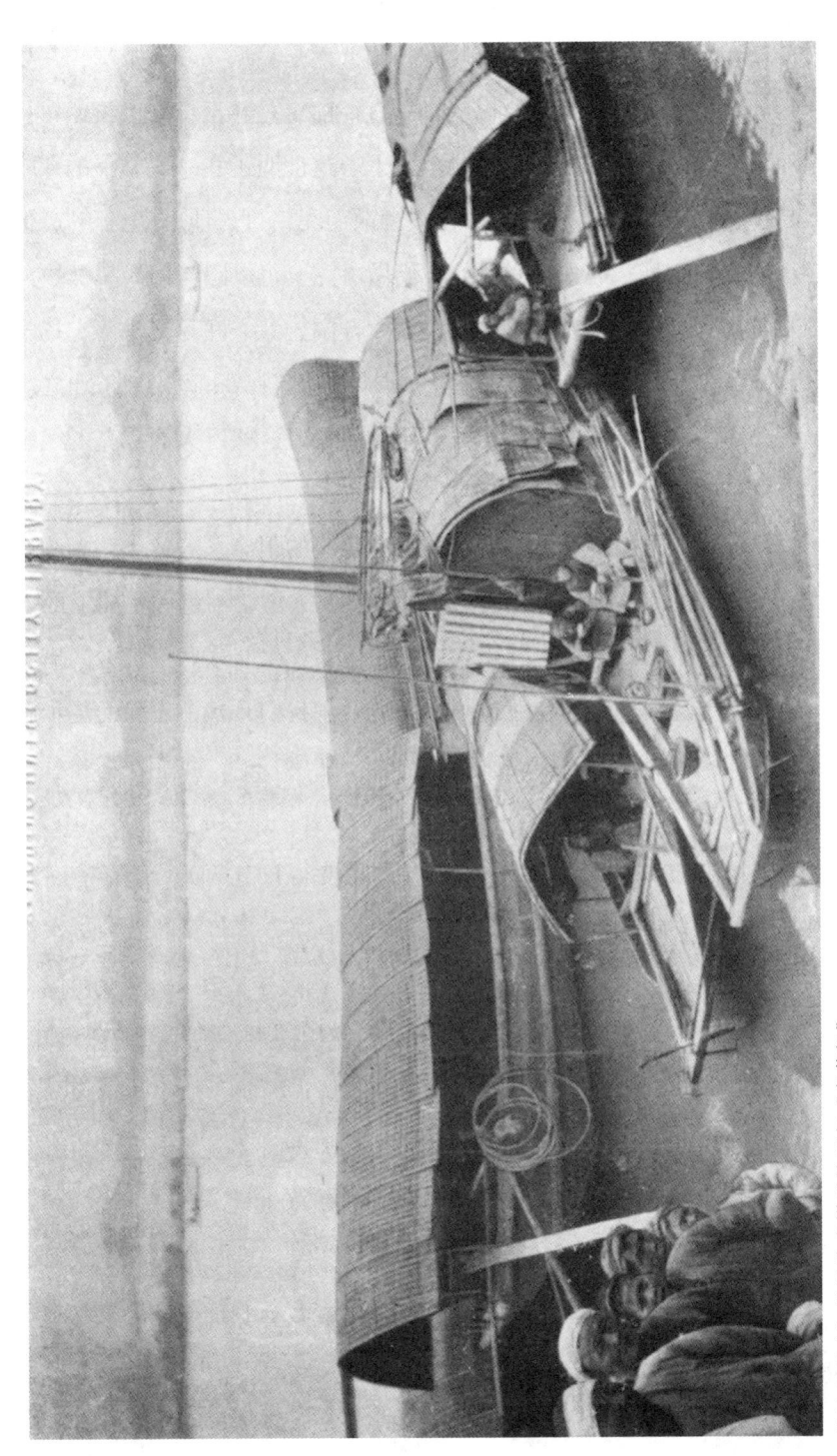

停泊在重庆江边的作者搭乘的那条"老爷船"

平缓的小水湾，懒洋洋地倚靠着船吃东西，而是只派一个人上岸，只要还能划船，舵手就会摇橹，所以船也一直往前走。甚至纤夫上下船只也不停船，他们只能在方便的地方跳上跳下。这证明了我一直坚信的一个事实，即尽管在通常情况下，"中国人懒散而无精打采地虚度光阴"，但他们也能争分夺秒，假如有必要，他们做事完全可以跟任何人一样快。

我曾提到过那些富裕农民的农舍宽大开阔、惹人注目，坐落在扬子江沿岸如景似画的地区。《圣谕广训》倡导弟兄们要和睦相处，加之当今皇帝要嘉奖四世同堂的和睦家庭，不难想象，这些巨大而漂亮的民舍中住着众多的人口。

我站在重庆下面的海关关卡处，发现离城的距离，若走水路大约有30里，但走陆路则不超过12里。尽管天就要黑了，红色保甲船上的人都非常困乏，于是我决定走陆路。海关的伦德先生叫来两个苦力，借我一盏大灯笼，送我上路。在渡过了大江之后，我们开始了夜间的徒步旅行。翻过几座小山丘，前面是座独木桥，横在溪谷上，我并不喜欢过这样的桥，可又别无选择，只能过去。然后又沿着一层层的梯田爬上山去，过了一些稻田和不少坟地以后，脚下的小路变得只有两英尺宽，有时甚至更窄。每迈一步都得谨小慎微，因为一步有误，就将意味着掉进水稻田洗冷水澡，而里面所施的肥料都是人粪！就这样，在一个半小时后，我们终于从陡峭的石阶走下来，到了岸边。我们搭乘一艘小型渡船过江，前往重庆。三艘英国炮舰在江面停泊，舰上灯火通明，似乎在用闪烁的灯光向我们致以友好的问候。过了大江之后，我们又登上了更多的石梯阶，不仅陡峭，而且湿滑，因为在这座城市，有6000名苦力靠担水为生，从江里担水到城里，送给商店和居民区。就这样，我们完成了一次破纪录的旅行，从万县出发，仅用了六天时间，就走完了通常要十天才能完成的路程。

我们径直去了内地会的新址，受到了卫保哲（T.G. Willett）先生的热情欢迎。英国圣书公会的何永学（C.E. Hicks）也在那里，他走了1600里路来寻找英国领事，为他和一个女传教士举行婚礼。这两位传教士都掌握了不少汉语词汇。

山城重庆有30万人口，来自两个以上省份的各个角落。这里是个传教士的活动中心，包括女士在内的50位传教士在此生活。他们的工作范围以重庆为中心，覆盖周围的边远地区。他们举止高雅，具有良好的教养，可使任何城市蓬荜生辉。

徐丽生[①]是被派往藏区工作的挪威籍内地会传教士，能说四种语言。七年来，他工作在藏区边陲的各个部落，致力于他们的皈依。有一次，他已经越过了边界，但为了避免不必要的牺牲，他发现改时再去更方便些。我们到时，他也在重庆，正准备前往藏区。谈到他传教的种种努力时，他告诉我说："最最难受的是，都工作六七年了，还没见有一个人皈依，而与此同时，家乡则享受着福泽。"他说着，眼里噙满了泪水。如此具有天赋的绅士，花费了如此大的辛劳，结果却什么也看不到；但有许许多多的传教士，像这个斯堪的纳维亚人一样，将自己的最好年华贡献给了拯救异教徒的工作，虽身处他乡，工作没有收获，依然无怨无悔。他们的热情认真，他们的真挚奉献，都是毋庸置疑的。正因为有他这样的人，"人生才能在看似失败的地方获得成功"。他还跟我说起一个藏族喇嘛对基督教真理有着极为浓厚的兴趣，并曾告诉他说："我一生都在寻求安宁，或许你们的宗教对我更合适。"可他突然间就不再来了。他是否已被他那些狂热的同胞所杀害？

重庆有不少工业。这里的猪鬃质量上乘，每年外运猪鬃多达万担，约合1.3万磅。外商主要靠这个猪鬃产品来挣钱。我曾试图了解为什么

---

① 徐丽生（Theodore Sorensen），中国内地会挪威籍来华传教士。他于1896年来华，先在北京和天津学习汉语，然后被派到了四川北部的打箭炉（今康定县——译者注）藏区去从事传教活动。

猪鬃那么走俏，但没有成功。当地的药材也大量出口，每年百万担左右。我曾问海关的税务司，重庆生产的药材有多少种，他指着一个两英寸厚的册子说："那本书里全是本地生产的药材名称。"最有价值的出口商品是鸦片。本地产品正在迅速取代洋货，目前的出口量为每年1.6万担。去年从这个码头运走的山羊皮为40万张。

这里是四川的一个忙碌的商贸中心，在拥挤不堪的大街小巷里，可以看到许多竹制品。事实上，在这个省，一个人可以住在竹房里，头顶是竹檐，坐在竹椅中，面前摆着竹桌，双脚放在竹做的脚凳上，头戴竹斗笠，脚穿竹凉鞋。同时，他还一手端竹碗，一手握竹筷，津津有味地吃竹笋。他的饭菜是用竹枝叶烧的。用完餐后，用竹布擦干净饭桌，再用竹扇为自己纳凉，躺在竹床上睡个午觉，床上垫着竹席，头下垫个竹枕。他的小孩就躺在竹摇篮里，玩着竹玩具。午睡过后，他抽一会儿竹烟斗，取过一只用竹子做笔杆的毛笔，在竹子做成的纸上写封书信，或者把物品放入竹篮，挂上竹扁担，撑开竹伞，准备上路。他走过一座竹子搭成的吊桥，用竹子做成的水勺舀水喝，用竹子做成的汗帕（即手帕）擦汗。竹子既轻便又坚韧，各种各样的竹产品，显示着中国人各种各样的潜能和想象力。

重庆是中国最好的城市之一，上面所估计的人口，仅仅是城区内的人口，另有10万人住在郊区。大约10年前，官方在这里兴建了一家铸币厂，配备有最现代的机器。那是由一位美国专家帮助建起来的，但是，因吉卜林所说的"官方罪过"，不久便关闭了。然而就在一个月前，它又重新开工了，现在铸造的川银圆，当地各家钱庄都视之为合法货币，准备正式流通。白银的运输由苦力承担，每担1200两。70名苦力排成一条线，并非罕见。他们停下来过夜时，白银被堆放一处，由全副武装的人看守。不过，尽管防范严格，抢劫之事却并不鲜见。有个苦力受到亡命之徒攻击，被砍成重伤，被送到美国人开的医院接受治疗。他英勇抵抗，脖子右侧被扎了一枪，深达二英寸，脸上被砍了一刀，差点砍中眼睛，但颌骨被砍裂，耳朵也被砍伤，双手也从腕关节处被砍掉。另有一个护卫在子夜的偷袭发生时正好在屋里，藏在棺材里才躲过一劫；而第三个人则被活活打死。

在重庆，木匠的收入是每天五美分的工钱，另加饭菜——价值相当于两美分半，每十天还能再得到半斤猪肉。普通劳工的收入则是每天二美分，外加一顿饭。

中国人从来不知道在机械装置中使用螺丝钉，所以天朝人也就没有老虎钳。城里正在兴建洋房，所用的木材，运来的都是原木，或是新砍的，或是陈木，放在地上风干后，供人仔细挑选使用。由于工具简陋，技能缺乏，偶尔还要加上懒惰，所以一个美国人干的活儿，往往需要十个中国人才能完成。

慈禧太后及其大臣们的怪癖行为所造成的割地赔款增加了国民负担，这些赔款列入条约很容易，而要从子民身上榨取就难了。因为绝大多数百姓仅能糊口，正如常言所说，"今天只有今天的粮"。于是，四川总督奎俊下令，在全省范围内，每杀一头猪，屠夫要多缴一百文铜钱的课税，想借此征收分摊给他的部分款项。当重庆官方着手收取这笔课税时，屠夫行会（在中国，每个行当和每个人，包括乞丐和小偷，都有一个行会）奋起反抗，团结得犹如一个人，企图捍卫自身的利益。他们发起了一场联合抵制运动，拒绝宰杀生猪。屠夫们希望，通过这一行动，能最有力地唤起大众，反对总督的勒索。他们中有50人携带口粮占领了城隍庙。这种行动相当于矛头直指天子陛下的一场谋反运动。官方下令炮轰屠夫们的所在位置。屠夫们没能获得所期盼的支持，被迫投降，结果可想而知。猪没有杀掉，被杀的却是人，所谓"杀一儆百"。暴乱平息了，联合抵制解除了，猪肉也课上赋税出售了。

据我的经历，在中国陆路旅行，最重要的事情之一，便是与抬轿和搬运行李的苦力签约。一个明智的做法似乎是去找"麻乡商号",那是中国西部最大的"苦力行",从那里雇用苦力。用来写契约的红纸,长两英尺,宽一英尺半,看上去令人非常敬畏。这里给出的是译文,更确切地说,是一种译法,因为像西方的公文一样,这纸公文也有多种解释。

雇苦力往泸州的契约(译文)
麻乡商号东区先生

兹有盖洛先生,美利坚国绅士,欲雇脚夫以抬轿担物,是故前来接洽。盖先生将自渝启程,须送至泸州,价目已定,每人二吊二百,空口无凭,立字为据。所雇脚夫,无论出力多寡,人均半斤猪肉。论功行赏,多劳多得。所用轿椅,或顶角三人轿与或四人轿,或双担轿,按人计酬,现钱付给,前者每人六百钱,后者每人八百钱。担架绳索由盖先生准备。单人肩挑货物,每担八十斤;二人合担,最大毛重一百二十斤,过秤为准。渝地首付,人均千八,余四百至泸州付清。途中所花茶钱之多寡,由盖先生慷慨裁定。

此为原契,存于商号。
脚夫众人,举一人为首,若出差错,此契备查。
为免欺诈,立此文契。主事脚夫,郑太平。
行程期限一并约定,腊月十九日夜里三更之前,进入泸州。
立据日期:光绪二十八年腊月十六日。
立据人:麻乡商号渝城分号东区先生(签字)

东区先生曾是这个行当的一名苦力,现在是一个头面人物,掌管着可能是中国最大的一个苦力和邮件行。一位官员发现了他的才干,帮了他一把,将这个行业交他负责。有一次,他曾在运货途中丢了这位高官的部分珍贵货物。好在后者知道他的诚实,所以不但原谅了他,还继续给予支持。这个故事,听起来像个美国小伙子的故事,但说明,即便在中国,一个人只要敬业,同样有机会成功。

25年前,内地会便在重庆开始了重要而成功的工作。传教士们普遍认为,这个传教站所在地,不利于身体健康。他们的生活经历也为此提供了坚实的证明。在过去的25年里,有30名传教士在此工作;事实上,该会有5%的力量集中于此。在我看来,这个数字表明,有相当多人的人生都耗费在这儿。据说,跟在华的其他传教使团相比,内地会传教士的死亡率高居榜首。至于重庆是否利于人体健康,人们各有看法。一位外国医生(在炮舰上服务)认为这里非常有利于健康;其他人则认为,这里到处是能渗水的多孔岩石,它们能吸收水汽,也能释放瘴气,从而带来疟疾和痢疾。

内地会的礼拜通常约有350人参加。那是一座漂亮的礼拜堂,有能容纳500人的座位。整个建筑约值1.5万两白银。重庆是个商贸中心,内地会也在这里有家自己的商行,负责该商行的就是卫保哲先生。他掌管财务,经营金条银元、邮务和日常必需品。为了使分散在中国西部的传教士生活更加舒服和方便,他几乎无所不作。这位精明的经理,精心地处理每个细节,密切地注视上海的货币市场,很快结清了所有的办公费用,头一年下来就有了盈余。无论内地会,还是其中的每个成员,都有了可观的积蓄。可以说,他这个人"诚信经商,必将出人头地"。

尤其让我感动的是,卫保哲先生在处理我某些个人事务时所显示出的才干。听说他身体不好,可他快乐而随和,处处与人方便。在他看来,要是更多的人都"病"了,那他就更有事可做了。

以都柏林大学毕业的韦济恒(L. Wigham)为首的英国公谊会开办了一所学校,无论什么教派,所有传教士的子女都可以入学。只有一个英国公谊会传教士的孩子在读,这说明学校纯然是慈善性质的,不分宗教派别。城里最大的华人男童学校,也是英国公谊会开办的,学生们学习数学和英语,劲头十足。他们的教会共有28个会员,另外还有50名候补成员。贵格会讲述过一个有趣的故事,说的是一个名叫韦哥的中国富绅,今年36岁,家住离重庆200里的一个县城。他得到一本基督教的书,通过仔细阅读,逐渐认识了基督教的真谛。他随即开始实践,凡他认为救世主的信徒该做的事情,他都去做。他向亲朋好友宣讲自己发现的新的真理,让许多人认识到了耶稣基督。时隔不久,一个传教士来到这里时惊奇地发现,基督徒已达80人之多,而且定期聚会做礼拜。他向县官和村民打听情况,了解韦哥先生的人品,人们都异口同声地说,他以前的口碑不是太好,可现在改邪归正,判若两人了。去年,当他离家布道时,义和团来到他的家里。朋友们给他写信,劝他回来照看家业,他却回信说:"我这里正准备宣讲福音书,这比什么都重要。""两军对垒之时,掌握真理的一方岂会一败涂地?"[1]

伦敦会的传教士曾改变过萨摩亚群岛[2],现在,在重庆也有着意志坚定的伦敦会[3]传教士,其中的佼佼者是帕克先生。他们不但传播福音,还广泛从事医疗救治工作。然而,传教士们尽管做了种种努力,依然有人到处批评他们,指责他们的工作;依然有人不清楚:这些淑女和绅士究竟是什么样的人,为了人类的幸福和世界的安宁,他们究竟是如何辛苦工作的。

除已经提到的以外,在重庆的教会还有两个,一是罗马天主教会,一是美以美会,二者都颇具规模、事业顺利。美国人更多地倾向于从事

---

[1] 弥尔顿《论出版自由》——原注
[2] 萨摩亚群岛,位于南太平洋。
[3] 伦敦会(the London Missionary Society),创立于1795年,由国教会和长老会发起,后得到公理会等的支持和参与。其宗旨是向"异教徒地区"和"未开化民族"传教。其传教士不分宗派,专注各主要宗派认同的基本教义。曾得到英国政府和东印度公司的赞助。基督教新教第一个来华传教的马礼逊,即为其所派。

医药工作。我还发现，中国人都喜欢"吃"洋药。所以，除了一次对当地人来说是既有趣又愉快的骚乱以外，人们对我的同胞们一般都是喜欢的。一家大医院正在建设中，需要雇用大量的工人；因此保持和平安宁对大家都有好处。仅在去年，就有1.8万个当地病人接受了治疗。美以美会还开办了一家圣经学校，培养福音传道者，以适应日益发展的事业。这些扬基佬正在那儿做着许多艰巨的善事。

虎年腊月十七日凌晨5点30分，我带着遗憾离开了重庆。那天，我起床后，喝了杯咖啡，吃了些葡萄干发糕，准备出发。随行人员除了秘书和翻译，还有在"东区"商号雇用的那些苦力、衙门的几位差员，以及一些士兵。苦力和轿夫都十分准时，工作也很卖力。

6点过后，我们一行过了九节桥区，沿着一条狭窄的街道，经过几家新建的法国天主教学堂，两个神父站在门口，胸前大大的十字在他们的黑色长袍上摆动。之后，我们又穿过了"南场门"。卫保哲的贴身助手在这里向我们道别："慢走啊。"我们回答："请回。"在依稀的月光下，我们走过了城墙外几英里的坟地。自从尤蛮子谋反以来，那段城墙已经加强了防备，以抵御强盗的偷袭。

在长排的乱坟堆中间竖立着的电报电杆，颇能引起种种联想。路边到处可见供奉土地神的神龛祭坛。离城15里处是"浮屠关"，石壁正面雕刻着一尊镀金大佛，近处刻着"公正、仁慈、博爱"等字样。一个和蔼的老人见到我，微笑着问："您这洋人先生，上哪儿去呀？""去泸州。"我答道。

那天我走的是从重庆去成都的宽阔省道。这条大路宽7英尺，路面用石头铺成。它令人想起两句著名的诗句：

> 人情冷暖秋云薄，
> 世路崎岖蜀道难。

我们在"恒供"客栈停下休息,并于 7 点 40 分的时候吃了早饭,我吃了两大碗米饭和豆腐。客栈前厅非常开阔,木头横梁上钉着竹条,大地母亲就是天然地板。那些四面都雕刻着花纹的方桌承托着美味佳肴。上午 10 点半,我们经过了"石桥店"村,那里有好几道石牌坊,上书"忠孝贞节""至善美德"等字样。正午时分,我们到了"龙洞山寨",它的四周修有围墙,用来阻止盗贼进入。附近一家茶馆取了个响亮的名字,叫"敬德堂"。午饭是在沛市(Peshih)村的马氏客栈吃的。这个村子只有一条长约两里的街道。马先生说不清楚到底有多少人在村里居住,也说不清自古建村以来,有多少人死在那里。三个人的一顿午饭共计 134 文铜钱,约合金币 6 美分,包括炖肉 82 文、米饭 42 文、蔬菜 10 文。这些东西,足够我们所有人吃的。下午 3 点半,我们来到了召马坑村,看到一户人家正在一口铁锅里烧纸钱。据说这是那家一个死者的忌日,亲人们正给他准备钱财,好让他平安抵达冥界。

下午 5 点半,我们走进凤凰台镇的"荣华客栈"。至此,我们在一天之内走过了 110 里的路程。大家都困倦了,但还是狼吞虎咽地吃完了饭菜。饭后,其他人无疑是去了哪儿都能找到的鸦片窑子。我在打字机上写了一阵日记,便早早休息了。入睡前,我已在床上放了块油布,就放在棉被下,以防备那些活蹦乱跳的昆虫,这些跳蚤数量庞大,似乎总在伺机而动,对客人提供特殊的款待。

由于第二天,即 18 日,要早早动身,凌晨两点半,我就匆忙起床,开始洗漱。3 点 15 分,我们动身出发,踏上了当天 150 里的漫长路程。冬天的凌晨,天气十分寒冷,我决定步行,这着实让四个轿夫感到高兴。到 7 点整,我们正在穿过红褐色土地的乡间。成群的苦力不时地从我们身边走过,他们都用扁担挑着两个装满了煤炭的圆竹筐。到了小马村时,我们停下来吃早饭。在这里,我见到了大串的银锭,都是用纸做成、用来愚弄那些幽灵的把戏。在柑橘集市附近,有一道石牌坊,上面

前往泸州途中的皮市附近的一家黄氏宗祠

雕刻着的座右铭是"乐善好施"。一路上,有大量的这类格言,都铭刻在纪念碑似的牌坊那冰冷的石头上。这类建筑耗银多达数千两,有许多甚至是在皇帝的赞许下兴建的,其中相当一部分是出于对那些贞烈寡妇的纪念,她们成功地抵制了追求者的再婚请求。在这种情况下,孤身死去就变成了一种美德。

上午11点,我们爬上了一座小山。我停下脚步,向四周眺望。美丽的山谷就在下面,整个区域中凡能耕作的地方,哪怕只有一平方英尺,全都开辟成了农田。几头水牛正在田间耕耘。几座坟墓点缀其间,以示对那些"不幸死者"的纪念,上面覆盖着棕色的野草。举目望去,许多田埂纵横交错,将整个山谷分割成无数的不规则的小块。当这些田埂一直延伸到沟渠两侧时,田野的轮廓显得越发完美,恰似一幅宜人的画卷。当乡间的地形起伏不平时,田埂也就显得越发密集。道路两侧,到处可见红色的罂粟花。其果实支撑的鸦片将把可怜的天朝人送入恍惚的仙境,然后再把他们扔回到没有鸦片的现实中,来品尝更深的贫穷。一排排的小麦,间距在6英寸左右,给大地一丝绿色的气息。其他水田已经翻犁,灌入了清水,准备种植水稻。我看到山谷中有一些树,其中有几株冷杉树,下面的枝杈已被砍去。平地上郁郁葱葱,长着那用途广泛、极富观赏价值,而且无处不在的翠竹。精耕细作的田地中央,聚集着农舍,家家茅草盖顶,竹条窗格,泥灰涂面,看上去非常舒服。

中午,我们到达永川县,在一家名叫静心的客栈吃午饭。这里约有25座异教神庙,另有罗马天主教和新教的传教使团。自我踏上这条山路以来,这里也是第二个兴建了福音堂的市镇。这些福音堂正在默默地产生着巨大的影响,使老百姓对救世主有了或多或少的认识。沿途我常会看见一些深褐色的地方,因其色彩与土地没有丝毫差别,所以很容易使我上当受骗——幸亏这种欺骗只是观念上的。有条当地土狗的运气就比我差多了,竟真的受骗,误将它们当成旱地。不想却掉进了一个水塘,

通向成都的一条大道上的牌坊

挣扎了好一会儿工夫才脱险。我这才发现，那些深褐色的生物原来竟是一种真菌。它们重量极轻，漂浮在水面，不仅骗过了那条不谙世故的川狗，也骗过了见多识广的美利坚旅行者们。

下午7点，我们一行拖着疲惫的脚步，终于走完了150里的路，到了王家亭村，住进了天源客栈。不久前，这里曾发生过一起特大抢劫银两案，主犯已被抓获，现正押在大牢，等候北京当局的裁决。我那几个轿夫刚刚完成或许前所未有的重任，事实上，我认为他们已经打破了所有的纪录。放下饭碗，他们便蜷作一团，呼呼睡去了。

第二天是周六，要在上午4点到下午5点间，走完剩余的129里山路。那天早晨发生了一段有趣的插曲。头晚入睡前，我们便与困倦的轿夫做了安排，动身的时间定在"鸡叫"的时候。这是因为，像大多数古代居民一样，中国人根本不在意什么钟表的时间。凌晨3点半，当我们叫他们起床时，他们睡意蒙眬地回答了一声"鸡还没叫"，便转过身继续睡觉。他们没有听到公鸡打鸣，所以也就没到鸡叫的时间。由于我们坚持要走，他们最终还是起来了。上路一小时以后，公鸡的啼叫终于传入耳鼓。这时，我们已经在前往泸州的最后冲刺中，走出了很长一段路程。

经过一个名叫立石山的镇子时，我见到一个几乎全裸的男子正躺在狭窄而肮脏的街道上，离他的头仅几步之遥，就是一个卫兵的哨所。他已经奄奄一息，大概是从哪个屋子里被弄到这里，好让他死在露天里的。一个人，尤其是一个陌生人，如果死在床上，是件很不吉利的事。这样的场景，在中国是司空见惯的。穷乡僻壤是如此，就连重庆那样的富裕城市也是如此。乘坐渡船过了扬子江（我们在此又回到江上）后，我们就进了泸州，找到了澳大利亚传教士的教堂，受到了他们的热情欢迎。

前往泸州途中奇鸦村的牌坊

作者的轿子停在重庆附近一条石板路的桥上

> 人恶人怕天不怕，人善人欺天不欺。
> People fear a bad man, but Heaven does not fear.
> The world impose upon a humane man, but Heaven does not.

第八章

传教的需要——当地人的服饰——泸州——
拜访官员——中国囚徒——保票——盐井

我的中国之行旅途漫漫，又逢多事之秋。然而，我所受到最为真挚的欢迎，是来自泸州的澳大利亚传教士。虽然他们是浸礼会的成员，但仍然壮大了中国内地这个由各大教派所组成的传教团体。他们甘愿自我牺牲，对当地皈依者的教育卓有成效，并率领他们去忍受迫害甚至死亡。这真是值得大加称颂。这些澳大利亚人的努力赢得了中国各个阶层的信赖，成效之大，值得效仿。他们显示出了每一个真正传教士所特有的那种好客和殷勤。传教士们很少被号召去无缘无故地款待来访者，但某些沿海城市的传教士们应该从他们的传教使团中获得补贴，以便能招待客人，让陌生人有宾至如归的感觉。如果让一位游客带着外国传教士刻薄吝啬的印象离开，那可是非同小可的事。甚至一点点小气或缺乏友善的表示都很容易让游客产生偏见。他听说过好多有关颓丧的传教士的故事，他们逃避社会，不想让人看到他们。真正的传教士会主动与广袤和繁忙活跃的外部世界打成一片。因为有关从业两年之后，传教士便不再会进德修业的说法或许不可全信，但肯定预示着某种危险。"记住，当判断力减弱时，偏见就会增强"。

让慷慨善良的传教使团朋友们向远在异教土地上的传教士赠书吧，而且要赠好书。对富裕的美国人或英国人来说，三个月捐出一本真正有趣的书，也不算是什么牺牲。但是对传教士而言，不仅能增长知识，而且还能在劳累之余有几个小时放松消遣。这些书无须是宗教类书籍，有许多作家的作品趣味盎然，深得东方国家里那些"勇敢"和敏感的读者喜欢。有人认为，高尚的传教士墨守成规，并且相信除了他们采用的或先辈们在同样的状况下创立的办法之外别无他法，这种想法是危险的，但若还像义和团运动爆发前那样一成不变地在中国传教也是愚不可及的。对这种布道方法乐此不疲的传教士个人或团体不过是浪费他人的钱财和自己的精力。

  世道变兮旧复新，
  万象自可识真神。

  在泸州，我发现传教士们都是当地人的打扮，但个个衣冠楚楚。苦力们会听命于衣冠齐整的绅士，也会听命于不修边幅的洋人，尽管他们会认为这些洋人太小气，舍不得穿得好一点，而一身苦力打扮、穿着平平的洋人肯定令士人所不齿，留不下多少好印象。传教士该不该穿当地人的服装，三言两语难以说清，而至于留辫子则没啥可说的了。对我而言，斤斤计较于此实无必要，而且很蠢，特别是还有数百万的人希望挣脱这种强加在他们身上的奴役标志时。"中国蛮子"称不留辫子的洋人为"真鬼子"，称留辫子的洋人为"假鬼子"，由此可看出绝大多数的中国人对洋人的态度。我说的不是义和团运动之前的情形，而是现在！像满人那样盛气凌人的洋人是无法向大众施加影响而让他们去接受一种陌生、玄奥而不便的宗教的。穿当地人的服装或许会有某些优势，但是让可恶的辫子从每个传教士的脑瓜子上去掉吧，或者至少让每个传教团有自行选择的自由，相信每个传教士会处理好此类事情，否则他就不适合在异国传教了。

据说，如果外国传教士不留辫子，不穿当地人的服装，中国人就会直勾勾地瞪着他们，根本不在乎他们讲什么。这使我想起了一个人，他说每当他布道的时候，当地人都会站在那里目瞪口呆；我全然相信这种说法，因为他几乎不了解中国人，而且在那帮听他布道的当地人眼里，这个居然能磕磕巴巴讲中文的传教士肯定成了一个大活宝。但基督福音并不要求民众屈从于昏庸无道的官府的淫威。让传教士们穿上文明开化之邦的普通服饰，并把那条惨兮兮的辫子弄掉，应该是由优秀民族把他们的习俗强加给衰弱的民族。若说惹人注目，难道传教士不该尽量惹人注目吗？单靠外国传教士将永远不会使中国人皈依基督教。确实还需要更多的传教士来训练皈依者，使他们增强信仰，但大量的工作必须由中国土生土长的传教人员来做。目前在世界上已经找不到多少比在华传教士更高尚的人了，而他们需要做出调整，以适应那些已经改变和正在改变的环境条件。"时代变了，我们也应做出相应的改变"。①

这个名声不错，但人手不够的传教团掌管着 30 个布道点，即每天举行传教活动的地方。目前这里的传教人员中，除了海哲士（W.T. Herbert）先生和他那勇敢的妻子，还有裴光华（F. Bird）先生和一位不久就要嫁为人妇的年轻女士。另外，在大江的对面还住着两位传教士。其中一位是麦金泰尔，来自昆士兰州的美丽城市布里斯班。由于新来不久，他把大部分工夫花在了努力学习汉语上。最新结果表明，他的学习"大有进步"。在这 30 个布道点上共有 104 位中国教会成员，但在 5000 多名自称的慕道友中，有 1500 人被列为真正的慕道友。在过去的 6 个月里，当地人已经捐出了 256 万文铜钱作为修建、租赁和维持教堂的费用，这一结果令人大受鼓舞。多少年来，钱先生②一直在此处一个布道

---

① 原文为：Tempora mutantur, et nos mutamur in illis.，拉丁语谚语。
② 钱先生（Tom James），中国内地会来华传教士，1882 年来华，在四川泸州传布福音。

点苦心经营。今年他那里又增添了 29 名教会成员，并从当地人中雇了 10 个福音传道者。据估计，中国 30 个城市中的每个人每年都会听人讲福音，或者说有上百万人听到过真正的福音宣讲。在这 10 个福音传道者中，有 8 人的经费来自当地人的捐赠。

传教士把目前的成功归因于一桩抢劫案。有几位传教士价值 400 两银子的财物遭抢。凶犯后来被捉拿归案，但传教士们拒绝索赔。这帮传教士就是在底蓬的官道上被一个匪首领着造反蛮子抢劫的。劫匪们服了两年的刑，钱先生便要求放了他们。据说这种善意使他们大为感动，乐意去听讲福音。一帮强人还为此立誓，要保护福音堂的人员及财物的安全，而且说到做到。有一次，一位苦力拿走了几串传教士的铜钱，被强人截获，问道："这些钱是哪里来的？"答曰："拿福音堂的。"强人们立刻喝道："拿来，拿来！"然后就平安奉还给传教使团了。有几个劫匪已经皈依了教会，其中有曾经打家劫舍的大盗，现在他们已是出色的基督徒了。我在泸州参加过一次早祷，来听讲福音的有文人雅士，而且人数众多。要知道，时下已近年关，每个中国人除了找乐子之外，对其他一切都很少感兴趣。

泸州城里住着 4 万多人，有一个大的铸铁厂。当地制作的伞也相当有名，而且泸州还是西方的大盐仓。城里还有 66 座庙宇，诸如夫子庙和关帝庙之类，一大帮名声不佳的和尚、道士负责对人们进行教化。城墙周长 15 里，7 个城门通常是开着的，但是去年这个时候是干旱季节，城里百姓开始祈雨。不到万不得已，他们是从来不祈求任何东西的。他们所做的第一件事就是关闭南门，因为南方相对比较热的缘故。雨并没有求到，而干旱倒是进入了城里。人们不断地向天祈求，可还是不见半点雨星儿。自道台以下的官老爷们来到了龙王庙，趴在地上磕头，祈求龙王送雨来，因为太阳菩萨是管晴天的，而龙王则是管下雨的。道士们念着符咒，举着道幡，每天绕着祭坛转悠三个小时，但还是无济于事。

南门一直关了两个月。为了给龙王留下更深的印象，人们用纸扎了一条巨龙，然后抬着它走街串巷，一边往它那丑陋的脑袋上泼水，一边祈雨。在整个祈雨过程中是不能杀生的。但龙王是个聋子，什么也听不见。到了一定时候，雨就自己来了，与诸神并没什么相干。

在这个地方，如果女人病了，就要到"泸州药母"那里问医。那位老巫婆让病人说出病症、姓名和生辰八字，生病的女人就通过让药母"看看蛋"，药母就会呼唤着神灵，报出病人的名字，说："某某人，回来吧！"意为替她招魂。然后，老巫婆会用纸钱包起一个鸡蛋，颠上颠下，挤眉弄眼，哼哼唧唧，吱呀怪叫，然后把鸡蛋扔到火中。过了一会儿，鸡蛋炸开，老巫婆捡出来，查看炸开的形状。如果看起来像猪，她就说："你的魂儿附在猪身上了，但现在已经附着在这里了。"病人吃了蛋，灵魂就重新附体了！这样治病简直再简单不过了。中国人说人有三个魂，丢了一个，人就死去三分之一了，把那个丢掉的魂招回来，人也就安然无恙了。

当我去拜谒该城的"父母官"和探望囚犯的时候，由一位叫林正田的先生陪我同行。他是个秀才，在城里颇有名望，也是福音堂的成员。他平时吃素，皈依基督教之后，被尤蛮子叛匪首领抓获并带到一座庙里，这位自封的法官对他说："你是个文人，凭什么要去信洋教？"他们强迫他退出洋教，但没成功。只是在付给这位首领 23 吊铜钱之后，他才免于一死。

我动身前往衙门时已快到中午了，跟随我去的有海哲士、林正田和一帮皮肤黝黑、前来看热闹的当地人。街道上经常会碰到台阶，忽上忽下的，几经磕磕绊绊，终于看到了南角头街。街道两边是肉铺、药铺、铁匠铺、染坊和棺材铺——好繁华的街道！我被吸引住了，即使没什么稀奇东西可看，我也可以观察那些拿着碗、拖着棍子的叫花子——他们是中国唯一拿着手杖走路的人。店铺里养的狗往往只同情店主人，对叫花子们很凶。这些衣衫褴褛、污秽不堪的叫花子站在每家店铺前面敲盆打碗，大呼小叫，直到一枚铜钱扔在他们那脏兮兮的讨饭碗里为止。穿过店铺并立、杂种狗成群的婆口街，就到了大十字街。从那儿我们就进入了三牌坊街，只是石坊已经拆掉，谁也说不清楚那是些什么牌坊。在中国，虽然人们起劲地垒起一些石头牌坊，以永久表彰那些守寡守节、不肯再嫁的贞妇，但也许过不了多久就把她们忘记了。街上，人们的脚步已经把埋入地里的铁桩的上端磨得光溜溜的。当地人说铁桩没有下端，怎么挖也挖不到，在世上竟然只有一端的铁桩，太罕见了！因为这个缘故，这条街又叫铁桩子街。我们很快穿过了这条街，就到了衙门的大门口了。

在中国城市里，只要站在高处，总能找得到衙门的位置。因为那里具有明显的"炫耀权力"之标记。当看到两根30英尺高的柱子，其上部三分之二处有个涂成猩红色的、看上去像是乌鸦窝的盒状物时，那就准是官府了。当走进泸州衙门时，我们注意到在门口附近有几个可怜的家伙脖子上戴着方形的木板。这叫枷，每个约有60斤重。在戴枷囚犯头顶上方的衙门大门上，刻着一行非常具有中国特色的格言："爱民如子"。当我进去时，那位身穿裘皮官服的官员在最好的接待厅里接见了我。这里尊卑分明，我只能坐在他的左边。这个官府令我联想起了一所人去室空、房产权尚有争议、因失修而显得破烂不堪的宾夕法尼亚州农舍。在吃点心时，那位官员问我年纪多大，从哪儿来，家里有几口人，我的衣服值多少钱，来此旅游花费多少，我身上是否带着什么好东西。说到最后一点，我准备进入正题了。我一直在中国内地游览，在当地店里住宿，如果我身上一无所有，那可不是我的错。我让他看了我的表。他那张黄脸上闪射出了中国人特有的笑，满心欢喜地接过去，还想要看一下里面有些什么玩意儿。他是想看这块表的心、肺和肠胃吧？这位"父母官"有着难以抑制的好奇心，想看看那些"转圈的齿轮"。然

第八章 | 133

在泸州"父母官"衙门前的囚徒

泸州的贞节牌坊

后我又掏出一个袖珍华氏温度计，在不用时，它总是跟自来水笔一起放在我靠近心口处的口袋里。我把它放在了这位狡黠官员留着长指甲的手里。他瞅着上升的水银柱，那副喜滋滋的模样倒像一个发现了新玩具的孩子。然后，他把水银球放在我手里，当水银柱下降时，他笑得更欢了。看到这小玩意儿在他手里时里面的水银柱升得要比在洋人手里高，这位官老爷喜不自胜。

这位官员叫李忠镜，他问我去过法国吗？当然去过，不过不如去英国的次数多，因为大不列颠是一个伟大的国度。然后他走了出去，来到凉阁，穿着官袍坐在门廊下的椅子上。他身边是一个方形的架子，上面放着一个走时不准的钟和一个不可或缺的水烟袋。在他的身后，站着他的两个贴身随从，还有两排"兵勇"，按军队的样子排列。我给这帮人拍了照片。又上了不少甜点，这位官老爷倒不拘束，一会儿喝茶，一会儿吃蜜饯。我告辞时他拱手致意。经过门口时，一班鼓乐开始用鼓和某种听起来类似美国马琴的乐器，演奏一曲迎亲的欢快调子为我送行。走去之后，我来到了牢房。

在探视牢房的整个过程中，都有衙门指派的随从和穿着红衣的衙役陪伴着我。牢房给人的感觉像一个破烂不堪的动物园，只是在年久失修的笼子里关押的是人，而不是野兽。囚犯们有的是单独关押，其他则是几人挤在一起。在衙门的院子里就有一个牢狱。在一间牢房里关押着三个颈上戴着沉重木枷的囚犯，愁眉苦脸地站在那里，脖子上的锁链从木枷和赤裸的肩头间垂下来。这帮苦命人站着的时候，木枷的全部重量全压到锁链上，锁链又一道道勒进肉里，要想歇息一下，他们只能弓下腰来。用这种痉挛的姿势可以得到一些放松，但只有一小会儿。到了晚上，这间牢房要关30个人，像牲口一样挤在一起。那些有钱的囚犯可以在夜间让人把木枷卸下来放在一边，这样会休息得稍好一些。从衙门大门口走出去，我们在外面经过了一间拘捕房。在一个很小的房间里也塞进

华中一处衙门前五个戴枷的犯人

了20多个人犯。

狱卒们有许多从犯人身上榨钱的法子。一种方法是将一根杠子插过囚犯的左臂下并把杠子的一端固定在潮湿的墙上，接着又把杠子的另一端穿过囚犯的右手臂，直到它碰到墙。这种做法经常会压碎犯人的胸骨。还有一种方法是命令其他囚犯在自己身上捉虱子，然后放到被勒索的囚犯身上。另一个更残忍的法子是用绳子拴住囚犯右大拇指和一个大脚趾，然后提起来，直到其他的脚指头刚好碰到地面为止。当别的法子不管用时，这种邪恶的办法还是很有效的，拷打几乎总能达到目的。我想起了《泰尔亲王佩里克利斯》剧本中两个渔夫的一段对话：

"师傅，真奇怪，鱼在海里是怎样生活的？"
"啊，就跟地上的人一样，大的吃小的。"

在拘捕房里，囚犯们都在拜一个神人的像。他曾被关押并死在那里，他后来被证明是无辜的，然后就成了神灵。

从那里我来到了外面的一个牢狱。此时，这里已经聚集了一群人。让新来的外国人来衙门参观并流连忘返，是一件非常重要的事。在这个位于衙门之外的牢监里，好多劫匪和其他面目凶恶之徒正等着受审。在往外走的时候，我又在一间脏兮兮的大房子里看到了一个可怜巴巴、苟延残喘的痨病鬼。他赤身露体，抱着肮脏的破衣服，用低沉的嗓音向我喊道："大人，大人，行行好吧！"我弄清了他的意思是"让狱卒放了我，等我好了的时候再回来受罚"。在这个既可怜又肮脏的牢房两侧立有两尊神像，一尊是大慈大悲的观世音，另一尊是无罪受罚的蒙冤人。

下一步是去参观死牢，我们等着看守死牢的狱卒走过来，手里拿着撬棍模样的大钥匙，他把这些钥匙拴在一块小桌面似的圆木盘上。一阵摸索之后，他终于打开了两把锁。我们弯下腰，钻了进去，首先看到的竟是一个当铺！这些可怜的囚犯遭受着贪婪看守的非人折磨，甚至不得不当掉身上穿的衣服，用当来的钱去贿赂这些看守监狱的凶神恶煞，以求得片刻安宁。沉重的手铐和其他铁镣锁住了这帮囚犯，但若说我看到的没有原先预料的那样差劲，那么肮脏，那是不会错的，也许在我来之前这里就已经打扫过了。但除了勒索和与之相伴的恐怖之外，罪犯们住在里边其实比外面差不了多少；有些甚至要比以前自由的时候住得更好，也吃得更好。

在这期间，和我随行的有三乘轿椅、两匹马、四个兵士、五个苦力、十个轿夫、两个衙役，还有一个专门为泸州知府传令的人。我们从陆路动身向叙州（也称绥府）进发。在离开泸州的时候，我们穿过了一块很大的墓地，那儿有一个人正在捡地上写着字的纸片。他是被一位富有的士绅雇来干这事的，他把这些纸片用火烧掉来祭文神。这个衣衫褴褛的家伙用的篮子上写有两行字："莫扔纸张""敬惜字纸"。对汉字表示尊敬的现象是很常见的，在好多店里都有这种篮子专门用来盛废纸。

上午10点半，我们在马平台客栈停下吃早饭。这家饭馆自己用高粱酿酒。他们每天用224斤高粱酿出27斤高粱酒，每斤卖427文钱。饭店的酿酒锅对面是一家鸦片馆，饭店和鸦片馆之间还有一座祭坛和一个菩萨，祭坛的上方写着：福禄寿。中国人渴望得到三样东西——现世幸福、高官厚禄、健康长寿。

衙门的差役在出发时暂时落在了后边，现在又赶上了我。差役头目用一个非常大的官方信封带来了一张"保票"，这种保票是由各处官府签发的，当地朋友帮我翻译了出来：

> 该保票由四川省泸州县衙今日所签。持票者为大美利坚国总捕头大人，当受各方共同保护，兵勇当随行至南峰城县衙。差役回泸州之后，要当面回禀都监大人。兵士和差役切勿惊吓该大人，而应

根据此保票行使接待和护卫之责。故特此指派众兵勇和差役前去小心侍奉和保护该大人，不得有误。一切按此发给大美利坚国总捕头大人（盖洛）的保票行事，不得懈怠。光绪二十八年十二月二十一日。

授权人：兵士　曲福
差役　李开

装文件的信封有14英寸长，6英寸宽，外面写着"装函一封，相机呈交"。这似乎是一份完备和令人满意的文件。至于为何把我称作"大美利坚国总捕头"，以及这背后的整个过程，都是一个不解之谜，不过也是意外的荣誉。与我同行的人，从官府代表到士卒都做事麻利，所以我平安地到达了叙州。

第一天旅行，我们来到了南井村，这是一个出产步枪的村庄，十个人每月能制造九支步枪。到达这个村庄以后，我第一次看到了中国盐井。转过城隍庙的拐角，我们便可以俯瞰整个盐场。据盐工们说，盐井深达1150英尺，里边是黄色的盐水。40英尺长的竹管底端带着一个桶，由一条竹索缠绕到一个水平的大绞轮上，两头水牛牵引绞轮，把桶拉上来。盐水倒入石槽，通过竹管流入蒸盐池里，一个个大盐锅就摆在这里。蒸盐用的燃料是无烟煤，价格昂贵。这个小盐井由私人经营，而作为对比，四川省其他的盐井都是由官府垄断。显然，这是北面160里处一个大盐矿的延续部分。在这些盐区里，有3.5万头水牛被用来抽水蒸盐，这些牲畜本身作为一项资本，其价值就达175万银两。水牛的死亡率很高，其中一个业主的100头水牛在一年内就更换了80头，这使得业主们不敢大意。有三个城镇的20万人口几乎全是靠盐业为生。一家牛皮和油脂公司专门做死牛的生意，靠盐井业主们的不幸着实赚了一大把。大约有4万头水牛的粪便在晒干之后被用作燃料，这对当地人民来说是有利

第八章 | 139

泸州附近的美丽风景

泸州附近的水稻田和舒适的农舍

的，因为其他燃料非常昂贵。

盐井坐落在福山区。两个月前，一座新教教堂连同几所学校和其他建筑在这里完工。这座教堂在中国算是大的了，能容纳几百个成人，三分之二的建筑费用是由中国人支付的。负责这个教堂的牧师有一笔私人的生活来源，所以他把全部时间都花费在教堂事务上了。教堂的学校每年从那个牛和油脂专营公司收到10万文铜钱。这儿的地方官十分开明，他下令禁止种植鸦片。被派去向盐业工人传教的外国传教士是来自新西兰的W. S. 斯特朗先生，他掌握七种语言，诙谐幽默，工作勤勉。

走山路据说很累，我们便搭船从兰池前往叙州。第二天刚过午，位于岷江和长江交汇处的这座城市就映入了眼帘。岷江的水清澈美丽，而扬子江的水又黄又浊。当地人称这段扬子江为金沙江。中国人喜欢美丽动听的名字，所以称"金沙江"是再合适不过了，它肯定能给人带来美好的联想。

正当我们在等待迟到的早饭时，我的翻译发现了一本又脏又破的中文书，它绑在一根筷子上，那根筷子则插在我们乘坐的那条旧船的船篷上。他读了下去，一字一句地翻译着，而且还吹去了书页上的灰尘，说废弃的书上会繁殖无数细菌。我同意他的说法。该书的书名是《春秋通典》①，是一本诗集，我记得书中有这样的话：

　　春夏来兮，继之秋冬；
　　年年岁岁，似而不同。

这几句诗使我想起了一首题为"瑞雪"的非常优美的诗。它表现了诗人的非凡才情：

---

① 《春秋通典》是一部明代的诗集，作者曹宗曾官至国子监佐教。

雪正在到处下着，
在这儿下，在那儿下；
雪从天空中飘落，
也从空气里飘落。

但还是继续欣赏这部被细菌侵蚀了的大作吧：

花木南渚梦，
茵茵可通灵。
何期官民意，
只为泽芳庭。
行善衣食足，
积福乐盈盈。
心平耳自顺，
或可致安宁。

观棋不语真君子
He is truly an ideal man who can watch a game of chess in silence.

第九章

干旱和当地迷信——中国的水利灌溉工程——
官员的荒淫——传教历程——一位中国乡绅

叙州美丽的白塔就耸立在岷江和长江交汇处东边一角的高坡上。这个位置正对着叙州府，又在大江的江岸上，所以被认为风水非常好。它的特别功能就在于防止该城的财气顺江水流走。过了晌午不久，我们就来到了金沙江和岷江的交汇处，准备再溯流前往南门，但是在高高的石砌江堤上有一个兵勇向我们叫喊，说由于干旱，南门关闭了（当需要干燥天气的时候，人们就关闭北门）。城里已经宣布要斋戒三天，以祈求掌管湖泊江河的河神为干旱的庄稼带来甘露。雨神原来是一个凡人，他活着的时候，曾在四川平原上兴修水利，开垦荒地，造福万民。在尘土飞扬的田野里，发育不良的野草和庄稼都长得矮矮的。显然，我所看到的预示着下一个收获季节来临时，会歉收。一场大旱和随之而来对饥馑与瘟疫的恐慌将使迷信的人们陷入骚乱，许多当地人和外国人的宝贵生命很可能会成为这帮群情涌动、饥肠辘辘的暴民的牺牲品。正如伯克所说："那些眼巴巴盼望着官府会救济面包的人，一旦得不到，会扭头去咬那只给面包的手。"就在我们到达的那一天，官员们已经去寺庙向菩萨祈福了。为了表示他们的谦卑和对黎民的关爱之心，他们步行前往寺庙的神龛。但是在回衙门的时候，他们又坐了豪华的大轿，在那些沉默和免交纳税的神祇面前，显示了一下他们的重要性。

叙州府和江门外。请注意路边的一座佛像,佛像被放置在危险之处,围着祈求佛祖保护的人。我正想指出这是迷信,有一个男人叫道:"请闭嘴,我正在祈求佛祖保佑,否则我的眼珠子会掉出来的。"这是下层人民中一种非常普遍的迷信。

在上一次可怕的干旱期间，农夫们把他们的犁和其他农具放在县衙的大门前。此举无声胜有声，意味着县太爷休想从农夫手里收税了。为缓解困境，求得甘霖，城里的官员们天天都去庙里，祈求上苍怜悯受苦的下民。眼看这么做无济于事，他们就穿着便衣，光头赤脚，来到祈雨的地方，在缭绕的香烟里匍匐在菩萨面前。县太爷还以同样谦卑愧疚的方式，一连数天登上北门之外的关公山，在仲夏的烈日下曝晒一番，直到头上胳膊上晒得满是水泡。连中国人也知道，要祈雨见效，就必须敢于自我牺牲，自我克制。但一切都是劳而无功，可怕的干旱持续了几个月，不仅没有丁点雨星儿，而且未见一丝云彩。

与此同时，中国人还是完成了一些引人注目的巨大工程。看看那条建在崇山峻岭之上和悬崖峭壁边缘的、长达1500[①]英里的长城吧，也看看大运河和富饶的四川省的水利灌溉系统吧。现在人们常说的"水利灌溉之父"是指大约2000多年前的一位人物，他想出了从离堆山劈出一条水道，引岷江水入渠的计划。他着手在成都北面的大平原上修渠引水，此举获得了成功。在水的魔力下荒地变成了出产稻米的良田，两千多年来使百姓丰衣足食。多少年过去了，这个水利灌溉系统已有所改善，其中人们铸造了一个30吨重的大铁龟，它被系在一根铁柱上，沉入江心以抵御洪水。后来一位官员得到特许，又铸了两头大铁牛，每头10英尺长，他把这两头铁牛头部相并，尾部分开，形成一个人字形，意欲用两牛形成的锐角来抵消洪水的冲击。两头铁牛的头高高扬起，高过了堤坝的边缘，上面刻着一行字："问堰口，准牛首，问堰底，准牛趾。"有一句古语也提到了这两头牛，大意为："牛角触浪，五谷满仓。"

[①] 原文如此。在盖洛眼里，长城的长度就是长城两端之间的距离。而中国"万里长城"的观念是把所有的长城城墙都加起来的长度。长城弯弯曲曲，而且在某些段落有两道，甚至三道平行的城墙。

第九章 | 145

何大人阁下的全家福，当时他正在叙州城里任职。

叙州府北门外的一个幽静去处

物与水激,其重必克。有可能会将成千上万的石块冲积在一起,但是你无法将它们聚为一体;而数十万斤的铁却可以熔为一体,且成型之后,其重无比。当洪水冲击到如此沉重的庞然大物时,就会反冲分流,其冲击力也会减弱;在这种减弱的条件下,即使用竹木沙石都可以阻挡了;故堰莫急于冲,莫要于铁。[1]

一位官员专门监督修渠工作,在某处需要增加大量人手,工作量之大,每天需要 25 万人。每年须征税 125 万银两作为修渠的费用。据说每年还需要 40 万根竹子作为修渠之用,每一个 30 英尺长的巨大筐篮大约由 40 根竹子编成,里面盛满了石块。这些大竹篮被大量使用,是防止塌方的极好措施。

我们在岷江上停停走走,上行了一段路。然后又停在了一艘装有碎天竺葵叶子的船旁边,上岸之后,一个士兵举着一面写了字的牌子向我冲了过来,他是由一个住在叙州的美国浸礼会著名传教士劳益谦[2]先生差来的。劳益谦和夫人真诚地邀请我去做客。我高兴地接受了邀请,便雇人把我的箱子和旅行袋运进城去。我们从东城门进入,沿着窄窄的街道左绕右拐地前行。运水车把街道弄得湿漉漉的,满是泥浆,散发着种种气味。最后,我们到了这位扬基佬基督徒的安乐窝。我在扬子江上一路漂泊,历经劳顿,忍受过中国小客栈和笨重漏风、像肺痨病人般行驶缓慢的扬子江旧船,现在一下子走入带有精致园林景色的西式庭院,确实令人耳目一新。这幢洋房有着家庭的温馨舒适、美国的摆设、白色的亚麻台布等,一切由那位资深传教士的可爱妻子所布置。这是此次旅程

---

[1] 引自《皇家亚洲文会北华支会会刊》第 33 卷。
[2] 劳益谦(Robert Wellwood,1864—1918),美北浸礼会来华传教士。他毕业于伦敦吉尼斯学院。1887 年携妻子一起来华,先后在四川嘉定(乐山)、宁远、叙州等地从事传教活动,在华服务整整 30 年。

叙州府的水保甲局

中一个值得纪念的事件。我也遇到了唐泽华（C.E.Tompkins）博士和他那风姿绰约的妻子。他们最近也加入了美国浸礼会的叙州传教站，期待着立刻开始工作，以便能大显身手。

浸礼会传教使团的驻地就在府衙附近，其中部分房屋用来储存官粮，以便在发生旱灾时由官府以适当的价格卖给饥民充饥。

中国的新年已经临近，人人都在准备过年，繁忙的大街上也不时地看到一堆堆过节用的大头娃娃和鬼脸面具，以及其他新奇的糖果。我注意到有许多中国人都去一家大当铺典当东西，以便换一点钱用来过年。算命先生和写对联的师爷比比皆是，后者靠卖对联赚得微薄收入糊口。

趁着一大早，我和传教士们出去照相。我们先到了半天寺，它坐落在美丽的岷江南岸的陡峭山坡上。建寺的地方是直接从岩石上凿出的，费银两千多两，里面供着观世音。整个布局看起来像个疗养院或客栈，有时确实也有这种用途。在夏天发大水的时候，这里就是富有的中国人聚会的地方。他们呼朋唤友来到此处，找一个能够俯瞰江水的房间，在里面饮酒作乐。不远处是一座著名的达摩像，据说那就是圣托马斯，就连一些基督徒也这么说。中国人认为达摩是坐在龟背上从印度来的。有人偷走了那只龟和塑像的头部，因为这两样都是用黄铜铸成的，与其做圣徒，还不如在市场上卖掉更值钱。当靠近半天寺的时候，扑面而来的是一种洗衣铺、停尸房或者某种其他肮脏地方散发出的气味。我发现这些气味是从一个熬胶的地方散发出来的，进一步询问之后，方知道这里有一个很大的熬胶中心。从这个地方向北约60里处有一些盐井，在制盐过程中累死的老马和老水牛就被拉到这里来熬胶。

离开这个热闹的地方，我们又来到了一个熙熙攘攘的胡萝卜市场。这正是人最多的时候，10英寸长的胡萝卜大堆大堆地摆放在那里，拖着长辫子的人们站在四周热烈地讨价还价，忙得不可开交，好一幅动人的画面。一大堆精壮的人围着买这些适于在中国生长、美味可口、净化血液的胡萝卜，这种情形只有在中国才能看到。我们乘坐着小舢板过了岷江，每人付了两个铜板，然后爬上了对岸陡峭的江岸。我们打算参观一下坐落在乡间的"永珠泉"。经过一片墓地时看见两个石狮子静静地站在那儿，栩栩如生。它们是在几年前被安置在这里的，以保护现有的风水。在我们经过时，我注意到在岩石上有一条特别的缺口，很显然是人弄出来的。一位中国绅士告诉我，那是太平天国造反时特地凿出来的，意在迷惑那些驻扎在叙州的官兵。造反的队伍人数不多，为了示形于敌，他们把所有的队伍拉上山坡，再悄悄退去，然后如法炮制，以此来造成大队人马浩荡进军的假象。

这个古泉在城东大约 5 里的地方，在岷江的对岸。1000 多年来一直是官员们喜欢去的地方，每一个稍有名气的官员都会参观一下"永珠泉"。泉水从人工开挖的河道流到假山园林之中，在"流觞堂"，泉水从一条弯弯曲曲的小石槽中潺潺流过，在每个拐弯处都有一个座位。人们用一个漂亮的酒杯盛满了酒以后放在水里，从水槽顶端像小船一样往前漂流，直到拐角处停下来，坐在那里的那位官员就必须把杯子里的酒喝掉。随着时间的流逝，人们的兴致愈浓，宴饮愈欢，一醉方休。在这个地方的石壁上雕刻着好多巨型的汉字，那都是喝酒的人诗兴大发时留下的。有一些字体是非常古老的篆体，除了少数几个有学问的人之外，没人能够看懂。

那儿还有两座宝塔。其中的黑塔在长江对岸，塔顶已经没了，传说在一个漆黑的夜晚飞走了。白塔坐落在"七星岩"上。在白塔附近的茶店寺里，有一个很大的观音菩萨，骑在一只头上长角的大老虎上，左手拿着一个盛着长生丹药的瓶子，两侧站着金童玉女。我拍了一张照片，感光时间一分半钟。中间立着御匾，上写"吾皇万岁，万岁，万万岁"，这相当于"啊，国王，祝您长寿"。

乾隆年间由民众捐资修筑的这座石桥在乾隆三年（1738）九月廿日对公众开放。它位于离叙州20里处前往盐井的大路上。

这座庙宇之所以叫这个名字，是因为这地方以前是一个有名的茶叶店，虽然改作寺院了，茶还是照卖不误。这个地方是由三个誓不再嫁的寡妇经营。我们给了她们每人3升米。我希望能给殿里的菩萨拍一张照片，但菩萨身上的饰物挡住了视线，我们试探着要求寡妇们把饰物拿走；在察觉了我们的难处之后，寡妇们高兴地应允了我们的要求。

当我在熙熙攘攘的街道上架起照相机，准备给南城门拍一张照片时，我要求随行的四个士兵拦住人群。正当我在找地方支三脚架的时候，我差点儿踩着了一具被扔在地上的男尸。他被扔在靠近城门口的一个角落的一尊菩萨旁边，说句称赞中国人的话，每个城市里都会有一些慈善机构在"留意那些无名的死者"，并为其提供棺材。有人已经用草席盖在了可怜的死者身上，还有人告诉我棺材一会儿就送来。寺院里有好多简陋的棺材，就是为了应急用的。

这个繁忙的城门在干旱期间经常关闭，肯定会给店主和乡下人带来很多不便、不安和损失。好长时间没下雨了，若不是春节临近，这个城门还会继续关下去。如果在生意旺季关了城门，一年中的这笔大买卖就泡汤了，官员们也就无"油水"可捞了。在中国是无公理可言的，官员们通常为所欲为。以广元城为例，通往主城区的城门已经关了1090年了，造成如此不便的原因，就是知府大人的妻子对夫不忠，从该门私奔了。我相信这个故事是真的。若此门一开，连接城门的那条街自可赢利10倍，但也会有更多的妻子私奔！

法国人正在修建一条从东京（今越南河内——译者注）通往云南府的铁路，也许它会延伸到叙州。他们正在买地皮，投资兴建医院和学校。通过天主教传教使团的活动，法国已从占有那些在将来极有价值的土地中，促进了它的世俗利益。

浸礼会有32个布道点，74个经常领受圣餐的人。他们在发展教会

叙州福音堂附近的一处街景。请注意图中的棺材和灵位。人们通常认为，人死了之后的三年之内，死人的灵魂会附在棺材和灵位里。三年后这些东西会在死人的坟墓前面被烧掉，这样灵魂就会被释放，以便去阴间安息。死人的姓名会用金色的字体写在木牌上，供奉在灵位里。那一串串的是金银色的冥钱，要在坟前烧掉，以供死者在阴间享用。

叙州府的一组土地菩萨。在土地爷六月初六生日那天，人们会在街上搭一个祭坛，把土地菩萨们放在祭坛上，并在祭坛前演戏，以示庆祝。

成员时非常小心，但是在每个布道点至少有 100 个是真心信教的人。另外，此处还有 3200 多名当地人急不可待地渴望得到拯救。这对传教士来说是令人鼓舞的，因为在以后的一两年内即使只有一半的人入教，其阵容也颇为壮观。对基督教书籍的需求也大大增加，劳益谦先生说今年的书刊发行量比以前任何一年都多。以前只有穷人对传教士感兴趣，而现在识字的和富有的人士似乎在跃跃欲试地听讲福音了。

在星期天，当我到浸礼会教堂做礼拜时，大厅里挤满了相貌特别的中国人，有一个人使我想起了爱默生，另一个使我想起了拉法耶特大学校长沃菲尔德，有几个是我赤手空拳走在僻静的路上不愿见到的。但所有的人都听得很认真。听讲布道的人中有几个妇女。有四个人还缠着白头巾，表明他们家里死人了，因为白色在中国是丧服的颜色。这是一年中最后的一个星期天，浸礼会和内地会传教士共同举行了礼拜。他们用流利的中文进行布道，对中国听众效果很好。考虑到当地皈依者贫穷状况，他们的捐献是极为慷慨的。如果美国的教徒献出相同的份额，那么金融市场的调整就势在必行了。

内地会传教使团拥有的房产在永盛街，但那座即将建成的新房子面向土地神街。如果名字能说明什么的话，这或许表明基督传教使团正向众神祇所主宰的领地进发。这儿的教堂里有 1500 名告解者，大多都很虔诚。中国人确实对基督教的真理表现出了极大的兴趣，而且，当乡村和城市需要福音传道者并要主动出租甚至提供传道场所，还负担布道者的费用的时候，同工①们是很高兴的。这或许不是出于最高洁的动机，但事实是，这些千载难逢的收获机会出现了，而传教士们正勤勉、审慎和周全地推动传教工作的开展。或许，他们有点过于强调谨慎和周全了。

---

① 传教士和教会的人把同事和同僚称为"同工"。

上个礼拜天，在北门附近有一个年轻人被用麻绳绑在了城墙上，或许是作为对小偷小摸的惩罚。他的双手鲜血淋漓，将他示众是为了警告所有不法之徒，以儆效尤。

在叙州，我把一路上拍的照片整理了一下，并对扶学富先生感激不尽，他这方面帮了我的大忙。我们在一位富裕的中国人陈先生那优雅而温馨的府上度过了一整天，他的儿子也曾帮过我们很多忙。陈先生住在西内城墙街，家境殷实。当我们完成了照片整理工作之后，这位先生走进来了，他拱了一下手，把我带到了花园客厅的方桌旁。桌子上，一个带隔板的圆形点心托盘放在我面前，里面放着一大堆分别用糖、蜜、罂粟籽、面粉、鸡蛋、盐等制成的麻花状美味点心。在我向好心的主人告辞时，他又送给我一个三角形的包裹，里面全是糖果，然后，他又彬彬有礼地把我从花园的曲径送到大门口，一直看着我平安走到街上。然后他又朝我拱手，为了确保我的进一步安全，他派两个儿子跟仆人们一道，提着跟气球一样形状的大灯笼为我照路，一直送到浸礼会传教使团的住处。

"他是一个在明媚春天所能看到的好人。"

1903 年 8 月 28 日，叙州新福音堂落成时人们送给扶学富牧师的十九块贺匾之一，上书"共享永生"。

> *饮血茹毛，巢居穴处。（古诗）*
> They drank blood and ate herbs, nestling in trees and dwelling in caves.—— Ancient verse.

第十章

盛大的欢迎——石洞——"代理"的美德——
街头混战——土著酋长——老兵勇阿仁——漆树

当西城门在早晨 7 点整准时打开时，我那个模样有点奇特的车队便鱼贯而出，离开了繁忙的叙州城。我是在 15 分钟之前离开了那位美国洗礼会传教士的舒适寓所。一个为表彰贞节寡妇们修建的带有雕饰的石牌坊就横跨在大桥街上，走出了这条街，再拐个弯，右边就是文庙。我在陆地旅行的行头包括两抬滑竿、四个健壮的苦力、八名瘦瘦的兵勇和两个衙门的差役。这支队伍给人以深刻的印象，因为他们护送的那位外国人身穿当地人的服饰。早起的人忙着往门上贴春联，以迎接新年。穿过天池之后，脚下这条大道在沟渠纵横的田野和杂草丛生的沼泽间不断地向前延伸，两个农夫正在脚踏水车上劳作，从低处往高处车水。就这样，我们很快踏上了通往省府的石板路，据说在这条大道上肩挑背扛搞运输的苦力有 10 万名。

当我们靠近了柏溪村时，一支扛着 18 条枪，打着四面方旗，吹着两管长号的队伍前来迎接我们。他们先是鸣放礼炮，然后转身，隆重护送我们前往福音堂，那儿已摆好了宴席。如果这种款待别花这么多宝贵时间，将会更令人高兴。这个镇只有两位基督徒，但是福音传播得很快，登记在册的慕道友足有上百人了。两位虔诚的教会成员和诸多著名士绅主持了这些安排。拖延了好长一会儿之后，一个特大的铁盆端了出来，

第十章 | 159

从叙州去往老鸹滩路上的作者骡队

里面盛着一只整鸡，头尾俱全，还有两大块蹄膀和一些粉蒸肉。这些分量很足的菜肴上来之后，紧接着又上来了几道素菜甜点。欢迎仪式隆重至极，皈依者和慕道友们的绅士风度和才智给我留下了深刻的印象。

平安坡离叙州大约有90里路。一个苦力在这附近陷到细沙里去了，但我们派了一个救援队把他弄了出来。这座小城坐落在金沙江、平溪和汉江的交汇处。这儿有一个福音堂，有120名慕道友，大多属于精明务实的中产阶级。一位信差已经被派去备船，沿平溪上行把我们送50里。但这些人过于好奇，只顾看我们而忘了他们的正事。我们不久便到了江边，要了两艘船。官员们派了11名士兵和8名纤夫与我们同行。一周前，一名传教士遭到了30多名暴徒的攻击，幸亏他及时亮出了连发来复枪，才得以脱身。我们现在已经走出了外国游客旅游线路的范围了。平溪的水流纯净清澈，河底的鹅卵石清晰可见。把这条溪水跟浑浊的扬子江水做一个对比的话，非常好玩儿。河面不到100码宽，湍急的水从秀美的山坡和崎岖的山峦间流过。在陡峭难攀的山坡上，有一些小土房掩映在美丽的竹丛中。

我乘坐的是一只古怪筏子，船老大面容诚挚，但没有上牙，使他的鼻子有一种要掉到嘴里的感觉。他有一次对着纤夫们喊道："快走啊，过一会儿就到了。"又走了20里，我们到了明滩。这里有一家客栈，屋顶是单面坡，茅草盖顶，最近刚发生过一起命案。这是一个关于两个合伙人的老生常谈：一个人为了吞并所有银两而杀死了另一个，死者的母亲向另一合伙人打听儿子的下落，他假装不知。但案情总会水落石出，即便在中国也不例外。她雇用了一个可靠的苦力，同另一个帮手一起查出了凶犯，并在一天夜里把他带到了这家客栈。他们跟他一起喝酒，第二天趁天不亮便撺掇他走向了僻静崎岖的山路。在路上，他们捅死了他，把血肉模糊的尸体扔进明滩。我们还没到达靠岸处夜幕就降临了，最后几里路是摸黑行进的。我们的船曾经碰到了岩石，但幸亏这些河船是用

从叙州去往华西昭通路上的两座桥

韧性很大的木板制的，否则我们就要沉下去了。在岸上，一些人在烧纸钱，为死者提供在冥界的费用。一大帮护送人员正在黄江村等待着我们，我们就被安排在耀荣客栈歇脚，店里已经摆好了一桌丰盛的宴席，床铺也已铺好，一起都收拾停当，这个效率在中国难得一见。这个地方有20座庙宇、一所由公共捐助建起来的学校、1000户人家、20家药铺，另有10家产业。福音堂里没有传教人员，但有80名登记在册的信众。用苦力们的话说，我们今天走了两站路。在中国中部，一站是90里。

离开叙州的第二天，我们从黄江到了泰町场。我们起程顺利，到9点才吃早饭。两个小时后，我们接二连三地在峭壁上发现了一些洞穴。这些有趣的历史陈迹是在鼠山山顶附近发现的。过了位于崇山峻岭之上的火烧田，再往前走一小段，在道路下面几码处的地方，可以看到一系列直立的石脸。在这些石脸上雕凿出了12个3英尺高、18英寸宽的门。其中有块突出的岩石被雕刻成人脸的形状。在这个脸上的一扇门构成了嘴巴，上面一块突出的石头就是鼻子，鼻子的两边还有雕造出来的眼睛和眉毛。其中一个门通向八角形的房间，房间高4英尺，有10英尺见方。在外面所有峭壁上的洞穴门口都雕刻有一些图案，跟埃及的图案十分相似。很显然，这些图案中的人物是战神，因为他们都紧握着战斧，斧背长而尖。有些人物是侧面像，他们的脚伸向外面，他们穿着带多道褶皱的过膝战裙，不是那种长而直的褶皱，而是七层的短褶。其他雕像脸庞丰满，而且我还注意到有一个是斜眼。有些人物像是立体的浮雕，形象生动；有些则是平面的线雕，艺术性较差。有些已经模糊不清了，有的则保存完好。我们在"火烧地"的那个人是个新来者，对这些洞穴知之甚少，但告诉我们，根据传说，这些洞穴在1000年之前是有人居住的，不过中国人对时间的估计是没什么价值的。这些住在峭壁上的蛮族做事细心。所有的洞穴都朝南开，视野开阔。而且，洞口有高大沉重、经过雕刻的石板镶嵌在石槽里，充当门板。这些洞穴海拔在4000英尺以上，

第十章 | 163

蛮人的洞穴，位于叙州南部 180 里处鼠山的山顶。

从那里眺望远方，其景色之优美，世所罕见。这里的空气纯净清新，这些古老的峭壁上的居民肯定是一些吃苦耐劳的人。离开这些有趣的远古遗迹，我们进入了山谷。在一家茶馆里，一个兵勇正同一个苦力争吵，兵勇骂那个苦力说："日你祖宗。"那天我走了100里山路，就在我们到达全三客栈之前，店主已带着细软到山上一城堡过夜去了。这座客栈的房子很大，夹在急流和石壁之间。这个建筑使人联想到庙宇，如果你穿着中国人的服装，在这里过夜是再舒服不过的了。

第二天，我们按以往的时辰动身，上午9点在天滩停了下来吃早饭。我喜欢先走30里再吃早饭。当我们跨越了四川和云南这两个省的分界线时，我的表刚好是7点45分。该分界线实际上是一根从300英尺高的石壁边缘垂下来的葡萄藤，特意挂在那儿作为边界标记。我是第一次看见这样的东西，因为这样的分界线通常只是虚拟的。但是，中国人是讲求实际的民族，有人告诉我这些葡萄藤就是官府种植栽培的。我在云南的山上看到了雪，景色优美，白色的雪线上面云气缭绕。在这里我发现我处在天国的另一大地域内。当我停下来吃早饭时，除了那个背着黄口袋的人之外，所有的苦力都到了。那个黄口袋里装有我的重要文件和相机。我们担心他遭劫了，我开始变得忧心忡忡。一个听差说这个失踪的苦力雇了另外一个人背口袋，后来就跌下悬崖了。这听起来像是抢劫。因此，我扛着连发来复枪，老兵勇阿仁拿着他的滑膛枪，一起搜索。劳益谦先生罗致了几个人，也赶了上来。我曾注意到有一个像是我的随从的人离开了大路，消失在山间。"肯定是抢劫，"我说，"而且其中一个坏蛋在逃跑。"我们在一条深沟边上的一家茅屋茶馆前会合之后，又继续往前走了十里，这时我们发现了那个口袋。背口袋的人已经掉下去了。那个罗圈腿的苦力没有把口袋送到村里，而是一直在等，等别人来替他背这个口袋。那个兵勇为他干的傻事狠狠扇了他一巴掌。对一些当地人来说，没有什么比这更"多此一举"的了。

就在这天，我们进入了仙人掌地区，一路所见，景色不凡。我那天走了120里，全是步行，仍觉得精神抖擞。到了星吉坪以后，我便在这儿的宏大观客栈过夜。从这里往北走20里就是普洱村，这里有一些明朝的坟墓。有一座著名的陵墓就在村子附近。在为数众多的坟墓当中，一些坟墓的建造耗费巨大，其中一座就花了一万多两银子，里面是一个酋长的尸体，还有他六位默默无闻的妻子。墓穴内部设计精美，墓室的顶部是拱形的，墓室的墙壁上刻着格子状的图案。通过墓穴的入口可以进入一个墓室，然后可依次进入其他的墓室，墓室之间有雕花拱顶的门廊，显得很美观。这儿有一种野蛮风俗，就是一旦一个新王朝掌权，就要毁坏前朝的坟墓。但这些坟墓地处偏僻，故免遭毁坏。一些富人已经知道从遥远的地方雇人修墓，而其他人则在宏大的墓穴修成之后，就在修好的墓室内摆上一桌宴席庆祝完工，邀请所有的工匠入席，用酒灌醉，然后封闭墓口，这样就没人把墓址和墓门的机关说出去了。这种办法跟古代萨迪斯国王采取的方式很相似。中国有一项古老习俗，男人死后，他的妻子和奴仆也要陪葬，但这个现在可以用纸人来代替了。中国人非常相信这种替代方法。的确，若无这种替代方法，他们在政治上、社会上和宗教上的困难还真不知如何摆平呢。中国人最崇拜的对象，除了孔夫子之外，就是这种替代方法了。在中国人的葬礼上，常能看到送葬行列中举着很多纸人，这些东西随后就会被烧掉。这些纸人代表着死者的妻妾、仆人和奴婢，是要在阴间跟死者过日子的。"中国佬"不愧是"信奉陈腐信条的异教徒"。

在阴历除夕，人们都在忙忙活活地准备，好多公鸡也高声鸣叫，准备做最后一搏。那天晚上在客栈附近有人在打架，被我们制止了。过了一会儿，又发生了另一场争斗，是为肮脏的钱而发生口角。一个留辫子的人试图讨债，而欠债的人则找了几个乡勇为他撑腰。讨债的人遭到拳打脚踢，若不是劳益谦先生及时干预，有可能被打死。劳益谦先生跳到这群暴徒中间，救起了那个倒在地上的可怜家伙。在昏暗的光线里，一个当地人没看出有老外在场，他拔出了一把匕首。我走近后，看见匕首的寒光，意识到他要对传教士下手，赶紧出手相救。首先我掐住了两个中国人的咽喉，把他们扔了出去，然后一个背摔，又把另一个撂到了。我喜欢背摔这种格斗方法，在大学里，教练教我的时候说，动作要抡圆，不要僵直，这样的姿势才优美。那个暴徒冲着我扑来，在看到他手里拿的武器之后，我知道自己得动真格的了。镀镍的光亮枪身，以及正对着他的枪口，把他吓得屁滚尿流，逃入夜幕之中，像是有鬼魅在后面追赶一般。这次斗殴是当天晚上中国各地所发生的无数次斗殴中的一例而已。许多人因债务而自杀，有的人会逃走，也有人仍在追索那些欠他们钱的人。

在经过苦苦劝说和特别许诺之后，我的随行者们才同意在今天走70里，因为今天是过大年。因此我们只走了一小段，打算到以后的几天再来弥补少走的路程。我们精神焕发地到了鸬鹚滩，然后我就给了苦力们一块猪肉作为犒赏。整个白天我们都在沿着美丽的江畔行走，观赏着崇山峻岭间的景色。鸬鹚滩旁的村庄大约有3000人口，附近发现有无烟煤的蕴藏，并以20斤160文铜钱的价格出售。这里还有一架铁索吊桥，我为该桥拍摄了照片。几年前，在五月龙舟节的晚上，人们挤在这座桥上观看河上的龙舟比赛，一些活鸭子被一些富人从桥上扔下去放生。在一个热闹的时刻，一群人冲到了桥北边。一根脆弱的栏杆"啪"地断了，人们又拥到了另一边，接着，那边的一根大栏杆也断了，随着巨大的撞击爆裂和可怕的尖叫声，该桥突然坍塌，400多人被活活淹死。因为下边是鸬鹚滩，在水中挣扎的落水者被急流冲走，所以罹难者众多。一个抱着小儿子的男子正站在栏杆旁边，看到这一惨剧，他惊吓过度，从石栏上摔了下去，在石头上跌得粉身碎骨，但紧紧抱在怀里的孩子却安然无恙。现在这座桥还是不安全，因为桥身里面的铁索已经不结实了，

鼠山红岩区的洞穴，海拔 4000 英尺。

很容易发生同样的灾难。我用了不到三天半的时间从叙州来到这里，而通常要走六天。

在第五天的早上6点半，我们动身了，因为我们今天要走120里山路。我向美国浸礼会传教士劳益谦告别，这位老兄采取了富有活力的传教政策，大获成功。劳益谦诚实而且乐于助人。有一天他把他的方镜递给我，被我彬彬有礼地拒绝了。但是后来，拐过弯后，我用自己的圆镜照了一下，很吃惊地发现了一个很"粗野"的形象：黑乎乎的毛衣、邋遢得"吓人"的帽子、"破旧不堪"的棕黄色皮鞋，还有披在六英尺高的大块头上的一些粗布衣服。夜间，在客栈里，一个人就在我打字机的键盘上方举着土制蜡烛看我打字，其他的人倚在桌子上。早在这一行人马出发之前我就拿定主意，我不能让他们知道我懂点汉语。这是一次不错的经历，我今天一天走了两天的路程，而且还越过了雪线和云线，翻过了一座4000英尺高的山峰。而现在，一天的旅程结束时又得到了妥善的安置。人们都对我充满了善意。这些中国人以前从未见过打字机。苦力们正在把箱子搬进屋来。我刚才把纸张从机子上扯下来，抽出复写纸，使苦力们满脸惊异，心想我是怎样一次写两份的。旅店老板在摸我的外套上的纽扣，然后睁大眼睛先看我的连发来复枪，又端详我的手动照相机，还看了一下我的黄口袋。一个邻居抱来了一个胖胖的中国婴儿，过来看我这个摆弄古怪玩意儿的古怪人，煞是有趣。他们睁着焦急的眼睛，试图搞清楚这些来自远方的洋玩意儿。如果让中国人获得了西方文明，而没染上西方人奢华陋习的话，他们将会唤醒这个古老的星球。这个村庄坐落在山上，而且没有火炉，我一边写作，一边冻得直打哆嗦。我的皮外套放在随行的行李箱里了。一个十岁的男孩走了进来。我拱拱手，以中国人的方式向他问好，却把他吓跑了。我喊了一句中国话："来。"于是，他又回来了，鞠了一个躬，一切皆大欢喜。这一切都发生在一个由鸡、猪和人共同占据的开阔庭院尽头的黑屋子里。当我走在这

华西老鸦滩的寺庙

通往山民陋舍的乡野小道上时，他们很容易将我推下山崖，而且假如这是在义和团时代，我的命很可能就在一些疯狂暴怒的乱民手中报销了。但唐山①的居民通常都是善良而安守本分的。我画了一头猪的样子，以此来向他们订晚餐，但是他们出去提回来一块被烟熏得乌黑的肉，不知是什么野物的肉，而且挂在烟熏火燎的地方已经好长时间了。这是老虎肉，豹子肉，还是其他什么肉？我不知道。然后我的艺术自豪感被唤起了。我画猪的真实用意竟然没被看破，确实"令人鼓舞"。然后我又尽力画了一头猪。

我肚子饿得咕咕叫，在绝望中使出浑身解数，以努力证明我艺术天分不错，但他们却变得更加困惑了。然后我指着我的画，发出猪的哼哼声，也白搭。后来我又学公鸡打鸣，尽量学得像公鸡。但是，我好像提到了一个他们以前从未听说过的新物种。接着我试着画了一个鸡蛋，又学公鸡打鸣，但还是不行，因此，我又回到猪的图画上来，做了一个拱地的动作。这时，有一个人窜出门去，提着一大块猪肉回来了。但是我要多少呢？我指着来客们坐的桌子做了一个手势，他们知道有三个人，但他们是不是吃得跟当地人一样多呢？然后又一个人跑了出去，拿着秤回来了。所有这一切都发生在我的私人住所里。他们用刀子比画着是横切还是竖切，我做了一个手势，他们又讨论了好长时间才下刀。称了肉，他们指手画脚地比划该交多少钱，但我没能看清他们那用心良苦的古怪

---

① "唐山"（the Hills of T'ang），中国的别称。

手势。在这整个时间里，他们都充满着极度的幽默和一心要给我帮忙的愿望。

珍珠岭（"Pearl Mountain"）上的景色堪与瑞士的那些山峰相媲美，而清爽的空气也不亚于落基山脉地区，积泥坡的房子跟都是石头堆成的舍特兰的房子相仿。在整个白天，我还看到矮马和驴子驮着茶叶和其他的一箱箱货物排成长队向北进发。

在从积泥坡到新街的旅途中，我们经过了许多有方塔的村庄。这些塔确实是别具特色的风景。在昭通地区有成千上万座这样的塔。它们一开始是一种防御工事，用来抵御蛮子——即生活在四川扬子江两岸的半独立的民族。在路上，我们经过了几处防守坚固的土司的住处。这些土司主宰着他们的领地，几乎不受中国当局的管辖。他们的侍从和家人实际上都是他们的奴隶，可以随意处罚，有时候甚至无须按中国法律判罪便可处死人。一些住处设在易守难攻的高处。这些人从不跟汉人通婚。他们分成两个阶层，即黑彝和白彝，黑彝是贵族，从不跟白彝通婚。

我这一整天都在向上攀登，即便在下坡的时候也是如此。大关河（或恒河）向相反的方向流去，河上险滩众多。碧绿的河水卷着团团雪块，在激流险滩间雷鸣咆哮，两者合在一起，更显得趣味横生。从激流后面高耸的山峰上覆盖着皑皑白雪，那种画面即使像特纳[①]这样的艺术家也会感到心旷神怡。上午10点半，我们开始踏上了"新路"。中国的新路难以被人谈起，既有路都可追溯到几千年前，有点令人吃惊。但眼前这条路确实由道士们新建的，不由你不信。这条路有部分路段是石阶。走了三分之一以后，在一个拐角处，一个笑嘻嘻的神像使游客们忘却了自身的疲惫。在通往山顶的半道上，我踱入了一家小茶馆，在里边遇到了四个道士，他们待我很友善，给我敬茶，还不让我付钱。

---

① 特纳（J.M.W. Turner, 1775—1851），著名的英国水彩画家。

大关河在这里分汊，新河段改称为角盔（KO Kuei）。我还在河汊口照了一张相。这个支流的水来自贵州省一个美丽的湖泊，此地的景色是我在中国看到的最美的景色之一。在两条美丽河流的交汇处曾有座李抟大大（一个留着小辫子的男人）母亲的墓。这位姓李的人是清朝有名的叛匪，起事成功后，给四川造成了很大的破坏。他武艺高强，勇猛无敌，非官军所能敌。为了更好地对付这个凶悍的匪首，官府广求良策，最后决定扒开其母杂草丛生的坟墓，以破坏其风水。狂喜之际，官府光顾了这个河汊口，掘坟毁尸。这样一来，龙脉已毁，这个家庭的气数就断绝了！此后不久，反叛势力被除掉，这位大头领被杀了。

当天晚上和星期天，我们在北新街住宿，那是个有30户人家的荒村，福音传教士斯蒂芬在那里向民众传教。当他布道结束时，有一位不是基督徒但也认可新教义的老人，向人们大声朗读起一本书。

在星期一离开北新街之后，我们这一队人马在大关吃早饭。大叛乱之前，这座府城享有盛名，现在却已衰落了。似乎只有黄狗和黑猪还是活蹦乱跳的。由于过年，店铺都关门了，所有的房舍都摇摇欲坠，显出荒凉破败之象。大关最引人注目的景观是龟山，山顶上有红塔白寺。大乌龟的头转向云南，迷信的人们认为它主宰着云南富饶和繁荣的财气，并且设法转送到四川。因此造成了云南的贫穷和四川的富足。为了尽可能改变这种状况，人们就在乌龟的背上盖起了一座寺庙，让一位可靠的神灵来负责此事。

在叙州，温捕头为保证我的生命安全并负责把我送到大关，派出了几个保镖，其中有一位姓陈的。在中国姓陈的就像在英美姓氏中的史密斯一样常见。他的全名是"老仁"，但他只有29岁，而且父母都还健在。他被编在水富"新军"左营二队。服役四年后，他每月的薪俸只拿3000文铜钱，就连吃饭的钱也包括在里面了。他的服装是叙州守城兵勇们穿的那种，外面是红外套另加一条皮带。前胸后背上的大字向战战兢兢的老百姓说明了他的身份。他的裤子是蓝色的，在靠近脚踝处缠着

老鸹滩峡谷的壮观景色

颜色相同的裹脚布。他的脚上蹬着开口草鞋,一个直径约两英尺的圆帽盖住了他的辫子。在里面他还束着一条皮带,三英寸宽,上面布满了小口袋,里面装着他的细软。

我称他"老兵勇阿仁",因为在中国,士兵通常称作兵勇。他什么教都不信,但是人品不错。在大关,新的卫兵尚未赶到,因此我没有让从叙州来的卫兵回去。然而我的卫兵们在东门就扔下我回去了,尽管我没有把自己的名片给他们。他们可以把我的名片交给叙州捕头,以证明他们完成了使命。只有老兵勇阿仁依然跟随着我。当他想回去的时候,他拱手向我施礼。我还不想让他走,所以我没有向他还礼。然后他单腿跪地,向我行了一个军礼,但这次我还是挥挥手,没有理他。最后,他双膝跪地,匍匐叩头,但是仍然没有效果。我一再要求他继续与我同行,并把那支连发来复枪交给了他。他很喜欢扛这支枪,把它扛在肩上之后,微笑着大步前行。我们忍寒受冻又走了200里,这一次他没跟我讨价还价,捕头也没有因为这段路途的奔波再给他发津贴,但他还是无怨无悔地随我往前走。从那时起,他留在了我身边。他跟着我翻山越岭时,像麋鹿一样连蹦带跳。我按部就班,养精蓄锐的时候,他就冲到了前面。当我的钱用光了的时候,他就借钱给我,还为我买东西。在买东西的时候,中国人去买总是比外国人买更省钱。这是一段令人难忘的经历。那天,在寒冷的山上,我想买梨吃,可是身上没有钱了,是他为我付的钱。我把梨核都吃了,感觉味道真不错。这种外表粗糙的梨子,直径有三英寸,每个仅八文钱,大约值一美分的三分之一,但他是买不起这些奢侈品的。如果我不下指令让他吃饭,他是不会吃的,而且他一直是那么友善。每天一大早,都是老兵勇阿仁在对着别人喊:"快,快。"在路上,当抬着我重要行李的人落在队伍后面时,也总是他在督促他们。当我在照相时,他让人们别乱动。他总是扛着那支十五响连发来复枪在我身边跑前跑后。有一天,当随行的人在休息时,我一个人带着照相机出去拍

北新街的坟墓和老兵勇阿仁

照，老仁便扛枪跟着我。如果哪只狗胆敢骚扰我，他会马上给它的屁股一枪托！这真是"患难见真情"。

我将会想念他的友善的脸和欢快的笑，跟他分别的时候我确实很难过。我前面说过，他是一个纯粹的异教徒，但我仍然喜欢他那样的异教徒。他吸食鸦片，酗酒赌博，敬天地，拜鬼神。在路上，只要他看见摆有他喜欢的菩萨神龛，他就过去拜一拜。这个偶像是阎罗王，面目可憎，两只像角一样的牙从上腭伸出，在伸出的左手里攥着一把丑陋的剑。整个形象令人生畏。在大年三十这天，他在菩萨跟前放了一声空枪，让菩萨知道老兵勇阿仁没有忘记向他致敬；尽管他的举动荒谬愚蠢，我还是喜欢这个光着脚丫子的异教英雄。在中国有好多人都像他那样，等待着有人把他们从迷信中拯救出来。他很想戒掉鸦片瘾，可怜的家伙，他迫不及待地想从毒品的可怕锁链下挣脱出来。

他非常自豪地扛着那杆大枪，当我不注意的时候，他就会举枪瞄准，想象着打中猎物的样子。当我开枪之后，他就会欣喜地跳过去捡空弹壳。我把煮鸡蛋的蛋黄吃了之后，就把蛋白给他，或者专门在盆子里给他留点饭，他都会高高兴兴地吃掉。可怜的异教徒！如果他出生在基督教世界，成长于一个文明家庭，并在一个西方的大学受教育，他将会是什么样子呢？但他属于一个为我的许多同胞鄙视的种族！我将再也不会鄙视这个种族了。当我回家后，就是对洗衣房里拖着辫子的用人，我也会对他们和气有加。因为在这块土地上，这些人一直对我很好，而且即便仅仅只是为了老兵勇阿仁的缘故，位于异国他乡的我也应该为中国人说句好话。旅行的作用就在于总是教人"在谴责坏事时要对事不对人"。有一天，在走到离我原定的住宿地点还有十里路的时候，老兵勇阿仁想劝我停下来，但当我下了最后命令时，他又老老实实地往前走。也许他希望从他的顺从中得到好处；如果是这样，他决不会失望的。但这并非唯一的原因。除夕那一天他确实在路上转过身来，微笑着用尊敬的口吻对我说："我们将带着阁下从旧岁进入新年，我们希望能够得到阁下的恩惠。"如果他说"阁下的赏赐"，以便使从旧岁到新年的旅途更加顺利的话，那意思其实是一样的，他们期待的就是一块猪肉，作为在每年唯一的一天，当每个中国人都停止劳作、相互拜年的时候，他们仍然在乎工作的报酬。我不想因买猪肉而给自己找麻烦，因此我给他们一些钱让他们自己去买猪肉，他们似乎十分欢喜。

　　看见他做事如此麻利，如此主动，所以我很早就看着老兵勇阿仁，让他负责很多工作。他从来不用等我吩咐他去给我拿大衣，就早已主动做好了；当我们想到劫匪可能抢了我的黄口袋时，也是他跟我回去，抓住了那个闯祸苦力的辫子，在他的脑门上拍了几巴掌，又训斥了一通。虽然他的脚又酸又痛，但在寒冷的山路上他仍然毫不犹豫地前行。我不相信他居心叵测，但如果他有一点儿不良居心，这也难怪，因为他也是人。我宁愿只记着他的好处。在昭通，好心的伯格理①给了他一些戒鸦片瘾的药，而且还向他宣讲基督教的上帝。我也给了他一吊"大"钱，大大地奖赏了他一番。此后，他不允许任何骑着马的人从我面前经过时不下马；回到叙州之后，他的官府服役生涯就将结束了。老兵勇阿仁，再见了！

　　过了大关以后，恒河就看不见了。在一座高山脚下，有一个叫出水洞的村庄，老鸹滩河（即大关河或恒河）似乎是从一块岩石上冒出来的。在山顶上靠近吴寨村的地方，这条河流入了地下，又从山底流出。在下午3点钟左右，我们穿过了残破不堪的吴寨村。去年，一只老虎就在这个村舍附近被捕获。一两天之后的夜间，一场大火烧毁了整个村庄。据说这场火是"同时在每一所房子的前后"烧起来的。人们说这场火是老虎灵魂的复仇。人们认为吴寨村已经是个不祥之地，大多数人都迁到南

---

　　① 伯格理（Samuel Pollard，1864—1915），内地会传教士，1884年来华。后来他曾隶属于圣经基督徒会和循道合会。

边十里远的一个地方去了。这次迁移受到了一个能干地主的鼓励，他主动提供建筑材料，只是每年收取一次租金作为回报。被烧毁村庄的地主对此不满，想打官司摆平，但判决有利于新来的地主。因此，他每年也就有了一笔丰厚的收入。我就是在南新街过的夜，这个新建的村庄就是老虎插曲的结果。我们已经走了110里路。南新街是一个崭新而繁忙的地方，地处山谷之中，5000英尺的下方，是滔滔的河水。

在通往昭通的途中，我注意到有好多很像白蜡的树，这就是宝贵的漆树。每年在树的各处割上一些切口，把树汁收集起来，就制成上好的中国漆。当树汁流尽，树就被砍倒用作建筑材料。

大约下午两点穿过川基村的时候，我停下买了一些红色的糖饼。商店橱窗里有一张外国的圣诞卡，在墙上还有用英语写的主祷文。这是个著名的村庄，昭通的大北风就是从这儿刮起来的，而且年年如此。北风寒冷刺骨，我测了一下气温，发现只有华氏20度。四年前，这里的一个70岁的老糖果商皈依了基督教，他的孙子正在被培养成为当地教堂的牧师，前途远大，但染上了病，并于三周之后病死了。在他生病期间，老人悉心照料，最后跪倒在他的床前祷告，"让他死在我后面，不要死在我前面"。在这位老人的带领下，村里有三户人家捣毁了家里的菩萨。我在他的店铺里买了糖饼，感到很骄傲。

　　靠光明来指引，
　　以荆棒来惩戒。

我在下午五点到达昭通，离开叙州才不到七天半的时间，而这段路通常要走13天。

秀才人人有份，举人海底捞针。（时谚）
Anybody can get an A.B. But a M.A. is like a needle picked up from the bottom of the sea.—Current Proverb

第十一章

官员眼中的铜矿——对孩子的暴行——
昭通的众神——中国民歌——赌博——不孝之子的死——
扶乩殿——阎王殿——杀婴

离昭通城北面三里处，我遇到了圣经基督徒会的传教士伯格理先生，当时我正在大北路那平坦而坚实的路面上漫步之时。他给了我一个真正康沃尔人的欢迎，并邀请我在以后的两年内随时去拜访他，因为他要到那时才可获准回国。伯格理先生在中国西部是汉语说得最好的外国人之一，而且作为传教士，他获得了外国人和当地人的尊敬。他的传教事业非常成功，在他布道的时候屋子里往往挤满了人。在这个号称云南省第二重要的城市里，商人、文士和苦力们都来听他宣讲。我能跟他一起进入该城真是太令人高兴了。路上我们路过了城墙外两里处的法国天主教传教团北院。昭通有四个城门，在到达北城门之前，我们停下来看了一下操练场。这个地方曾经发生过一件趣事。两个日本工程师被中国官员雇来在附近铜矿工作。官员们想测验一下他们的找矿知识，于是偷偷在操练场掘了一个洞，埋上了1000文铜钱。后来，官员们领着工程师出来视察，似乎很随意地来到了这个地方，他们问这是不是一个产铜的好地方。工程师回答说："不是。"狐疑的官员令仆从掘出了铜钱，以作为工程师的无知。证据确凿，工程师们就这样被解雇了。

在操练场和城区之间有一个乱坟场，范围很大。在生活艰难的年代，即那些民众生活通常很艰苦的年代，棺材板会被叫花子们偷走，再卖给制作棺材的人，人们几乎不会注意他们买的究竟是不是二手棺材。穷苦人往往就用价格低廉、十分单薄的木盆埋葬，他们的尸体便成了狼和野狗的盛宴。在坟场附近，还有一个深坑，是专门用来葬孩子的。孩子的夭折会给父母们带来巨大的悲痛。当地传说，怨魂离开身体之后，会进入下一个出生孩子的体内。为了避免冤魂回返，父母们经常把孩子的小尸体切碎，葬在附近的十字路口。在一个传教士家里，我看见过一个女孩，她的父亲就这样处理过两个孩子。另一个阻止冤魂附体的办法是在死去的孩子身上放一个鸡蛋和一些芥末籽。人们相信如果鸡蛋不孵化，芥末籽不发芽，冤魂就不会回来。狡猾而不安的父母小心翼翼地把鸡蛋和芥末籽煮熟，把鸡蛋孵化和种子发芽的日期无限期地推迟。

进了北城门，我们随即左转，登上城墙。沿着城墙，我们经过两座华美无比的庙宇，一座是孔庙，另一座是战神关帝庙。过了这两座庙，便是引人注目的文庙宝塔，据说该塔的塔顶可以从云里吸收灵气。两年前，这座宝塔遭过雷击，巨大的金属塔顶被摧毁。不消说，迷信的中国人赶紧又换了一个新的金属塔顶，以保持风水的均衡！我们从城墙缺口走下来，进了大马坊，遇见一辆牛车拉着一口巨大的黑棺材，棺材里装的是一个刚刚过世的妇人，她是一个新教教会的成员。她刚刚满月的孩子因故夭折，母亲因而一病不起，所有的药方都无济于事。"欲壑难填的弓箭手呀！杀死一条命还不够吗？"死者的丈夫伤心欲绝，他那些不信教的朋友们千方百计鼓动他去找一个跳大神的来驱鬼去邪。但多少年来他已经是一个勇敢的基督徒了，其基督教信仰坚定不移。他宣布即使家人全都死了，他也不会再去求鬼拜魔。葬礼是我到达后的次日举行的，参加葬礼的人很多。仪式结束后，丈夫和其他基督徒站起来说："所有相信儒、佛、道等宗教的人们，到这儿来看一下李太太的眼睛是不是被抠了出来，看看她的脖子是不是被扭向了后边，看看她的腿和胳膊是不是被板子打碎了。仔细地看看她吧，再也不要相信基督徒死后会遭到残害的谎言。不要怕，过来看看吧。"几个人走过去"仔细地看了看"。

圣经基督徒会的驻地面对着积财街，这座房子是一百多年前建造，用来拘押暹罗北部一位被俘的王子。这条街道先前就是以这个王子的国家来命名的，叫勐子街。这位王子被中国拘为人质，但后来还是设法逃脱了。他的朋友们为他备好替换的马，让他甩掉了追赶他的人，安然回国。我在传教使团的驻地受到了盛情款待，也受到了传教士的妻子和他的两个可爱男孩的欢迎，其中一个虽然不到九岁，但已读完了欧几里得《几何原本》的两个章节。

昭通的宗教气氛浓厚，神灵众多。城里各处建起数十座形形色色的庙宇，里面供奉的神灵千奇百怪，五花八门，从身上抹有鸦片的菩萨和土地爷、王母娘娘等小神灵，一直到万神之王"玉皇大帝"。还有一个里面没有光塔的清真寺，只是里面没有尖塔而已。城里住着二百多户回民，有几个毛拉号召着信仰伊斯兰教的人们去祷告。很多回民从事皮货生意。

法国天主教传教使团有几百名皈依者。最近他们用信徒的赦免金建起了一座美丽的教堂，教堂由石头砌边，洋砖垒成，在两座塔楼之间的山墙上竖立着一个巨大的十字架。外国神父们住在舒适的寓所里，跟新教人士互通款曲。主教最近将一名攻讦新教的疯神父免职，并为他属下的疯癫行为进行了正式道歉。

昭通土质坚硬，很难深挖，罗马天主教会在建教堂挖地基时困难重重。圣经基督教传教使团的驻地跟城内其他的建筑一样，在地基中埋了木炭以吸收水分。天主教把这个地区分成了六个分区，每个分区由一名传教士负责。

新教教会有 30 名成员、数百名慕道友。成员当中有因为坚持放足和拒绝嫁给异教徒而遭受迫害的年轻而聪明伶俐的妇女。有一次，六位文人在大批信众面前宣誓信仰基督！在城外面有两英亩的土地被圣经基督徒会买了下来，以开办一所培训学校。六位新同工不久要来这里工作。我参加了这里的晚祷仪式，每一次教堂里都是挤得满满的；这儿的确急需一个大一点的教堂了。来教堂的男人比女人多，在中国其他地方通常也是如此。每个人都参加唱圣歌，但是至于该唱什么调门，就难以确定了。当地的风琴弹奏一个调，而教堂里唱歌的每个人都按自己的调门唱，在大多数情况下都找不着基调了。但是大伙都想放开喉咙唱，即使调门不一，但还是在"一心一意"地唱。

> 是那神秘的同情，
> 宛如银环和丝扣，
> 使人们心心相通，
> 将灵肉联在一起。

当传教士伯格理口若悬河地布道时，文士、商人、苦力及各色人等都凝神谛听。毫无疑问，传教士们在这儿所做的一切已经给这个城市留下了深刻的印象！

昭通当然是一个日益兴盛的城市，它原来叫玉勐，是当地居民起的名字。清朝初期它被官军征服，最关键的一仗是在城东的营盘山上打的。城市所在的地方原来是一个森林密布的高原。由于几次大规模砍伐，森林被砍光了，现在这个城里有大量正在形成中的煤矿。经常有好多埋在煤炭里的人类用过的器具被发现，这似乎证明煤层的生长已经停止。在对这些煤进行检验时，我发现树的节瘤没有变化，只有枝干变成了煤。我的无液气压计表明此地的海拔为6200英尺，该高地的其他特色是这里有穴居人的遗迹，它们散布在平原的各处。遗迹中发现的烧制砖块带有某种对称性的图案。当地人说，早先这儿野兽成群，为害四方，人们

黑神庙是昭通城里琉璃门面做得最漂亮的寺庙

被迫移居地下，只留下一个小口出入。直到现在还有大量的狼群存在，经常吞食小孩，有时也向成人发起攻击。豹子和老虎也在这个地方随意出没。

昭通是个跟富庶的四川省进行交易的重镇。布匹和食盐是主要的进口物品，医药、蜂蜡和黄铜是主要的出口物品。城区和郊区共有人口3万，由一位知府、一位县令和一位都统来进行管理。整个辖区长度要走十天，宽度要走六天，居民不少于一百万。邻近的地区生活着其他民族，其中有彝人，通常叫倮倮，这是他们所痛恨的称呼，因为这是指他们盛祖先神位牌的小篮子。这里还有苗族，这是一个安分的民族，他们主要的特点是不愿争斗，讨厌偷盗和乞讨。苗族人经常为彝人充当奴隶。第三个民族的住处离该城有三天的路程，叫巴布人，绰号也叫"蛮子"，意思是野蛮人。还应该提一下回族，这确实是一个独特的民族，是来到中国的波斯、阿拉伯人的后代，他们依然保持着某种鲜明的特征，高高的鼻梁骨显示着他们不同于汉人。

在某些古老的东方国家里，当旧君已死新君未立之时，总会有一段时期出现权力空当，这种情况也在昭通出现过。从东门出来，我们注意到有一张白纸黑字的告示，告知人们在过年期间允许赌博的五天时间已过，赌博必须取缔。人们并不曾注意这些告示，因为在我们经过的街上就有好几帮人在赌博。在过年期间，几乎每家的男人、女人和孩子都赌博。靠近禁赌告示的地方，也许与此有关，还贴着一张基督教的单子，上面长篇累牍地讲述了外国托拉斯和辛迪加的故事。几个星期之前，有些人在高官的赞助下，开始了煤矿专营开采，整个城市都痛恨这种做法。煤矿工人举行了大罢工，在这一年最冷的季节几乎导致了煤荒。专营者为自己开脱，说他们也是被迫开矿，赚钱为政府偿还外债，于是，矛头又指向了外国人。人们以此为借口，准备在圣诞除夕夜这天起事，对外国人发起总攻击。然而外国人向知府的求助——后者跟外国传教士关系

昭通黑神庙的古老戏台

不错，并可能因捞不到好处而痛恨专营者——而及时制止了这场灾难。这位知府大人以外国人受到惊扰威胁为借口，把那个专营煤矿给解散了。而传教士则因帮助百姓摆脱赋税的重负而受到了称赞。关于托拉斯的告示张贴在四个城门口，使大众清楚了解西方的专营做法。年轻的美国人也许从昭通的托拉斯这件事上能吸取某些宝贵的教训。在东城门附近住着一户人家，家中有一名成员喜欢赌博，其父试图阻止他，但无济于事，最后，他怒气冲冲地威胁要勒死这个男孩，说"老子我要勒死你"。几天后他就兑现了他的威胁，真把儿子勒死了。这桩犯罪行为并未引起官府的注意，因为中国的父亲有生杀之权，可以把不孝之子处死，有时还会把逆子活埋。不久前，叙州一个年轻的赌徒需要钱来还债。为解困境，他从家里偷钱，遭到了继母的制止，这个愤怒的赌徒受此干预，痛恨不已，挥刀把她砍成重伤。亲属们立刻集合，草草审判之后，决定把这个不孝之子活埋，这一判决马上得以实施。同时，此事也被上告至官府。在处理逆子这种违反伦理的丑行方面，官员就显得力不从心。如果依据刑律，给这个不孝之子判罪，那么这个城市的部分城墙将会倒塌。因此，亲属们的灭亲之举使这个城市免于更大的耻辱。

　　昭通是一个趣味横生的城市，今天是兔年（光绪二十九年）正月初八，我跟伯格理先生在城里游逛，从积财街到了大合街，经过那座寒酸的火药库，到了文昌阁。这里有一座漂亮的宝塔，部分已被雷电击毁。这个供奉圣人的场所完全被狗和黑猪所占据，所以我开始想赶走它们还真不容易。看热闹的人越聚越多，陪伴着我们去了阎王庙，这地方目前成了训练团丁的场所。50个年轻人在这里受训三个月，每月发二两多的俸银。两匹大石马守卫着该庙宇的门口。据说这些四足的看守也有人的本能和情感，它们守护阎王庙的责任似乎并不妨碍它们寻找尘世之欢。因为在一天夜里，其中一匹马挣开了缰绳，逮住了城里的一个年轻女人，并带回庙里做了它的妻子，至少故事就是这么讲的。年轻的姑娘

第十一章 | 187

从城墙上看昭通城内各种不同的屋顶

死了，神祇们觉察到这个命案是马引起的。为防止石马再次出去游荡，县令便把石马固定在它们的位置上。

走过了这些马，我们来到了一个大院子里，这就是团丁的操练场。操练场周围有一些一边敞开的房子，里面都是地狱里遭受酷刑的塑像。塑像前设了一条围栏以阻止年轻人离塑像靠得太近。在这儿，可以看到有座叫望乡台的山，死去的人就在这里向他们的故园看最后一眼。再往前走，有一座狭窄的桥，每个亡魂必须从桥上走过，桥太窄了，几乎无人平安而过。在桥下的河里，妖怪们正等着吞噬不幸从桥上掉下去的人。

在被这些魔鬼弄得肢体残缺之后，地狱的阴风吹着这些痛苦不堪的亡魂，使它们醒过来，通过下一个恐怖屋。在该殿的角落里有一个专为女人准备的房间，里面有一个血污池，所有的母亲都必须从血污池里走一遭，以作为生育罪孽的惩罚！在这些房间的尽头，站着一个卖迷魂汤（忘情水）的老太太。亡魂喝了之后，将会遗忘前世的一切。喝了迷魂汤之后，灵魂就转世了。我看到这里有一个鬼，一半是女人，一半是乌龟。乌龟代表着极端的淫欲和长命百岁。最末一个是巨大的菩萨，脸上抹着药，善男信女们把鸦片汁涂在它的脸上。人们都说鸦片牢牢控制了冥界！确实，中国人的"想象力就像火神伏尔坎的打铁铺那样乱七八糟"。所有抽大烟的器具经常供奉给神灵。然而，献给神灵的很少会是真的鸦片，只是把猪皮熬一熬代替，因为中国人太喜欢鸦片了，不肯把它浪费在另一个世界的神灵身上。

穿过一个门，我们来到了阎罗王的府邸，阎罗王掌管着死后进入它的辖区的昭通人的亡魂。这位主宰者并不总是待在这个职位上，而是经常会变换一下，升到更高的位置上去，甚至也会因一些小过错被免职。这里有两个阎罗王的塑像，一大一小，小的那个行使代理之权，以阎罗王的名义到处巡游。中国人经常抬着它在街上游行，因为中国人太精明了，他们不肯去抬那个又大又重的神像，而去抬一个小的应付了事。这

昭通的文昌阁

两个神祇分别被称作"坐神"和"走神"。一个人死了,中国人叫"升天",也就是"他升到天国去了"。但是他们总是在阎王庙里为死者招魂,他们似乎认为,若按功过来排,那些死者更有可能到地狱。他们认为每个人的生死都由阎罗王掌管。死者的亲属们经常憎恨阎罗王的所作所为,一次,一位母亲因儿子的死过于悲愤,抓起一把刀子把阎罗王的塑像给捅了。每当大旱持续不退的时候,当官的就会将掌管祈雨的神祇抬出去,把它放在热辣辣的太阳底下,让它感受一下天气的酷热和民众的疾苦,其依据的原则大概就是:

使人受苦,自己受苦;
不负其责,必受惩罚。

跟随我们的人群被团丁们挡在了阎王庙的外面,但是在我们离开的时候,他们又跟上了我们,想看我们还要干什么。我对他们的举动很感兴趣。城镇中心的集市是都统管辖的地方之一。这里曾发生过一起惨剧,起因是一帮亡命之徒阴谋夺取城镇。一天早晨,数百名暴徒占领了这个地方,把反对他们的人全杀了。负责昭通军事辖区的那位勇猛的都统表现出了他的英雄本色,夹着尾巴逃跑了。然而,这场小规模的暴动不久就平息了,因为民众自发起事,反过来杀了所有的造反者,只是首领毛三和下落不明。有人说他被杀了,有人说他逃走了。但在中午之前,整个事情都已平息,所以起床晚的人对于刚发生过的事情还茫然不知。叛匪首领的遗孀刚生下一个男孩就被投入了监狱。目前这母子二人一直在押,以免儿子日后另找时机为父报仇。这个遗孀处境颇佳,因为她在监狱院子里开起了一个小当铺。

扶乩殿是一个有屋顶的高台,有石阶通向那儿。降神的活动在这里举行,据说与神灵的沟通就是通过一支魔笔来进行的。这种沟通一般是

第十一章 | 191

身着羊皮大衣的作者站在他的轿椅旁边，他就是坐着这样的轿椅翻越华西群山的。

同伙合作完成，一人握着笔在一个沙盘上画出神秘的符号，另一个人把这些神秘的符号解读成人们理解的文字。昭通人大都很迷信，许多情况下都要向死人进行咨询，正是由于这个缘故，人们经常要来扶乩。对中国人来说，整块国土上到处是死者的幽魂，而生者与死者的距离非常近，正如人们所说，只隔着一层纸。死者的灵魂往往要比活人更有力量，它们的影响在生活中无处不在。房上木板的咔嚓声、老鼠的咯吱声、水壶的鸣叫声、煮饭时的咝咝声或树叶的沙沙声，都是精神世界的表征。所有的痛苦，甚至微小的不适都归咎于邪恶的力量。如果看到一个家庭妇女在摆弄一盆水和三根筷子，对各个阶层的人们来说都是司空见惯的事：先把筷子的手握部分插到水里，然后倒过来，让筷子尖立在水里，用拇指和食指捏住筷子把儿，然后操作者把这个家里死去的亲人的姓名快速地念诵一遍，每提到一个名字，就停一会儿，松开捏筷子的手，有时候筷子自己站住了，这就表明刚刚提到名字的那个死人对这个家庭不满，让某个家庭成员在身体的某个地方感到疼痛。

我们绕过扶乩殿，到了南城门，走下了城墙，这段城墙保存完好，城垛口内有一条平坦的道路，可以在那儿骑自行车。经过南门和西门之间的角楼时，我看到了一个全身赤裸的童尸，大约五岁，在角楼的底部脸朝下卧在垃圾中间。城墙上的这些角楼在很大程度上都被用作了扔死孩子的场所。除非用其他方法销毁，否则孩子的尸体仍将留在那里，直到腐烂。在这些地方经常可以看到骷髅头和骨头。孩子的尸体不允许埋在家族墓地里，因为那里是为老年人保留的。假如说异教反复灌输对老人的尊敬，但它完全没有摆正儿童的位置。儿童经常受到野蛮的对待，特别是那些作为奴隶的儿童。对于儿童这个群体，至少是对土司家中世袭奴隶的对待并没有切实可行的控制办法。中国的男女主人们一手掌握着奴隶的生命。我听说过有个女主人对她小丫头的举动不满，一怒之下，差点儿把小丫头打死。这个女人很迷信，不允许这个惨遭暴打的女孩死

昭通的扶乩殿，位于云南保护神财神庙内。颇有讽刺意味的是，统治云南这个贫困省份的竟是财神。

在她的房子里，就派了一个她丈夫手下的士兵把这个垂死的丫头扔到东门的城楼上去了，这是士兵们站岗守望的地方。这情景吸引了一大群人，但没人干预。新教的传教士拿出了一笔钱，劝说两个老太太为这个丫头找了遮身的地方，直到丫头死去。没人控告这个残暴的女主人。与此形成强烈对比的是耶稣那温柔的话语："让小孩子与我同在。"

好铁不打钉，好男不当兵。（时谚）
Nails are not made of good iron, nor soldiers from good men. —Current Proverb

第十二章

解救饥民——回民起事——中国的野兽——
狼群的攻击——白蜡虫——贞节牌坊

我很不情愿地离开了昭通传教团和圣经基督徒会传教士那里的有趣的家。对一个偶像崇拜者来说，干净整洁的基督徒家庭就是一个生动直观的实例。气派的客厅里既没有妖艳的装饰，也没有廉价的神仙画！我们早饭后直接离开，沿着积财街往前走，接着又转入了木匠街，街道的一侧是都统府，另一侧是木匠铺。门前是一些没有根的冷杉树，它们只是为了营造正月的气氛而种在那儿的。这种效果颇为惹人注目，给人的印象是中国人也会栽些常青树。在木匠街的尽头是一个脏水坑，泛着绿色，看起来很龌龊，人们认为它会给这个城市带来幸运，因为它就在皮先生家附近，而皮先生是翰林院编修，倍受邻里们的崇敬。据说他的好运就是受到了这个恶臭水塘的微妙影响，这个水塘"一直散发出刺鼻的臭味"。

过了集市再向右拐，我们来到了绵羊街，这里有全城最好的绸缎布匹和衣服。西门就在这条街的尽头，西门外住着该城的大商人，多数是盐商。盐都是从四川贩来的，因为云南府产的白盐不许向北贩运这么远。这条禁令使四川的盐商们发了大财。先前一些大的盐井在老鸹潭附近的鸬鹚滩。但由于它们的工作会使从四川进盐的生意受到冲击，官府就立刻关闭了这儿的盐井。因此，人们被迫去买更为昂贵的川盐。在昭通，食盐卖到120文钱一斤，按目前的汇率，为四美分一磅。这种盐带着很重的土色，一种灰泥的颜色。吃过外国餐桌上纯净的白盐，就很难习惯于吃这种盐了。然而，它的味道颇佳。

在西门外郊区的尽头立着一座很大的牌坊。这是为在任的昭通知府龙大人而立的。十年前，云南府派龙大人来此赈济灾荒。他进行了广泛的救济工作，还开凿了一条运河。我们当天就经过了那条运河。这条运河很成功，而他在高原北端开凿的另一条运河却失败了。除了这些工作之外，他还开设粥厂，向广大饥民分米粥和米汤。其中一个赈济所就设在寿福寺，在这里大约有两千多人，主要是妇女和孩子，她们被集中在赈灾棚里，不许离开。贪婪的役卒则趁机克扣救济粮，中饱私囊。他们在米里面掺上石灰、明矾和其他东西，使少量的米看起来更多。这种恶劣的饭食、拥挤的住处，还有糟糕的卫生条件，导致瘟疫流行，成百上千的人得病而死。死的人太快太多，连棺材都凑不齐。赈济工作结束后，大家开始张罗着为龙大人树碑立传。建牌坊的工程开始了，巨石被拉到这个地方作为建筑材料。但龙大人被派到其他地方去了，建牌坊计划搁浅。好多年来，这些石块一直在阻塞交通，但是当龙大人又调回原职的时候，他开始亲自组织建牌坊的工作，并及时完工。现在这是云南北部最好的纪念碑之一。经过这个牌坊之后，大路经过了城外一些最富饶的田野，这儿有好多大菜园。再往南走，菜园变成了种罂粟和大豆的地方。我注意到豆苗都长在割过的庄稼茬之间。通常豆子要在谷物收割之前种好。人们认为，罂粟是一种有利可图的作物，因为它的各个部分都有用。罂粟的汁可以制麻醉药；罂粟籽是大人孩子的美味食品，也可以榨油；榨油之后剩下的渣可用作肥料；罂粟秆可以用作燃料。真是"香甜的毒药，害人的口福"！

离该城15里有一座凤凰山，山顶有三个独特的卵形的东西，据说是从地里长出来的。作为此地的一个标记，当地人对此津津乐道。从昭通往南走了不到20里，我们进入了一个回族地区，不到一个小时，我们便经过了四座清真寺，只是没有一个清真寺里有惯常的光塔。在回民起义之前，它们在此地影响极大，汉人在此地不许养猪，集市上也不许卖猪肉。在离昭通60里处，我们进入了一个叫平园的回族大村，街上极其泥泞。

我是在大水井过的夜。最后30里是一个回民兵勇陪着我们走的。他是个敏捷、健壮的武士，同其他中国人相比，他显得器宇轩昂，举止威武。他担任我们的保镖。上山的路又陡又滑，时有泥泞之处，但大部分地方覆盖着雪，景色秀丽，空气宜人。第二天我们走了120里。我觉得，在海拔很高的地方走山路要比走平路累得多，除非适应了稀薄的空气。前一晚上，我在海拔8200英尺高的地方过夜，这一夜也有海拔6000多英尺。这些事实极好地展示出了道路的大体状况。此地几乎寸草不生，荒无人烟。这天晚些时候，我们走出了回民区，又进入了崇拜偶像的汉人区。最后一个回民护卫有60岁，在通往牛栏江的崎岖山路上像鹿一样奔跑。他的步伐身姿跟马库斯·多兹对于穆罕默德的描述很相似："他的步伐就像是一位登山者，健步如飞，使跟随他的人一路小跑。"横跨在江上的是一座精致的悬索桥，一公一母两只猴子守护着桥南端的入口处。牛栏江起源于离云南府百里之遥的杨林平原，在四川独立的彝族区的对面汇入长江。河床上巨石密布，无法航行。

在悬索桥建起之前，过牛栏江的路在下游三里处，但那里的桥被洪水冲垮了，就用渡船代替。在南岸兴起了一个大村庄，因游人通常在此驻足过夜，使那儿的生意日渐兴隆。渡船已经不足以载客，所以三家大商会决定集资建桥。新桥址选定后，一架铁索桥在光绪十四年完工了。官员霍大人主持了隆重的开通仪式。一个村庄迅速地围绕着这座桥冒了出来，成为旅客的住宿地，但有些真正以中式顽固为特征的旅客还是喜欢按老方式去乘渡船，而不愿走新路过桥。因为走新路的人很少，客栈主人就把老路扒了好几处，渐渐地，新路就成了唯一的通道。居民也就把他们的房屋迁到悬索桥附近，或迁移到他们的田边去了。只有一个白色小庙还依然立在原处，表示这个地方曾经是一个繁荣的古老村庄。

过了桥，一条路沿着一条山涧急流往南延伸。那个愁眉苦脸的苦力头儿干什么事都拖拖拉拉的，对其他人态度蛮横。他的恶劣行径激起了我的"热情"，我回转身，照准他的两根肋骨就是一枪托子，算是给他一个教训。这段插曲之后，他干事老实多了。我们超越了一队满载医药、锡和茶翻山越岭的马帮。通常每12匹马都配上一头驴子，因为有一个古老的风俗，在住店的时候，如果凑足了12匹马，店家就会免费照料那头驴。在一个马鞍子上还贴着春节对联，上面写着："新年大吉，万事如意。"

从大水井走了50里，那位回民卫兵换成了含的一个后代①。这里有卖英国胡桃和玉米的，还有鸡蛋换五文钱一个，带着卷烟味道的梨子一个要七文钱。在一家茶馆里，我们喝的是二手茶，即用沏过又烘干的茶叶再继续泡的茶。当太阳即将落山的时候，我们走进了迤车汛村，一个300户人家的小集镇，坐落在一个富饶的平原中部，村子一头是关帝庙，村中另有两座庙。此处海拔6300英尺。我在节聚客栈里发现了一个不错的房间，里面炭火正旺，蜡烛通明。厨师买了足够的蔬菜，可以吃到星期天，又花了450文钱买了一只大胖鸡，大约值20美分，便宜极了，但实际价格还要便宜许多，因为厨师从中还有回扣，而且向这家客店推荐客人住宿的人也有部分提成。鸡蛋五文钱一个，大豆十五文钱一品脱。远离了大的通商口岸之后，中国的生活费比较低，但旅游花费要比在西方国家昂贵得多，因为本来坐火车一两天就到的路程，像我这样长途跋

---

① 根据《旧约·创世纪》（10：1-29）的记载，含（Ham）是诺亚的第二个儿子，而含的一个孙子宁录是一个威名远扬的猎人。作者利用这个引喻暗示他的新卫兵是当地的一个猎人。

第十二章 | 199

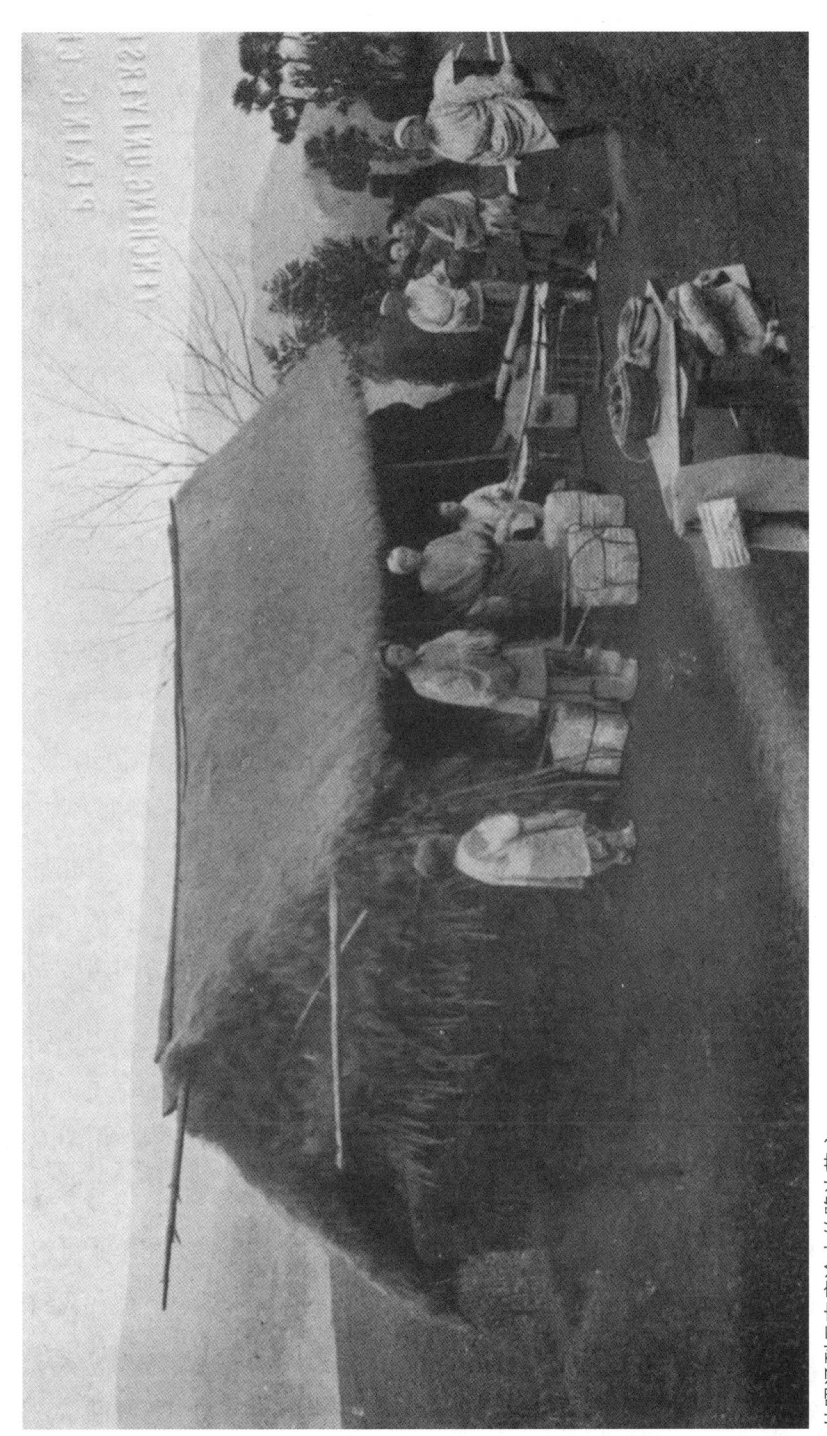

从昭通到云南府途中的路边茶室

涉要整整一个月的时间。

在上海的时候，有人告诉我中国没有野生动物，我发现我完全受骗了。在昭通和东川之间的山地里到处有狼群和其他猛兽出没，"凶残如死神，饥饿像坟墓"，人们经常在此处看见豹子。中国人说每只母虎产三个崽，其中一个就是豹子；据说每吃一个人，豹子的身上就增添一个马蹄状的圆点。一个读书人告诉我，被狼吞吃的孩子太多了，现在的人们也不愿费尽心思去记着吃了几个了。狼是被用一种叫作"老虎伞"的奇特装置来捕捉的。"老虎伞"由一根五英尺长的棍子构成，头上带着几个铁钩，其机制跟雨伞类似。用的时候把棍子刺向狼的咽喉，拉动栓扣，铁钩抓紧狼的皮肉，把狼装进袋中，然后就可以去卖狼了。一张狼皮可以卖 1000 文钱。另一种装置叫作"捕象坑"，就是挖一个深坑，用细棍草叶和足够种麦苗的土覆好。当狼群从上面走过的时候，掉进坑内，就可以轻易抓获了。有时候还可以用弩和毒箭来射杀野兽。毒药和箭头要一起煮过，这种毒药就叫"见血封喉"，据说可立刻杀死猎物。在靠近山区的大多数村庄，狼是一祸害。它们频繁光顾，给人们带来惊恐。每年有上百人死在这些凶残的野兽口里。有些猛兽是黄色的，有些是灰色的，在不同的地方叫的名称也不尽相同。例如"土豹子"指的是昭通附近的一种残暴的豹子，在一些地方又叫"山毛邵"。悲剧的频繁发生就是与这些动物有关。在昭通传教士疗养院现在坐落的地方，中国房东的两个孩子就被豹子给吞吃了。在三红树村，有人告诉我，今年正月初三，一个住在火烧桥附近的夏姓老人，在下雪天去砍柴，当他用柴刀砍树时，两只饿狼扑上去，把他撕成了碎片。老人拼命抵抗，但敌不过这两只又瘦又饿的狼，一会儿就无还手之力了。虽然雪地上留下了可怕的搏斗迹象，但砍柴老人剩存的，只有几根齿痕斑斑的遗骨。就在我到达黑土基村的前一天，那儿有一位跳大神驱邪者的妻子田嫂到田里去赶牛回家时，遭到一只恶狼的攻击，她被狼咬住了喉头，把气管咬断了。她的儿子们就在附近，赶过去救援，终于没让狼吃掉他们的母亲。一个悲伤的儿子把还有一口气的母亲背回了家中，但一切抢救的努力都是白费。第二天一早，这个女人就死了，这是在野兽口内丧生的又一个受害者。她的丈夫生意极佳，靠为凶宅驱邪而名声在外，然而，他却不能驱除自身的麻烦。

祸害如此之大，以至于东川平原的北部被横行的野兽闹得鸡犬不宁。其他办法不能把豹子赶走，姓简的知府便另试他法。他去向山神祷告，让他的辖区恢复安宁，让老百姓远离野兽之害。可神灵也未能恪尽职守。这位恼羞成怒的官老爷又光顾了一次寺庙，大声命令侍从们把庙里无用的神像都弄出去，搁在地上，脸朝下，在县官的指挥下，侍从们乒乒乓乓一顿痛打，作为对它们玩忽职守的惩罚和今后要更好表现的激励。然后这位大人便打道回府了。

这一段旅程让我正好穿过了大蜡虫区的心脏地带。平原上有数千株蜡虫树，这种蜡可以用来制作彩笔和蜡笔，大部分出口。繁忙季节从立夏开始，迤车汛村小镇上非常忙碌，成百上千的人前来购买小小的蜡虫。在平常的年份里，一担蜡虫（大约70斤）的价格是30两银子，在好年份里，中国人背着蜡虫翻山越岭到四川，每担可卖80盎司银子，或者更多。这是一项有很高风险的生意，在蜡虫交易人侍弄蜡虫之时，他的家人将千方百计抚慰众神。有时候天气过于暖和，在走到目的地之前就孵化了，那他就白费工夫了。否则，他卖一次就可赚一大笔钱。这个地方的蜡虫跟别处的蜡虫产蜡不一样多，因为，一位中国人告诉我，它们只有六只脚，真正的蜡虫有八只脚。每个蛹里有三个蜡虫，第一个蜡虫出来之后就消失了，第二个蜡虫哺育下一代，第三个蜡虫才产蜡。第一个是灰色的，最后一个是白色的。许多蜡虫变成小蛾子飞走了，其他的蜡虫把自己埋葬在它们自己产的蜡里，并死在那里，有人告诉我，去年云南一共产了8000担这样的蜡虫。

在下一站，我们走了130里路，到了半边井。我是在大发客栈过的夜。我房间的一个角落里有一口大棺材，这并非有意打搅我的睡眠，而是为老叶的妻子准备的。老人们喜欢把他们的棺材准备好，以确保他们死后能用以装殓尸体。朋友们有时会送一口棺材，作为关心的微妙表示。这在西方是咒人早死，但在这里这么做是合情合理的。每一件事的是非曲直都要取决于观点的不同。穿越红坡花了我一整天的时间。从迤车汛村走了整整80里，就到了一个岔路口。道路一分为二，一条道通往四川省的狐狸洲。在这个岔道口附近的一座坟墓有些来历。这座墓叫作"女儿墓"，在中国很少有人在女子的坟前为其树碑立传，予以表彰。在她坟墓头的纪念碑造成了牌坊的模样。她父亲陶先生是附近的一名跳大神驱邪的神汉，在她很小的时候就给她定了亲，可是她那年轻的丈夫在成婚之前就死了。死者的弟弟想娶她，但她拒绝了，那男子劝说不成，就来硬的。这女子具有中国人所说的"贞节"，她决定守寡，对她那死去的未婚夫忠贞不渝。最后因不堪威逼，吞服鸦片自杀。然后两家就打起了官司。案子从县里报到府里，这位女子的父母得到了对方付的100两银子作为慰藉金，部分的钱用来修墓了。有一位男子在墓前对我讲述了这个故事，他只是一个旅客，却也讲得慷慨动容。很显然，中国人是赞许年轻女子这样做的。在下面村子里的一副对联也证实了这点：

贞洁佳丽，年华早逝，宛如朝露；
灵光熠熠，飘然飞举，直达天宇。

再往前走，我们经过了几所房子，外面挂着蜂箱，有些蜂箱是木箱或糊上泥巴的篮子做的，上面还贴着春联，祝福蜂王繁荣昌盛。云南北部的蜂蜜是全中国最好的，名声在外。在红石崖村，道士们正举行一个仪式，在仪式上诵读太平经，然后治理野猪原，这里曾经是流沙遍布的

东川路上的流动补锅匠们

泥潭，后来道士们把水排干了！

距东川35里处有三座坟墓，是为三个将军修筑的，而他们仍然活着。会看龙脉的风水先生把坟墓建造在那儿测试风水，棺材也已做好，里面放上一些头发之类的东西，然后埋起来。当坟墓被打开的时候，风水先生就能确知那儿是否真的风水很好，是否能让将军们在冥世过得快乐。

我又穿村越野地走了整整90里，这儿已经进入了荒僻之境。景色一成不变，只有偶尔出现稀疏的高山灌木上的冰凌。很少有外国人能看到这高原胜景。我在大水井村的陈家客栈歇脚休息，还要了一个燃着炭火的火盆取暖。照明之物就是一支蜡烛，在一根竹梁上的鸡蛋篮子里荡悠着。用我们的气压计来测量，这个客栈海拔8200英尺。当我进村时，我给村口的牌坊拍了照片。我把华氏温度计吊在金属三脚架上，很快读出了温度是华氏22度。寒风呼啸，我发现空气太冷，温度计里的水银柱已经无法再收缩了。

知足者富，能忍自安。
The contented man is rich, and he who can be patient has peace, of course.

第十三章

东川——街景——流浪乐师——悲痛致盲——
纸扎的冥间财富——海拔一万英尺——活焚麻风病人

我从昭通到东川几乎走了400里，但是在东川决定找一抬滑竿，雇三个人抬着。我们下午刚过1点就从东川动身，向云南府进发。我们这一行人包括三抬滑竿、九个苦力、两名兵勇、三个外国人，从传教使团的大门出来，向福街行进，可谓声势浩大。在我们的左边有一座南方会馆供奉神灵的寺庙，作为商业和宗教精神的证据。离此不远处，有一座住宅，门上的匾额表明这是一个五世同堂的家庭。中国人好像对此非常自豪，在外人面前津津乐道。在我们的右边，是从事慈善事业的罗马天主堂孤女院，除此之外，就没有什么吸引我们的注意力了。我们左拐，穿过一条窄巷，进入大街。在路上，我们遇到了一对羞答答的少女，一个带着真正中国式的谦虚，把脸转向墙壁，背对着我们；另外一个半躲在同伴的身后，设法好好看了一眼外国人。

佳人含羞藏，
欲盖反弥彰。

我们出城时走的那条街是东川唯一重要的街道，从东门一直通到西门，又延伸到了郊区。很少有猪到处乱跑，人们为他们城市的整洁而自豪。跟大多数的中国城市相比，他们完全有权利感到骄傲。因造化襄助，这个城市有一些甜水井或甘泉，这样就不需要到外面去挑水了，也避免了道路泥泞。在城市的正中心，我们穿过了十字街，这里到处是卖水果和卖鱼的小贩。再往前走，菜贩子卖的大胡萝卜足足有两英尺长，中国人非常珍爱自己种的这个小宝贝，自卖自夸是理所当然的。街道边上到处是小吃摊，那儿的脏碟子、烟叶子、猪蹄子，以及中国人喜欢吃的其他美味随处可见。还有卖橘子、梨子和甘蔗的，也有衣衫褴褛的人担着沉重的柴火走过。附近没有煤炭，因此经常需要烧木柴。猪肉和鸡鸭肉很多，但牛肉和羊肉很少。这真是个热闹而忙碌的人群。在中国很少能见到游手好闲的男人，似乎所有男人都在做雇工，或到处揽活。三五成群戴着鲜艳首饰的土著妇女，和没有缠过脚的土著妇女，使洒满阳光的街道变得绚丽多彩。人们把我们围得水泄不通，两名兵勇高声吆喝着为官老爷大人让道，总算给我们解了围！我在西门遇到一个瞎子，由一个引路的小孩牵着，熟练地拉着一把老掉牙的两弦琴或二胡。对那些了解五音阶制，能欣赏中国音乐精妙之处的人而言，这种两根弦的小提琴演奏起来余音绕梁，回味无穷。但毋庸讳言，我小时候所受的音乐教育少得可怜，因此我还不能欣赏这个中国人的手指在欢快的琴弦上灵巧移动的技艺。但无论是用笛子还是用竖琴演奏的奥林匹斯山或是托斯卡纳的曲调，都不能像二胡这种中国乐器那样使中国人着迷和陶醉，甚至那些呜呜发威的黄狗也对此表示出了敬畏。

　　天鹅欲死发清吟，
　　未歌先殒亦可叹。

　　每个国家都有瞎子，中国也不例外。一个瞎子怯生生地来到传教使团的驻地，想要见识一下风琴。在摸到键盘后，他便在这个奇异乐器面

第十三章 | 207

两位中国妇女

背柴火的少年苦力

前变得手舞足蹈。在他魔术般的手指下，优美的中国曲调流淌而出，传教士们惊诧万分，而瞎子本人却弹得兴高采烈。许多中国瞎子以算命为生，并用这种方式决定各色人等的命运。虽然视力消失了，但他们其他的器官似乎变得比常人更加发达。

尽管难以置信，但确实有哭瞎了眼睛的事情，这是有案可查的。有一名盲眼的中年男子走进了东川的街道布道堂。传教士们问他的眼睛是如何失明的，他回答道："一天我和伙计们正在地里干活，通常给我们从家里往地里送饭的我的小男孩没来。我便回家去看究竟发生了什么事，我发现我那可怜的小儿子已被狼咬死，并且吃掉了一部分了。我大惊失色，哭啊，哭啊，直到把眼睛哭瞎了。"一个妇女来到布道师的面前说："麻烦您了，您让我的眼睛复明好吗？"布道师回答她没有这个能力。"但是，"她说，"人人都说您有。"耶稣治好瞎子的故事经常被安在传教士身上，当地人经常称他们为"耶稣"。那是与法国在东京（今越南首都河内）开战期间，这个妇女的儿子跟大批新兵一起从昭通高原加入了可怕的岑总督的部队。岑总督是现任四川总督的父亲，是他平息了当地的暴乱。战争结束后，守寡的妈妈焦急地盼望着儿子归来，这是她唯一的依靠了。一天，噩耗传来，她再也见不到她的儿子了，她的儿子已经死在那个瘴疠弥漫的地方。这个可怜的女人悲痛欲绝，硬生生地把眼睛给哭瞎了。

> 心里的悲伤要说出来，
> 忧闷会揉碎苦涩的心。

该地区的居民似乎举止安详，确实有人说东川的老百姓很容易治理，躺着就可以把他们管好。这里的官老爷们确实就是这么干的，因为官员们抽大烟时往往要躺下来。

在以礼河，当地人设计了一个奇特的逮鱼的法子。他们用石头垒成马蹄的形状，开口在下游，开口浅，里面深，鱼进去之后就找不到出去的路了。这种法子非常管用，很多鱼就这样被糊里糊涂地逮住了。

走了 60 里之后，我们离开正道，拐弯几里路去参观跨越以礼河的大桥，然后在一家平房小客栈停下来过夜。第二天我们早早动身，踏上旅途。在暗淡的月光下，一轮银月渐渐西沉；不久东方破晓，旭日渐升，金光四射，淹没了晓月清辉。此番胜景，非言语所能形容。过了三家岗，看见了一些白颈鸦、"蜜雀"和一群松鸦，还看到了数不清的喜鹊和大雁。一只灰鸢和一只白头鹰正在河里争夺猎物。

从大桥前行 30 里，在鹧鸪村，一场葬礼正准备举行。从死者的房屋可以看出，他生前穷困，但在一根 30 英尺高的柱子上吊着几十个直径三英尺的环，每个环上飘动着上百片纸条，每片纸条代表着 1000 文钱。所有这些都要烧掉，以供死者在冥界使用。他在现世是个穷光蛋，但在冥界里是个百万富翁，这些纸在今世没什么价值，但在冥界很宝贵，烧掉之后，就变成了他在冥界的财产。除了纸钱之外，两匹纸马也在等着跟他一道上路，还有一抬纸轿、几个服侍他的纸人，整个行头都已齐备了。房顶上的一片瓦已被揭掉，以便让死者的灵魂出去。这是否跟英语中的一句谚语有关："他有片瓦已经松动？"①

在 60 里路的尽头，我们开始攀登高耸的少白山了。山路陡峭难爬，先上了一个陡坡，然后是比较平缓的山坡，直到我们此行所到达的最高点。中国人说上山的路是 15 里，下山只有 10 里。如果考虑到中国人计算时把时间和距离一并计算在内，就不觉得有什么荒谬之处了。在少白山的山坡上，视野极其开阔，海拔 1.2 万英尺的远山此时白雪皑皑，尽收眼底。往北望去，在陡峭难登、巉岩兀立的山顶是有名的聚王庙，周

---

① 英语中的谚语"to have a tile loose"，意为"头脑有些不正常"。

围矮树环绕。庙里的和尚肯定不会受到众多朝拜者打搅。阳光洒落，色彩斑驳，壮观而美丽的景致让人怦然心动，觉得为爬到这个高处而付出的艰辛还是非常值得。山上经常狂风大作，不管徒步还是乘坐轿子，都难通行。东边的诺楚槽山三年前发生了移位，巨大的山体运动毁灭了二十几户人家。

在海拔1万英尺的山口，气温仅有华氏38度。从山下往西是野马坝，景色秀丽，但不适于耕种，因为此处似乎找不到排水的出口。平原上点缀着一群群的绵羊和山羊，还有穿着白色羊皮袄的牧羊人。在云南东北部，用自家的羊毛织地毯是一个相当大的行业。我们不得不在纸厂口吃晌午饭，还花几文钱买了杯水喝。水必须从下面的一条山间溪流中背到这么高的地方来。这里的人非常贫穷，村里只有一条70英尺长的街道，它实际上就是一条宽宽的土埂。买完了东西，我们稍事休息，然后开始下山。有五里路是从河床上走过的，然后经过了长着盐碱滩植物的大平坝。平原上空气清新，人烟稀少，但在南端有一个哨所控制着来往交通。原来，在这个地区盘踞着一帮强悍的土匪。

太阳还没落山我们就进入了麻风头山村，这是个只有一条街的村庄。客栈还不错，就像它的名字所表白的：再兴店。店门上歪歪扭扭地贴着凶恶的门神像。我们不久便生起了炭火，一个拖着辫子的中国人进来问我要不要鸡蛋。因为我刚刚吃了不少，且不好意思再吃了，所以就随口说了声"不"。这使此人认为我相信这里的奇怪的迷信了。我草草记下了："警告！此地人等怕吃鸡蛋，因为有得麻风病的危险。"麻风病是中国人非常害怕的一种病，这是情有可原的。在云南省有成千上万名麻风病人，这种病无药可治，只有把病人烧死，烧死病人的事经常发生。按目前已知的情况，就是先用鸦片使病人不省人事，把病人放在一所房子里，点上火，就把麻风病人当场火化了。

在这个村子里，繁忙的集市在龙日和狗日开张。夜间，我被锣鼓声惊醒，这个村庄的人正在庙里送鬼魂回阴间，然后，又带着从邻近一口著名水井里打的水回来。

第二天凌晨，在满月的清辉里，我们愉快地穿过了静悄悄的街道，走出了麻风头山村。这一天过得很快活。两个衙役被派来陪伴我们，给我们带来了很多乐趣。两个人的姓氏听起来相同，但写出来却有所区别：一个是双口"吕"，一个是木子"李"。姓吕的叫吕小狗，姓李的叫李春。李春人如其名，意气风发，活跃风趣；而吕小狗面色木然，却也时不时能幽上一默。吕小狗19岁，单身一人，因为他无钱讨老婆。他对没老婆并不着急，却对没长胡子长吁短叹。他也没有辫子，解释说他去年生病时头发都掉光了。李春16岁，会破口大骂。吕小狗把身上带的一双草鞋掉了一只，李春便开始骂骂咧咧，诅咒吕小狗的爹、妈、其他家人还有他的祖宗八代都不得好死。这两个男孩对他们的差事都很热心，特别是当我开枪打大雁的时候。他们穿着带有"捕快"字样的公服，我无法想象他们能捕获什么，也许能逮住从对面溜过去的瘟疫吧。除了快活之外，我有点拉肚子，所以坐滑竿的时间就比平时更长，后来抬滑竿的苦力就在一边说话了，"活路就在滑竿上，那可是实实在在的"。我们惊起了几个云雀，然后停下来喝龙泉里那甘甜凉快的泉水。由于各种各样的原因，在中国不管多美的溪水，如果不是在源头喝的话，那都是不明智的。在我们穿越的大山谷里，树木葱茏。官府张贴了告示，鼓励人们植树，许诺谁植树一万棵以上，便可授予官职。在鸭狗廊附近的一棵树上，挂着一则诗体的启事，特试译如下：

  天皇皇，地皇皇，
  我家有个夜哭郎。
  过路君子念一遍，
  一觉睡到大天亮。

李狗和李春两人都在咧着嘴笑

这种启事在中国中原地区的桥上、墙上和山上随处可见。只要把它念一遍，就可以使小儿止哭。这种想法假如不是利他主义的，那也够新鲜的。但据我所知，天下啼哭的婴儿都是一样的。

太阳像个火球那样向西方落下去，余晖照耀在山坡上，使得森林好像在熊熊燃烧。在夕阳的映照下，我们进入了杨林镇。

> 坐井观天，所见有限。
> If one looks at the heavens from the bottom of a well, his vision will be limited.

第十四章

如何旅行——书面协议——中国苦力——
射箭比赛——岑总督的规矩——血与铁

我们到达杨林镇正好是星期六。于是便在福星客栈里静静地度过了第二天，这是我在云南住过的最好的客栈之一。这个客栈及其老板常先生的名声都不错。在我的房间里，有好几个热情洋溢的客人曾经把一些充满溢美之词的诗写到了木板墙上。特引用其中两首如下：

福星客栈冠杨林，
店家仁义值千金。
名厨两个实在好，
敬茶送水献殷勤。

杨林福星数第一，
洁静堪将"洞天"比。
茶水一切都方便，
店家勤勉天下知。

进城时，有一条凶猛的狗，大概是疯狗，向我扑了过来。幸好我的皮带上插着一把左轮枪，没等恶狗伤到我，我就把一粒铅丸打入了它的丑陋的脑袋。这个地区疯狗相当多，引起了许多人死亡。中国人的理论认为，谁被疯狗咬了，他的肚子里就会生出一只小狗，连咬带叫地一直把这个人整死。有一个母亲发现她的儿子被狗咬了，就给他吃了一些巴豆，不但没把儿子治好，反而把这个可怜的孩子很快毒死了。迷信的中国人认为，有时狗咬了人的影子会比咬了人更为致命。

通往云南府的两条大路在该镇会合，一条是从贵州省过来的官道，另一条就是我们所走的这一条，是从四川过来的。这里已经有电报了，镇上就有一个官府办的邮局。住在同一家客栈里的，是来此勘察铁路的四位法国官员的随从。这些法国人似乎对云南无所不晓，如果法国同中国发生战争的话，他们也绝不会睡大觉的。

在中国最好的旅行方式就是步行，但旅行者必须要有苦力们的帮助，而且最好还要有一个关于时间和价格的书面协议。在我所走过的两千英里旅途全程中，我跟雇工之间并没有什么麻烦。合同都是用毛笔书写在红纸上的，条款分明。中国人在制定协议时会讨价还价，但一旦签订了协议，你就可以安心地依赖他，如果你指派他去干什么事，他也会尽心尽力的。在路上要修订合同或许很困难，所以一切都必须在一开始仔细敲定。在为期60天的穿越孔子故乡的旅行中，我连一个包裹都没有丢，东西都完好无损，而且值得注意的是，我的包里装着相机和其他的镜头，是被好多不同的苦力在崎岖、泥泞甚至危险的路途上背过来的。中国苦力能扛200磅，但通常扛的包裹只有90磅左右，扛着这么重的包裹他们每天能走15到20英里，但在专门的安排下，我雇来的人每天能走50里左右。他们在吃饭的时候也在看着这些东西，在任何情况下都守护着它们。这些苦力虽然易于受到其他旅客的诱惑，但他们都会保护雇主及其财物的安全。这次旅行的另一个令人高兴的方面，就是不管到哪个客栈，不管是城市、乡镇还是小村舍，只要需要，就总能有开水。中国人用热水洗刷，也喝热水。在福星店里，就端给了我一盆热水。然

第十四章 | 217

从杨林去云南府路上的两处场景

后我就把我的小毛巾泡进热水里,用它洗脸而不是用海绵,洗了之后再拧干。或许这种里里外外用热水的做法会杀死很多细菌,会使中国人更健康,寿命更长。最小气的苦力一天也要用热毛巾擦洗两次,所以他们的毛巾非常干净!

性情善良的人也随处可见,中国人知道与人为善的重要性,他们经常笑容满面。如果一个旅客有中国人一半的友善,并在跟各个阶层的中国人交往时记住上述金科玉律,那么他将会发现一个好心好意、令人愉快的民族。中国人不像南海诸岛上的居民一样动辄狂欢,也不像缅甸的掸邦人那么浅薄,但中国人也不乏快活——不是那种外露的快活,而是一种充满了宁静和深思的快乐。他们喜欢碰运气,但并不过分,或许只是为了逗趣而已,如果有无须辛劳而有所得的机会,他们会去试一试的。

据说动物是认识并乐于服从主人的,人类当然也是如此。在美国和中国,自重和尊严肯定会赢得敬佩的。中国人看到傻瓜时一眼就会认出来,哪怕这个傻瓜长得白白净净也是如此。我已经学会即使遇到一个吃人生番也要彬彬有礼。在中国各处旅行的旅客都应避免发怒,要尽量做到心平气和。

> 谁若能超越或征服人类,
> 就必然蔑视卑贱者的仇恨。

星期天,我们吃的是星期六打下来的大雁,客栈的厨师精烹细烩,肉汤也味道鲜美。我还要了40文钱(两美分)的泡菜、一小盆炖鸡(五美分),还有三个总共四磅重的红薯(每磅九文钱)。我在这个客栈总共的花费是70文钱。

据说吉尔上尉在小时候就搞了一个机械装置,可以在很早的时候就拉他的被子,把他叫醒,因此他习惯于在早饭前工作很长时间。像吉尔一样，在中国旅行的人也应该早起。第二天凌晨，我们破了一个纪录，在午夜之前就开始动身了，但是我们发现这样做是犯了一个错误，幸好还没造成什么危害。因此，看看时间还早，我们又睡下了！然而，我们的表是凌晨两点半时，我们又起来了，后来听到云南城里的军火库鸣笛，才知道我们的表快了一小时。我必须在特定的时间到达该城。我首先把金老三从床上拖起来，派他去把厨师叫醒，然后去叫那些抬滑竿的苦力。这些人比其他的人更难对付，因此我就到院子里大呼小叫。可是对这些没有文化的中国苦力，即便是莎士比亚又有什么效果呢？英语语言的无上魅力对这帮人根本不起作用。但是用口哨吹出"扬基歌"的曲调则使闹剧到达高潮。它不仅能使爱国的美国人热血沸腾！它也能使这些东方人在深更半夜起床。

　　雄辩触动灵魂，歌声使人陶醉。

　　经过此番表演，动身的准备很快就做好了。三点半，所有的行头都已打好，大伙一边说笑着，一边吃早饭。还不到四点，我们的队列就登上了山路，离开了杨林。此时乌云阵阵，月亮时隐时现。后来雨点落了下来，越下越大，如注如泻。路边有一个小屋，真想进去躲躲，但屋子的主人迟迟不肯开门，害怕遭劫。可见这里盗贼有多猖獗。我们后来终于进去了，在一间昏暗的房间里坐下来。幸运的是，雨一会儿就停了，我们又动身上路了。灯光忽明忽暗，铺了石头路面的道路极为难走。在冬日的晨光里走了八里路以后，我们经过了小铺子村，走到30里左右，我们在长山停下来歇脚。这时人们正刚刚起床，有人在门外支起了大壶烧水。在这种铜壶的中间烧火，火苗和烟从上边冒出，灰烬从下面落下，周围的部分盛水。附近是长石条做成的桌子。我要了一些热水喝，然后从口袋里掏出豆子和坚果放在桌子上给那个人吃。里面还夹杂着几文钱，那人忙不迭地抓起来，放进兜里。

离开了这个昏暗的小村，我们加快步伐，两个小时走了30里。路面平坦而且没有铺石块，走这段路真是痛快极了。官员吴大人在去昭通县接任时与我们交臂而过。他的随从中有几个女人，大概是妻妾和婢女。这些官员们通常都喜欢金钱和美女。我们今天经过了不少哨所，都是空的。由于衙门经费紧张，哨兵们都撤了。走到60里路的地界，在一个叫小板桥的集镇上，我停下来吃午饭。米饭是十文钱一盆，汤免费，酱油三文钱。在美国通常肉卤要付钱，酱油免费。鸡蛋是七个大钱一个，茶水七文钱。这儿所使用的有两种钱，大钱和小钱，20个大钱和30个小钱都值一美分。虽然这些铜钱又重又脏，且币值不稳定，但在中国缺了这些是不行的。

刚走出西门，就见到一座石桥，当地人说，这座桥虽然很坚固，但走在上面会感觉到颤悠悠的。在这里我们经常遇到一群群的马匹和上百辆的黄牛和水牛车，牛车的车轮没有我在昭通城里见到的那么大。从杨林走了70里后，我们又遇到了另一座石桥，石桥的西侧就是铜牛祠。这里有一个毁坏了的泥牛，脑袋都没了。先前的神龛上是一个铜牛，很多人都来朝拜，但后来，有人就把铜牛化掉铸钱币了，就像克伦威尔化掉埃克塞特教堂里的使徒银像那样。回民的战斗口号是"刀光剑影出天堂"，与心并无任何关系。我们今天遇到的马匹都驮着大大的空酒瓶，酒早已在云南府卖光了。几个萨美部落（the Samei tribe）的当地妇女，背着沉重的东西，一边赶路，一边兴高采烈地嚼着槟榔子。走累了，就在路边坐下来歇歇脚，因为她们的小"金莲"使她们走起路来不是很容易。她们步履蹒跚，跟当地男人大步流星的步态大不一样。好多地里的芥子已经开花了，在结了籽以后就可以榨油了。山脚下的地都是光秃秃的，无法耕种。好奇的人们随处可见，当我停下的时候，一个人说我的金属三脚架是望远镜，用汉语说，叫"千里眼"。另一人声称那是一支枪，

中国西部边陲的两座石拱桥

一个路边神龛

他还向另一个胆子不大但又好奇的旁观者解释每个关节处如何向外发射子弹!

范家桥村离杨林80里,从杨林到范家桥一路上坡。过了坡,是一片大平原,云南府①城映入眼帘了。远处有一个美丽的湖,环绕在高山脚下。我登上高处,俯瞰富饶平原及乡村和城市。跟我刚才经过的地方相比,此情此景令人加倍神往。又走了15里之后,我们就到了云南府的郊区了,在那里我受到了麦加第②先生的热烈欢迎。麦加第先生是一位63岁的绅士,待人极其热情,在当地从事传教工作。而这种工作连许多30几岁的年轻人都是不敢尝试的。跟他在一起的还有孙道忠③先生和冯席珍④先生,他俩都是属于同一个传教使团的。

刚到云南城,我们看到的第一样东西就是一座玲珑别致的塔楼。该塔楼是一两年前完工的,耗资巨大,是该城的一大景观。该塔名为祖魁楼,是为纪念文神而建造的。我们登上了它的第三层——也是最高层,观赏着城市南郊的美景。我面朝西拍了一张照片。下来时我在底层经过了一家茶馆,沿着南郊的大街前行,从一个六英尺多高的低矮拱门下面走过,拱门的上面是一个印度古冢,是在很久以前建的,那时缅甸和暹罗的国王对云南的影响要比现在大得多。那时云南与这些国家关系密切。据说古冢里葬着一个叫华雄的人的头盖骨。人们认为从这个拱门下走过是不吉利的,因为那个头盖骨会影响人们长高。如果我的美国朋友发现我走下边而不走上边,他们会知道原因。拱门的两侧都有路,这是几乎所有经过的人踩出来的。

---

① 云南府是昆明在清末时的旧称。
② 麦加第(John McCarthy,1840—1911),中国内地会英籍来华传教士,1867年偕夫人一起来华传教。最初他们在浙江省的杭州和湖州等地工作,1877年2月,麦加第从汉口出发,一路走到了云南省的大理,成为内地会在当地少数民族中传教的开拓者之一。
③ 孙道忠(Owen Stevenson),中国内地会英籍来华传教士,1883年来华。
④ 冯席珍(F. H. Rhodes),中国内地会加拿大籍来华传教士,1899年来华。

继续往前走，我们经过一个大型海关，看到几个人在用棕树的纤维搓绳子。向右转以后，我们经过了一个大兵营，来到了刑场，很多悲剧场面经常在这里上演。几年前，在这个军营被取消之前，武秀才和武举人的射箭选拔赛就在这里举行。演武场的正中心有一条壕沟，壕沟的左侧立着三个靶子。骑马的选手带着新弓和三支好箭，从一端飞马急驰，在到达主考官的跟前之前，他必须在策马狂奔的同时射中每个箭靶。主考官通常是官府的官员，可能这一辈子连弓箭都没摸过。训练有素的马匹大步飞奔，而几个技艺熟练的人也能每次正中靶心。现在射箭比赛已经取消了，但许多武官仍然以弓箭为荣。说不定哪一天，一个倒行逆施的政府会恢复射箭比赛。甚至在甲午战争期间，清政府还派人从贵州省招募了一大批土著人，身背弓箭，去同"日出之国"的"小鬼子们"打仗。中国已大大落后于时代了。

刑场的外面是一条繁忙的街道，直通南门，对面是一座富丽堂皇的牌坊，上面写着"忠爱"两个字。街道的另一侧是卖马鞍的商店，这里是马匹生意的中心，自然对这些东西也有需求。云南府有六个城门：北门、南门、东门、西门、小东门和小西门。我们是从最繁忙的南门进城的。我注意到这里的店铺低矮，但货类繁多，而且我发现主要的钱庄也在南区。

在大名鼎鼎的岑毓英总督，即现任（1903）四川总督父亲的血腥治理下，这条街道见证了一桩轶事。有一次街上失火了，岑总督派他的士兵们去灭火，并严令不许趁火打劫。然后，按以往的习惯，他换上便服外出查看。拐弯转入了南街，他遇到了一个人，怀里抱满了抢来的东西。他立刻挡住了这个劫犯，询问姓甚名谁。来人轻轻骂了一声"日你祖宗"，然后反问他是谁。"我告诉你，我还要杀了你。"总督说着，抽出长剑，手起剑落，把这个胆大妄为的家伙砍为两段。无怪乎从那时起，江湖黑道及盗贼们一听到总督的名字都为之胆寒。即便是中国大多数城

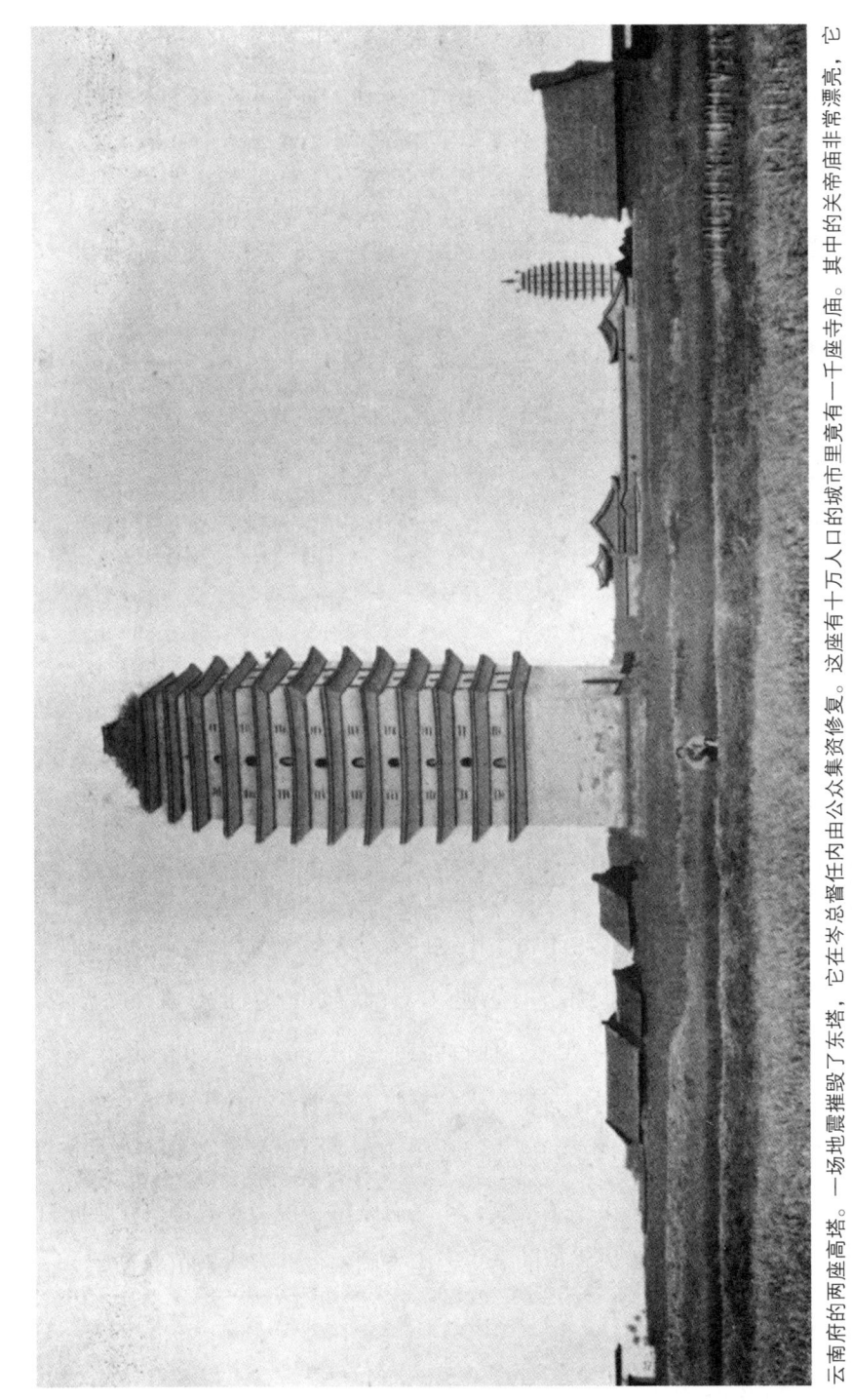

云南府的两座高塔。一场地震摧毁了东塔,它在岑毓英总督任内由公众集资修复。这座有十万人口的城市里竟有一千座寺庙。其中的关帝庙非常漂亮,它是光绪十四年至二十四年间花费 25438.75 两银子建起来的。

市里难以管辖的乞丐、盲流和无法无天的无赖们在该总督执政期间都表现得服服帖帖。岑总督用铁的意志统治着这个省，杀了数千人。据说在他年轻的时候，他梦见自己要杀一万个坏人。在他杀人时他或许不会仔细询问被杀的人的品行是好还是坏，但不管怎么说，他的梦想成真了！在离这里五站地的库庆城，即现在是中国内地传教团驻地的那所房子，在回民叛乱期间曾作为岑总督的官邸。据说在这里他签署了杀害一万多人的行刑令，不少人是他亲手杀害的。虽然他凶狠残暴，但他无疑是现代中国最强有力的统治者之一。他是乱世英豪，给这个民不聊生的省份带来了和平与秩序。在他生命的尽头，他看到被他杀害的那些冤魂纷纷前来复仇索命。

> 我们只教授
> 血腥的杀人指令，
> 而人们学会之后
> 又反过来杀始作俑者。[①]

他在去该省西部的一次长途巡游中，曾有过某种幻觉，这种幻觉后来变得越来越严重，使他不得不中途回家。大量冤魂纠缠着他，城里没有医生能治好他的迷幻症。有人建议找个传教士来，但总督拒绝见他。所以这位岑大人就这样死了。他目前在一座关帝庙里跟关云长分享殊荣。岑大人的塑像也立在庙里，十分显眼，定期承受香火。这位统治云南省的强人在死后仍然受到敬畏。据说他在阴间也能兴风作浪。在城西的一些村庄里很多人染上了瘟疫，于是有人解释说，岑总督要在冥间打仗，因缺少兵力，就以在他的老巢云南省闹瘟疫的方法来招募士兵。一

[①] 莎士比亚:《麦克白》第一幕，第 1 场。

个能把尘世和地狱都搅乱的人肯定不同凡响。

岑毓英有着奇特的经历,他是出生于广西省的土著人,早年丧父,其母把儿子们一扔,决然改嫁了。中国的法律规定,如果一个女人改嫁,就再也不能回到前夫的家,所以岑永远也不能原谅他母亲。他中了秀才之后,像该省的其他人一样,干起了抢劫的勾当。他作案过多,受到通缉拘捕,最后向官府投降了,但又带着他的几百两银子逃跑了。他逃到了云南,发现那里官府的差事可以花钱买,于是就花了二百两银子买了一个小官。回民叛乱爆发后,他被迅速地提升到重要的职位。当他成为总督时,他的母亲来认儿子,但他拒绝相认,虽然他的母亲经常拦路相认,但他一直拒绝相认。"当我贫穷且没有出人头地的时候,你不认我,你丢弃自己的儿子,去跟别人过日子,那就一直过下去吧。"他虽然给了她一些银两,但还是拒绝认她。

我们沿着繁华的街道前行,到了地处城中心的中和巷。我到了孙道忠先生家,受到了热烈欢迎。近20年来,他一直在这个城市里从事传教工作。

云南府城隍庙的阎罗殿。门前有一座巨大的青铜香炉，大门两旁的庭柱上用红底黑字写着一副对联："人恶人怕天不怕，人善人欺天不欺"。对天发誓的最理想场所就是在阎罗殿前。

人不学，不如物。（启蒙读本名言）
If men will not learn, they are not as good as brutes.—— Children's Classic

第十五章

中国译员——商业街——
带有蕴意的神话——谒见总督——中国官场的冷漠——
中国的急需之物——叛乱时期的衙门

在中国，四寸半宽、九寸半长的拜帖显得气派不凡。我在上海印过一次拜帖，黑黑的字体，印在猩红色的纸上，大小如前所述，共印了200张！我派一位在腾越府英国领事馆当差的很有教养的中国人将我的大红拜帖送进了衙门，请求会见一下署理总督大人。他回复说下午一点可以接待我。我向一位负责该城洋务、行事谨慎的官员借了一抬官轿，在下午一点差十分时大模大样地出发了。四个人抬轿，还有四个人扛两侧的杠子，连轿带人的重量有240磅，平均每人分担30磅左右。抬轿的人多，所以走得很快。总督有一个翻译，但是当我知道他的英语不佳时，便要求我的朋友伯格理跟我同行，他是我所遇到的汉语说得最棒的人。带着这么好的一个翻译，我们真可谓不虚此行。

我确信美国政府在驻华领事馆雇用中国译员的做法是错误的。人们谈到传教士的巨大错误，但是当本地人对那些文化程度不高、英语不佳的人所翻译过来的话深信不疑时，那该是多大的错误啊！既然我们的贸易在东方越来越广泛，美国应该向英国学习，要求驻华领事懂汉语，规定他们只有先学好汉语，才有资格担任此项职务。

我们首先上了中和巷的一个缓坡，对面就是中国内地会传教团的一处房子，然后向左急转，进了城隍庙街。街上有好多商店在卖当地的药材、华丽的印度彩画、糖果、土布和其他物品。在熙熙攘攘的人群里不时看到涂脂抹粉的太太由粗手大脚的丫头陪伴着走过。她们打着阳伞以防苍白的脸被晒黑，但老天爷将会发现把白粉晒成鲜红色是困难的。我在纳闷，这些打着伞、涂着粉的女士们怎么会脸红呢？她们内心肯定很羞愧。虽然脂粉涂得很厚，但掩不住粉脸的憔悴之色。丫头常常比裹"金莲足"和扎"扫帚腿"的太太们更令人感兴趣。只有低级趣味的人才更欣赏人工雕琢之美，而不是天然之色。

向左一转，我们就到了光福街，这条街道值得一看。低矮的店铺敞着大门，店里挂满了密密层层待售的衣服。各色人等都可以穿的鲜亮的绸缎衣衫也摆了出来。女士的衣裙宛如雨后的彩虹：红的、绿的、蓝的、紫的、紫红的——五彩缤纷，令人眼花缭乱。最富丽堂皇的衣服是戏装，值100两，甚至200两银子。这些绚丽多彩的景象使游客驻足流连，久久难忘。女士的绸缎衣裙可以卖到16两银子，或者10美元。在色泽亮丽的衣服店之间，散布着其他店铺，在卖铜香炉、铜烛台、铜脸盆、书画、头巾、景德镇陶瓷，还有各式各样、价格不一的烟枪。一杆烟枪可卖到100文铜钱或100两银子。旧烟枪价格更高，因为烟枪里面已经浸透了鸦片，对于瘾君子来说，当他叼起长长的烟枪，对准饥渴的喉咙时，一下子就可以抽到烟味。制作精美的烟枪更受青睐。

再向左转，我们进入了丝云街，云南府巡抚和署理总督的衙门就坐落在这条街上。走了几码远，我们又向右拐，进了大门，来到院子当中。这是个卖古董的地方，这种货色，西方国家可以向中国大量提供。这里的人们喜欢买西方国家废弃的旧式来复枪，也喜欢搜罗西方的各式古董。在货摊上还有人在兜售尤利乌斯·恺撒征服英国时用的硬币（他从未征服过美国），还有人兜售几个月之前新造的古钉。此外，砚台、笔、刀剑、念珠、杯子、花瓶、用来拴水牛和疯子的绳子，以及各个国家各个时代的大烟枪都摆摊销售。在这些垃圾中，不时也能碰到一两件被精明的卖主忽略其价值的珍品，有时还真能淘到件宝物，但大多数只是废铜烂铁而已。

轿子进了大门，又穿过"栅栏门"，我们到了衙门的外院，这真是一个趣味横生的地方，南面是一堵带画的影壁，这样的影壁在所有衙门的外面都能看到。

影壁上主要的图案是一个40英尺长的独角兽形状的大怪物，名叫"贪"，上面画的这个巨兽正试图吞吃太阳，象征着官员们永不满足的贪心。因此当我知道"贪"这个巨兽代表的是贪婪之意时，我就知道这个神话的真实含义了。"贪"只是神话中的怪兽，而贪心却是真实的。这一象征意义太具有中国特色了！在西方这样做就太滑稽了，假如基督教国家的每一个官员必须把他心中占主导地位的激情在大门处表述出来，那该需要多少五花八门的号牌啊！国会议员！议会议员！大公司老板！工于心计的丈母娘！

"贪"的脚下踩着"八珍"，右侧是一棵树，最高的树枝上挂着一枚中国的高官所用的官印，一只圣猴伸手去摘官印，代表着当官要步步高升的欲望。一部"中国恶作剧"的历史要比猴子的那些把戏来说有过之而无不及。就官位较低的官员而言，猴子的手与渴望攫取的官印之间的距离还是比较大的。然而，今天这只特定的猴子已经把官印抓在手里了。因为该衙门的官员林绍年大人已经把总督的大印抓在手里了，这是该省最大的肥缺。

> 权力如同传染病，
> 谁沾上就传染谁。

好一个老猴子，终于如愿以偿了。几年的耐心等待，投机钻营，现在已经大功告成。树下面是五只老虎、三只狮子，它们的形象奇特，真正的狮子和老虎绝不会为此骄傲。如果这些狮子能见到画家的话，它们肯定会把他抓得遍体鳞伤。这些狮子和老虎代表的是该省的将军们和其他军官，他们处在总督的管辖之下，因为总督的职位比他们高。军官们通常是受总督管辖的，狮子和老虎也并不总是为总督衙门的影壁增光添彩。靠近影壁的地方有两根高高的旗杆，长长的旗子上写着总督的名号官衔。对面两个有顶篷的平台上有一帮乐队，每天早上、中午、晚上要用声音尖锐的乐器奏乐三次，每当总督离开衙门也要奏乐。他出门时前呼后拥，有12对穿着红色号衣的士兵举着牌仗，还有几个穿着制服、手持佩剑的兵勇跟随。在靠近乐队的地方有些矮房子，是衙役的住处。我们的轿子现在来到了"头门"，一个仆人收到了我们的拜帖，然后急忙进去通报我们的到来。我们的轿子还没落下，等了一会儿，以便大门能打开，以及身穿官服的官员前来迎接我们。

正当等待之时，军械库开始鸣笛，1点了。我们很准时。当大门打开时，高大的门神分向两边，为美国旅行家和他的英语翻译——一位盎格鲁·撒克逊盟友让路，以便让他们进去。在大门口共有六个这样形象威猛的门神。进了大门口，我们又进了一个大院子，周围是矮房，左侧有两道门廊，通往官兵们的住处。路两边种着小树，一直通到第二道门前，门两侧是带着长把手可以提起来的牌匾，上面刻着金字，记载了总督在其长期从政生涯中的历任官职、政绩，以及在科举考试中所获得的成功和奖励。这样的牌匾有50块，在阳光下熠熠生辉。过了这道门，又进了一个院子，宽大而整洁，右边是一个彩色的日晷，左边有一个石灯跟它对应。这里也有几棵树，其中一棵树上拴着一匹慢性子的骡子。还有一个砌着飞檐的大门口，下面挂着蓝色、黑色、白色和黄色的长方形石碑，中间是个"福"字，这是中国字中最受青睐的一个字。旁边刻着功德碑上提到过的官员的名字，而且还列有赠送功德碑的人的名单。

这些风格各异的"福"字为此地增色不少。

这个屋顶之下就是大堂。大堂的地上铺设着大红地毯，这儿是总督大人审案的地方。我们落轿之后，沿着红地毯走到总督迎接我们的地方，然后主人引我们进了大堂。我们跟着总督来到客厅，那儿两面都是窗户，非常明亮。总督大人先向我鞠躬，然后把我领到了一个盖着鲜红桌布的圆桌旁，桌子中间是一个盛着水和鹅卵石的盘子，水仙花开得正艳。中国各地都喜欢这种花，称之为"水中仙子"。总督在靠近门口的一个座位落座了，把我让到了宾座，坐在伯格理的对面。坐在总督大人对面的翻译竟是在此地官学任教的英语教授！林大人一开始还有点矜持。译员先问了无疑是预先就准备好的一般问题，例如我什么时候到的中国，我要到哪里去，我想在这个城市住多久，等等。很多小官站在后面，或从窗外向里看，对这种谈话饶有兴趣。通过翻译，我告诉总督，因沿途官员相助，我从昭通起程，一路心情愉快，行宿方便。译员让我说"昭通的新教传教工作蓬勃发展，成就斐然"。这的确也是事实。

在向总督解释了我为期四年的环球旅行后，我又告诉他，我正在写一本关于中国的书。然后又问了不少尖锐的问题，总督操着外交辞令做了一些回答。他说他赞成派一些年轻人到美国去学习矿业工程，以便回来开矿。他对于缺乏训练有素的能开发该省和帝国资源的年轻人深为痛惜。他似乎记起了昔日中华帝国辉煌之梦的一些细节，以及他未来的飞黄腾达。所以他仔细询问了培训费、培训期限及我认为最好的美国学院。随后我又听说该总督正进行一些规划，已经修订了学校制度并任命了一批日语、法语和英语教师。不过这没多大意思，我怀疑这些措施仅限于省会。中国的官员有权让老百姓去做他们想做的几乎任何事情，如果他决定要修订本省的学校制度，他就能干成，因为他对500万人民有绝对的控制权。阻碍改革的是官员们的敷衍冷漠，任何革新只要削弱了他们的特权，他们就对之深恶痛绝。我向他特别强调了教英语的重要性，也询问了一些有关传教士的情况。"目前老百姓和教徒的关系融洽了,"他说着,还勉强笑了一下,"但是在该省的边远地区,人们还是不理解传教士的做法。"说到此,他就缄口不语了。但当我问他有关医师传教使团的情况时,他又来了兴致,说这项工作是友善之举,好处良多,传教就没有这些效果。他宣称英国传教士在本省是最好的,说话之际冷漠之情溢于言表,也许这是因为英国人给他造成的麻烦最少,有时候还给那些咄咄逼人、像鹰一般盯着云南省的法国人添点乱、帮点倒忙什么的。我告诉他,作为美国人,我主张"华人治华"的观点,希望中国大力开发本国的资源。我建议道,外国人应该作为专家技师使用,其主旨是要维护好中国的自主权。这些话使他完全扔掉生硬和拘谨的做派,他兴奋起来,连连点头,不住地说好、好、好。他的手指还在桌布上写出了那个"好"字。"华人治华"的说法很显然触及了他的心弦。我主张他送一个儿子到美国去读书,然后问他有几个儿子。他竖起一个指头,满有悲色地说:"他还小呢。"总督问我在中国目前最需要的是什么,我回答:"大力创办学校,提高品性素养,热心追随正教。"他似乎在深思,问我什么是"正教"。在后来的讨论中,时间过得很快,橘子、点心和糖果也下得很快。两次吓人的孔雀叫声使谈话的场面平添趣味。在他向我做出许诺,电告本省各处官员对我大力相助之后,我举起茶碗一饮而尽,这一举动表示会谈到此结束。总督大人把我们送上轿子,并彬彬有礼地表达了对我这次拜访的感谢。他还主动提出回访,但我求他不要这样做,因为我将准备到大理府的行程,会非常忙。当我们在门口告别时,我们正面对那个巨大的贪兽,然后从门边的两个怪诞的狮子中间走过。它们露出了排排巨牙,傲慢的面孔朝向天空,似乎对我们这些外国人不屑一顾。那只猴子仍旧抓着大印,贪兽依然在追踪太阳。(请注意它什么时候能追上太阳,当它抓住那个包子时,那早餐该是多么热乎!)旗子依然在飘舞,卖古玩的小商贩们还在忙碌不休。好一派升平气象。总督出行时在前面举着的牌子放在两边,上书"肃静""回避"等字样。于是我们就肃静地回避了。在我离开所有这些东西的时候,我心想,"世间的浮华和尊荣啊,我憎恨你们"。

衙门里并不总是有如此安宁。在回民叛乱期间,这个地方曾血流成河。那时岑宫保①在云南做总督,他就是目前中国为数不多的政要岑总督的父亲。当时各处鸡犬不宁,衙门里每日每夜都在处决人犯。人们说人血横流,从无断绝。谁能说这可怕的一幕不会重演?林绍年也许会博取正直仁爱的名声,但在我眼里,他并非一代枭雄。他与铁腕人物端方构成了鲜明的对照。那位在武昌曾盛情款待过我的端方手中操有对5000万百姓的生杀之权。

---

① 即曾毓英(1829—1889)。

> *天子有罪，与庶民同。*
> *Then Emperor has errors just as well as others.*

第十六章

云南的电报——中国人表达悲痛的方式——
中国的瑞士——对作恶者的严厉警告——
弑亲者的可怕命运——老潘客栈——
神秘的"薄荷"——神奇的井

在云南城，我与从东川雇来的人们结清了账目，然后又雇了一帮新的苦力。新的雇工是一些面色冷漠之人。看得出来，有些人吸食鸦片已经成瘾，其他的人健壮有力，但一点儿也不凶。离开了云南府以后，我们沿着一条粗大的电报线前行。对一个完全不懂汉语的外国人来说，沿着英国人修建的从云南府通往缅甸八莫的电报线路走是不会迷路的。这条线路在开始架设时曾让官员们大伤脑筋，电线动不动就被人割走，移作他用。最后还有人试图毁坏整个线路，因为迷信的人说这些电线给在空中飘荡的神灵造成不便，甚至它们的喉头会被电线割断。一些强硬的官员砍了几个肇事者的脑袋，才把割喉头的传言平息了。当从勐兹到云南府的电报线路架好之后，又有谣言在传播，说洋人在割女人的乳房、男人的辫子和鸡的翅膀，要把一些中国人折磨致死。一个友好的中国人把此事告诉了传教士孙道忠，他一笑置之。当后来谣言达到顶峰时，一个叫老黎的慕道友抽泣着来找传教士，说他儿子的辫子被人剪掉，这回可死定了。传教士安慰他说不要紧，因为他自己的头发在来中国之前也剪掉了，而剪头发在欧洲是司空见惯的事。这个天朝人疑疑惑惑地说：

"你是英国人，我儿是中国人，不一样啊。"第二天早上，他又来了，笑了笑，说："我儿子死了。"这只是一个偶然的巧合罢了。中国人表达悲伤的方式是外露的，他的脚后跟套着马镫，衬衫放在裤子外面，身着白色丧服，用笑来表示悲伤。男孩死了两天之后，总督发布告示，排除了外国人的嫌疑，并且悬赏捉拿那些剪辫子的人。一个道士被捕了，定罪之后被砍头处死。老黎是第一个加入新教教会的云南人，到现在还是虔信不疑。有一天在街上，一个年轻人问他姓甚名谁，家住哪里。在得到有礼貌的回答之后，那人最后问他有没有加入教会，老黎告诉他说入了。这个年轻人顿时目露凶光，对着老人的脸就是狠狠一拳，说："你不知道我们云南人跟基督徒不往来吗？"被打的老黎把另一边脸颊也转过去给他打，但是那年轻人低下头，灰溜溜地走了。于是，老黎对站在身边的一个外国朋友说："自从皈依基督教之后，我的行为便大不同了。"

在成为中华大帝国的一部分以来，云南省就一直变动不定。在 13 世纪，伟大的北方武士忽必烈可汗把"中国的瑞士"——云南，吞并到了蒙古国的版图之中。"他的战绩是如此之大，其表现在西伯利亚的冰原、亚洲的沙漠及中国跟里海之间的国家无不向他称臣。"凡是穿越这个地势高峻的省份并向西部边界进发的旅行家，都将会发现他所走的路很少不在海拔 5000 英尺以上的，在向终年积雪的世界屋脊、令人难以捉摸的西藏进发的途中，还可以看到许多海拔在 1 万英尺以上的山峰。在云南一个绵延千里的平原上，有一个美丽的湖泊，云南府就坐落在湖畔。上述广袤的高原海拔在 6000 英尺以上，每年 10 月到翌年的 4 月底之间这儿都是晴空万里，阳光灿烂。我曾经在一个夏天到加利利海去垂钓，一位老船工帮我拴好鱼线后说，这片美丽无比的水域自古以来就天气变化无常。在云南府附近的这个 40 英里长得美丽湖泊上，也时有旋风突起，这与加利利海的情形颇为相似。但风暴只在白天发生，到了傍晚，船家便会起锚行舟，驾着满载谷物的船只平安驶入与该湖相通、离城 30 里的运河。

我的好友伯格理先生曾跟我一起同行过几天（我再也没有遇见过比他更好、更乐于助人的同伴了），他跟冯习珍先生一起陪我出城之后与我道别。分手之际我有点儿难过，因为我们已经有惺惺相惜、难舍难分之感了。出城之后，翻越第一座山所看到的情景历历在目，难以忘怀。远处是立着烟囱的城市，湖上是奇特的船舶及其神秘的倒影。一条修筑得不错的石头路从城里蜿蜒而出，延伸许多里，弯弯曲曲，虽然有的曲折是为了使桥梁跟河道形成直角，但最主要的还是为了迷惑那些鬼魂，把它们都引到稻田里去。极目远望，群山连绵；头顶一朵朵的白云就像洁白的羊毛，而脚下那些罪恶的罂粟也在一个劲儿地猛长！后来晚些时候，我遇到了一群扛着温彻斯特连发步枪的兵勇，还遭遇过一场突如其来的雷雨暴风。本来雨幕只是挂在北边的天空，后来雷电交加，向我们直扑过来。

在走过了三分之二的时候，我看到一个人头装在木笼里，被挂在12英尺高的杆子上，这是对作恶者的可怕警告。而且，令人称奇的是，在一个叫安宁的市镇上，我们到一个店里住宿时，店主的儿子才16岁，莫名其妙地被人谋杀了。事发处就在悬挂人头的地方，而笼子里放着的就是那个凶手的头，人头面朝东方，眼睛闭着，露着两颗白色的上牙。在凶犯行凶的地方将其正法，人们一般都会对这种做法表示赞同，尤其是对中国人来说，情况更是如此。在英国，公开绞死犯人的做法被议会立法终止了，因为它会使民众变得残忍。在甘庆有一个瘆人的风俗，在处决犯人时，人们拿来一块块馒头，蘸着犯人的血吃掉，他们相信人血可以使他们增强勇气或驱除疾病。对于杀死父母、长兄或丈夫的人，这种惩罚是可怕的。这种折磨凶犯的刑罚，中国人想出了一个很好听的名称叫"凌迟"，即把犯人身上的肉一片片割下来，直到他死去。在城外，被处决的人犯被绑在一根木桩上，嘴里紧紧别上一块木头，以防他叫喊。

观者如堵，他们对于血腥事件的嗜好与以前挤在罗马圆形剧场的看台、走廊和扈从包厢里观看血腥角斗比赛的民众不无相同之处。刽子手把刀子磨得锋利无比后，便开始了可怕的酷刑。他先从眼眉上面的皮肤割起，然后把皮肉往下拽，一直拽到面颊。然后在鼻梁上砍出一条缝隙，血肉模糊，鼻腔洞开。刽子手兴奋起来，在连砍带劈地把犯人身体上的肉一片片割下之后，突然收回手，一刀刺入犯人的心脏，结束了受害者可怕的痛苦。在这种情况下，如果人犯有钱，钱虽不足以买回他的命，但可使他在行刑时少受些罪。刽子手会很快结束他的工作，而且人犯会服下药性很强的麻药之后，会失去知觉；但对于民众而言，其残忍程度丝毫未减。

从云南府至楚雄有480里之遥，一路上要翻过巍峨的群山，沿着美丽的山谷，穿过富饶的平原。这里似乎是一幅重振繁荣的景象。我所看到的每个大村镇几乎都有在建造中的一座或更多的房子。在潘泰叛乱期间，整个地区都是兵荒马乱，民不聊生。我们在穿过这个地区时，经常有好几个小时都在穿越凄凉荒芜的地方。这些荒山野岭人迹罕至，使我们的旅程索然无味。

四天以后，刚过晌午，经过了云南府与大理之间唯一的一个府，我们进入了坐落在西郊的潘家大客栈。潘老板给他的店取了一个寓意兴旺发达的名字——永升客栈。由于这是该城最大的客栈，也是从云南府通往缅甸的路上最大的客栈，所以我认为其生意应该一直很好做。潘老板说他的客栈曾同时接待过300个客人和80头牲畜，不过他倒没说到底能接待多少人。他有一个儿子，所以老潘所有的好品质都集中在了小潘身上。老潘出生在道光三十年正月初一，他的一缕胡须盖着嘴巴，两缕眉毛盖着眼睛，而且他还瓮声瓮气地说话。为什么会这样我不知道。也许是因为他的嘴巴之大，足以应付各种用途。他信奉"和气生财"这一中国式信条。老潘是龙年降生的，他带着祖传的微笑告诉我，他的儿子

华西云南楚雄府南城门附近的大方塔。当叛军势力日益强大的时候,清政府下令关闭了南城门。南城门至今仍关闭着。

是属猪的。"你挣了多少银子了？""没有，没有。"他像见到了县官、税吏、叫花子和比他早生20年的祖宗一样矢口否认自己发财。"那你做过的最好的善事是什么？"老潘脱口而出"做买卖"。他能看破钱财，但看不破这些问题。一个愚蠢的传教士曾经问过一个本地的基督徒："当光熄灭的时候，摩西在哪里？"那位遇事认真的老兄整夜未睡，翻阅《圣经》。对该问题的解答使这位中国人痛苦不堪，但那位传教士也因此医愈了自己的愚蠢。老潘说我们这些人是他开永升客栈以来所遇到的最了不起的过客。我有点喜欢老潘了！五、六、七月份正好是淡季，但通常这儿每月都接待一千位客人。老潘手上留着很长的指甲。

这个地方盛产薄荷，我对此刨根问底，了解到了许多这方面的知识。薄荷是由一种草的精华提炼而成，治疗肚子疼有奇效，声名远扬。这种求之不得的薄荷由14家有声望的家庭制作。他们的技术代代相传，因此而致富。在这里，薄荷可以以五两银子一百磅的惊人低价买到，由买方主秤。而在云南府，药商可获利十两银子，且由卖方主秤。在蒸馏过的或未蒸馏过的水里滴上几滴神奇的薄荷，称作"金盆方"，可治疗腹疼。大腹者多加几滴。花上五文钱，一般的腹疼就可以治好，七文钱可治疗中号的肚子，云南府最大号的肚子要十文钱才能治好。每年从这儿要出口1000磅的干薄荷叶，至于当地能消费多少，我没有打听。外面的世界应该知道在这城墙之内的居民能消耗多少薄荷。这个问题还是待将来的探索者去解答吧。因为这里没有传教士，所以那些举止乖僻、爱激动的、吃白食的全球旅行者就失去了抨击的对象。我指的是那些绅士，他们展示了——

圣洁的外表下的虚伪，以及

> 隐藏在报复之中的深深怨恨。①

我对这些绅士表示同情，因为他们缺乏造谣中伤的最佳话题，也没有机会免费填饱自己的肚子。我也向他们表示祝贺，因为这是神秘的薄荷出产地，对于治疗他们的肚子疼是有好处的（我应该向他们推荐十文钱一剂的方子）。而有关薄荷的调查也会刺激他们头皮之下的灰色脑浆，以便使他们能够在中国发现至少一个体面、可敬、诚实、节制、好心而认真的传教士。

我问潘老板，本地每年出口的那 1000 磅薄荷能治愈多少人。他说这取决于腹疼的程度，而我认为这也取决于肚子的大小。据老潘估计，如果腹疼不是太严重的话，一磅薄荷能治愈 50 个人。一磅薄荷仅值 80 文铜钱。这儿的居民声称，因为本地生长的薄荷是世上最好的，所以各处的人们都来到这个城市购买，这真是令人欣喜的。我甚至可以想象美国药材专营商也对薄荷垂涎欲滴。然后又出现了一个广告的幻象："买薄荷，服用薄荷，薄荷包治百病。"薄荷勾起了我的好奇心，我雇用了一个机灵而年轻的"猪尾巴"②去给我采一些薄荷叶子。过了一会儿他拿着叶子来了。天哪！这就是薄荷！当我还是小孩子的时候，我就在我遥远的故乡（宾夕法尼亚州的巴克斯县）的清澈山泉边和美丽小溪旁采摘，而且跟这里的一模一样！

我很少在云南省境内的路边看到菩萨，这些东西早被回民给捣毁了。每当看到菩萨时，回教的绿旗将军们一个个怒火冲天。他们之所以那么兴致勃勃地捣毁菩萨，还有其他的动机，据说每一尊大菩萨像里面都会含有金银珠宝。如果英国人不插手干预太平军的叛乱，那么对于中

---

① 约翰·弥尔顿：《失乐园》，第四卷。
② 洋人对留辫子的中国人的谑称。

华西云南省楚雄府的城隍庙。老罗站在庙门前,请注意庙墙已破旧不堪。

国人和基督教国家岂不是更好吗？

在楚雄府我会见过两个人，他们分属于截然不同的阶层，一个是文人李卫先生，他说，在这座城里大大小小的庙宇有16座。

另一个人叫老钟，60岁年纪。我们在一座供着弥勒佛的庙里遇见了他，他托着托盘在我们进入的东大门迎候我们。他以卖小糖果为生，如果一天能卖300文钱，就算发大财了。有时人们只买八文钱左右的东西。如果他卖出100文的货，他能净赚30文。也就是说，如果他卖出五美分的东西，就能赚二美分。他就靠这些利润来维持他和家人的生活。如果期望着人口稠密的中国接受我们这种奢华的文明，那是愚不可及的。就让中国人以他们那种简朴的习惯平安生活吧，我们只需在道德和宗教方面向他们提供忠告。老钟说话粗声大气，似乎想让火星上的聋子也能听见。另外，他衣着齐整，在他所干的那一行的人们中算是有派头的。他租了庙里几间屋子，聊以安身。他告诉我，出城一里，在西山上的道佑庙的东边，有一口历史悠久的古井，在30年前的叛乱期间，惊恐的人们就把银两和其他细软藏在这口井里。动乱过后，幸存的人们来取他们的财产，突然间，黑云骤起，电闪雷鸣，狂风大作。迷信的人们确信，这是神灵不让把他们的财宝取回，于是，直到今天，这些财宝还留在那里。这个故事中有很大的"水分"。

从楚雄府到大理府有525里，即四天的行程。第一天，我们身边走过一队很长的驴帮，驮着由非常沉重的铁树制成的棺材板向前行进。当麦加第先生在1877年开始了由上海到八莫的首次伟大旅程时，他遇到了刚刚平息回民叛乱的杨将军。这位赫赫有名的将军被几百名抬着棺材的人们跟随着，他要把这些棺材作为礼物去送给他的亲朋好友们。在平息了叛乱之后，杨将军做起了该省首屈一指的棺材生意，杨府里摆满了棺材。一经开始之后，就难以收手，但他也为他的朋友们留了

华西楚雄府土地庙里的哼将菩萨

华西盛产薄荷的楚雄府土地庙里的哈将菩萨

一些棺材。在中国租赁房屋经常会碰到这样的情形，房主一定会在契约中加上一条，就是一个房间必须留出来存放他和妻子的棺材。传教士有时不得不睡在棺材上，而棺材里盛着死尸，摆在房子里已有好多年了。棺材板有四英寸厚，加固密封，因此情况不甚严重。一个做儿子的给父母最大的安慰，就是在他们年老或辞世之前，给每人准备一口棺材。

在到达大理府之前，我射杀了一只可食用的鹳鸟，重达十五磅。

> 天生五子，五洋闹中华。（民间预言）
> Heaven begat five sons, and the five seas trouble China.—Vulgar Proverb

第十七章

大理府——恶魔罗刹的故事——
一次回民起义——中式疗养院——劳作中的中国鞋匠

　　和云南府一样，大理府也坐落在一个美丽的湖边盆地上。从云南府到大理府，通常要走13天，但我们一行人仅用了8天。也就是说，第9天我们就到达了大理这个美丽的城市。大理府的汉语意思是"伟大的理性"。星期日，我们停下来休息，并采取了预防措施，以免成为异教徒。大理府是中国西部防范最严密的城市。如果有纪律严明、装备完善的部队防守，那么大理府就会固若金汤，万无一失。曾经发生过的一次暴乱确实证明了这一点：一群暴徒手持木棍、弓箭和长矛进攻大理府，但未能成功。大理府的驻军大多集中在城北和城南的两个狭长的防御带上。大理府坐落的平原地带在南北两端自然形成了两个关口，而城市就位于洱海西测，在城墙的后面是苍山，它舒缓而宽阔的山坡突兀而起，形成了高大陡峭的悬崖绝壁，常年积雪，高耸入云。其最高峰海拔高达1.4万英尺，高出平原约7000英尺，轮廓鲜明，寒气逼人。回民的起义军无法攻占平原南北两端的关口，但是他们成功穿越大理府后面被认为是万无一失的雪山地区，从上而下，突如其来地占领了大理府。为此壮举，回民起义者确实值得骄傲。

　　当我们到达城南关口时，夜幕已经降临。巨大的双重城门已经落锁紧闭，后来，我们的一位护卫很快就叫开了吱吱作响的城门。这时候我们也已经点亮所有的灯笼，顺利进入城内。此时，白天喧嚣繁忙的街道已经空无一人，偶尔能听到几声狗叫和看到几个打着大灯笼经过的路人。就这样，我们悄无声息地穿过高大鼓塔下的南门大街，转入东门大街。我那些脚夫和轿夫，都因漫长的旅途即将结束而感到十分高兴，步伐也变得轻快有力，很快就到了位于宰羊街上的中国内地会驻地。这些本地的建筑不适于开展广泛的传教工作，人们正在筹建更大、更排场的房屋。教会的这些新财产仅仅花了 1100 两银子，简直和白送一样便宜。有一件事我一路上都在仔细观察，那就是传教士们花费他们国内教会同胞的捐助都比较谨慎和节俭。我的到来受到了加拿大牧师麦克林[①]先生的热情接待。他盛情邀请我和他住在一起，一直到我离开大理府为止。这也是我最后一次在中国接受教会朋友的款待，因为现在我已经接近英国殖民地的边界了。

  关于这个平原的形成有一个传说。大理府的人说，在远古时期，这一平原还是一片汪洋大海。他们习惯上把湖称为海。这湖和周围地区被一个名叫"罗刹"、以吃人眼珠为生的恶魔统治着。据说这恶魔的眼睛长在头顶上，嘴巴像鸡嘴，并且全身覆盖着红色毛发。他习惯裸体出行，靠翅膀飞翔。每天他要吃 60 对人类眼珠。这一数量对湖边的人们来说无疑是一大负担。后来，湖边人们的愁苦惊动了观音菩萨。观音菩萨决定惩罚恶魔，解救百姓脱离苦海。因而，她化身为一个老太婆出现在恶魔面前，请求恶魔卖地给她，作为每天提供眼珠的代价。那块地的长度是她的黄狗跳三跳的长度，其东、西宽度是她身上袈裟展开的宽度。狡黠的观音菩萨偷偷地用 60 对贝壳代替了 60 对眼珠，而恶魔竟然没有发现其中的区别。令恶魔惊奇的是，老太婆的黄狗跳三跳，竟然从上官跳

---

  ① 麦克林（Hector McLean，？—？ 年），中国内地会加拿大籍来华传教士。他来自安大略省的保林纳法德，1901 年来华。经过短期的培训和汉语学习之后，被派往云南大理传布福音。

到了下关，共有110里的路程；更奇怪的是，老太婆的袍子展开后竟然覆盖了洱海和苍山之间的所有地方。恶魔见此气急败坏，索性抵赖。然而，观音菩萨把两块巨石指给他看，警告他如果耍赖的话，就用这两块巨石把他囚禁起来。但如果恶魔合作，信守诺言，她就给他建造一座皇宫。很明显，观音菩萨认为这个恶魔也不是省油的灯。恶魔无奈，只好答应照办。建造好皇宫以后，观音菩萨备下盛宴邀请恶魔和他的两位兄弟赴宴喝酒。在他们喝酒时，观音菩萨化为蜜蜂悄悄飞走。而皇宫其实就是那两块巨石的化身，它们逐渐合为一体，把恶魔及其兄弟封在其中。而他们一直在畅饮为了麻醉他们而准备的美酒，没注意到宴会厅正在不断缩小。当恶魔发现上当后，他们已经无法脱身了。

恶魔在巨石中间恨恨地喊道："我给了你要的土地，你却骗了我。"观音菩萨微笑着预言道："要是三月八日这块土地上空无一人的话，那你就可以出来了。"从那以后，每年的三月八日，人们就特别要在城西门的外面举行大型集市。传说中的巨石位于城北40里处，如今已经成了古迹，也是传说真实性的佐证。

后来，恶魔决定施展魔力在湖中筑起一条道路。他从巨石的夹缝中使劲往湖水里吹气。当道路快要修好时，观音菩萨发现了恶魔的不良企图，就及时地制止了他。中国有些妖怪，例如这个恶魔，只能在夜里施展魔力，第一缕晨光的出现就会打断它们的工作。观音菩萨在听到恶魔往湖里使劲吹气时，就站在巨石外面学公鸡打鸣，并弄出公鸡拍翅的响声。恶魔听见这些声音之后，就会以为天亮而停止工作。当人们聚集在集市上时，他们就会放炮示警，以便让恶魔知道他不能脱身！

大理府的规模并不大，大约只有三千户人家，但是大理府的大理石和石匠雕刻十分有名。出售大理石的店铺就位于三塔附近。这里的大理石从山区采来，在这里加工成纪念碑和装饰板。一路上我们见到好多驴驮着这些美丽的白色大理石。加工这种石头的匠人大约有150名工匠。

大理府漂亮的中国内地会驻地。这儿以前是一位高官的官邸，传教使团用 2000 两银子买下了这座漂亮的院子。

一家医院马上就要在这里开张了。这里只有中国内地会和罗马天主教有传教士。一位善良的牧师在云南传教 50 多年，但是收效甚小，皈依的人数不多，只有少数的人加入了新教教会。

为我扛照相机的回民长相诚实，并且他还有一个十分有趣的身世。54 岁的他在这个城市里居住的时间长达 50 年。他的名字叫香园木（Sweet-Smelling-Garden-Wood），祖籍在永昌府。他给我们讲述了那次云南回民大起义的经过。世上的恶人多不胜数，崇拜偶像的异教徒跟不崇拜偶像的回民之间的斗争持续不断。秘密会社"兄弟会"为社会制造了许多麻烦和混乱，这些人也是叛乱之源。起初，麻烦产生于杀猪宰牛的屠户之间，杀猪的就是那些崇拜偶像的异教徒，而宰牛的就是回民。回民领袖名叫杜文秀，这位高贵的回民首领占据大理府长达 18 年。起初，留在城里的汉人很少；后来随着回民政权的建立，许多汉人逐渐回归大理，做起了生意，并受到了当地回民的优待。不过，汉人被迫放弃刮脸，也不剃头上的毛发。大清帝国的官兵用了一年的时间才攻进大理府。这次攻城还是回民的一位叛将主动开门才得以成功。清军首领杨玉科将军勒令回教国国王杜文秀投降。杜文秀被迫答应，但是在面见杨将军之前，他就已吞金。在请求杨将军饶恕其臣民之后，杜文秀喝了一杯水，便死在了自己的宝座上。

这位叫香园木的苦力由于一位清军将军发了善心才侥幸活了下来。他虽然是回民，但没有参与叛乱活动。这位将军名叫郧圆马，他把香园木藏在身边，等到事态平稳下来才让他出来。大理府城墙坚固，房屋都是卵石垒成的，而不是泥土墙，所以易守难攻。我曾站在这样的城墙上为传教使团的新房子拍了一张照片。这些房屋的身后都有着十分有趣的故事。

沿北门大街是一排广东人的店铺，他们出售各种商品，有洋货，也有土货。广东人向来擅长做生意，遍布在云南省的各个角落。大型的阳

太平铺回民山村的一处客栈,位于龙江西部30里处。麦加第与作者站在两位兵勇身旁。

伞遮盖着那些屠户的店铺和长条的肉案板。中国人喜爱吃猪肉，所以在这里很难买到羊肉和牛肉。在没有批量需求的情况下，这些屠户一般不提供羊肉和牛肉。

在大理府以北三里远的地方建有三座塔。最大的一座塔大约高达400尺（1尺约为3英寸）。该塔的南面是另一座宝塔。实际上，整个大理府有很多宝塔，其布局合理有序，以确保祥和瑞气。无论宝塔还有其他什么用途，但是它们都使这里的风景增色不少，使原本普通的场景变得如诗如画。在宝塔的后面是远处高山上的飘逸白云。夏天，人们从山上运来冰和雪，在集市上出售。这种事情在远方的叙利亚首都大马士革也经常发生。从高原上流下的融化冰水形成一条条小溪，缓缓地流进洱海。在这些通往大理府的道路旁，还可以看到许多石桥架设在这些河流之上。

我从这条通往缅甸北部城市八莫的大路绕道约三十里，前往大理府了。大理府是中国西部最为美丽的名胜之一，所以还是值得去的。说真的，大理府也是被传教士选作调治将息的疗养胜地。在这里休养几个星期，比传教士长途跋涉回到本国去休养，要节省下许多时间和金钱。

从三塔回来的路上，我经过了一片墓地。据回民朋友说，这块墓地大约长20里、宽3里，有几千人安息在这里。这些坟前大都立有用一整块石板雕刻而成的石牌坊。在石牌坊下，另外还有一块更薄的石碑，上面刻有文字，并且挡住了石牌坊的入口。这种风格的墓碑跟我在中国其他地方见到的完全不同。这些墓碑层层叠叠，一眼望不到边，使这块墓地看起来神秘而可怕。这些坟堆掩埋着一万多名回民，这些静静的幽魂使得此处更令人毛骨悚然。与这个巨型墓场相邻的就是著名的三月集贸市场，可以容纳七八万人在此聚集。在这儿还有一个巨型石龟，背负着一块沉重的大石碑；紧临巨型石龟的地方就是财神庙。

为了方便我拍照，六个兵勇陪同我们前去游览宰羊街。在传教使团

大理府的大北门

的驻地我们享受了一顿丰盛的大餐。其中一道大菜就是我所猎杀的一只肥雁，那只肥雁是我在离大理府约30里处亲自射杀的。我付了200文铜钱（10美分）让一个人把它扛到大理府，走了大约30里，或10英里以上。

那天下午，一位中国鞋匠来为我的鞋子换底，但我要求他必须当着我的面做。在昭通，我曾让人把鞋子拿去修理，结果他用麻线把软皮鞋底缝上，针脚有1/16英寸大小，为此我支付了300文铜钱。由于针脚从外到内缝制，针脚比较大，鞋里面的针脚让我的脚后跟疼了一星期，而新鞋底在36小时后就脱落了。还有一次，我让人做了一双中国式样的高档鞋子，费用是1.5两银子，也就是不到一美元。尽管鞋匠为我量了脚码，但是鞋子做成后还是小了一英寸。在东川，我又雇人为我做了一双鞋子，结果鞋子做大了，我往鞋子里面塞了半英寸的棉花软布还是不顶事。因此，我从传教士朋友那里找了些钉子，有铜的，有铁的，尺寸适当，大约有1英寸长，然后坐下来看这位鞋匠如何做活儿。这位鞋匠把旧鞋底撕掉，换上一个薄鞋底。我看鞋底太薄，让他用两个鞋底一起做底。后来，鞋匠拿出来一个比钉子粗四倍的锥子，钻出许多洞洞，然后把钉子砸进去。结果由于钉洞太大，刚钉上的鞋底就掉了出来。于是我决定亲自动手修鞋。值得庆幸的是，当我还是个孩子的时候，我在家乡多伊尔斯顿的一家小商店里，曾经看过好心的欧文·克罗曼换过鞋底。由于工具不太顺手，我只好费力地做活儿，努力使这位中国同行少要些钱，但结果他要了我三倍的工钱。不过，我的鞋底总算换好了，这一点对我们经常走路和打猎的人来说十分重要。现在我才理解传教士穿着中国衣服的好处，也体会到中国传统服装的做工精细和舒适，价格也比较公道。

人生苦短，学艺费时；

大理府城墙顶上的一个场景

尝试不易，征服更难。

在大理府，我们补给了旅行所需的储备——蔬菜、水果，还有愉快的心情。

第十七章 | 259

大理三塔和远处的雪山

> 若要人不知，除非己莫为。（《三国志》语）
> If you don't want anybody to know it, don't do it!—History of the Three States.

第十八章

鸦片的危害——观音庙——
牢不可破的城堡——臭气熏天的小客栈——回民的棺材——
仁慈的毛拉老师——熏香带来的苦恼

从云南府随我而来的轿夫和脚夫都希望我能继续雇用他们，一起去缅甸。然而，由于横穿中国的最后这段旅途也是最漫长的，从某种程度上来讲，对人和牲畜的体能考验也最大。因此，最好的选择就是重新雇用新人来完成剩下的旅程。我也想过雇用马、骡或驴来负重，但是从长远来讲，人力还是最好的选择。还有，从云南府来的有些人还患有鸦片瘾，不适于长途跋涉。这些可怜的家伙沉溺于这种恶习，使自己一贫如洗！每天一到下午，他们的鸦片瘾就会发作。我见过毒瘾发作的苦力因无法抵制鸦片瘾的侵蚀而倒在地上呻吟，很难使他们重新站立起来。

云南府的总督曾经给大理府的官员发过电报，指示他们给我方便和照顾。大理府的官员拜会了我，并且答应尽力帮忙。于是我向大理府知府提出来重新雇人的问题。这位知府亲自关照此事，最终得到了圆满的答复。我的旅行装备有三个滑竿，每一滑竿有四个轿夫，有十位脚夫挑着我们的行李，其中一个脚夫是工头，还有一个人代表衙门或知府行事，还有四个身穿红衣的官兵作为我们的保镖护卫。

内地会传教士安选三先生送行送到30里外才和我们依依作别。他

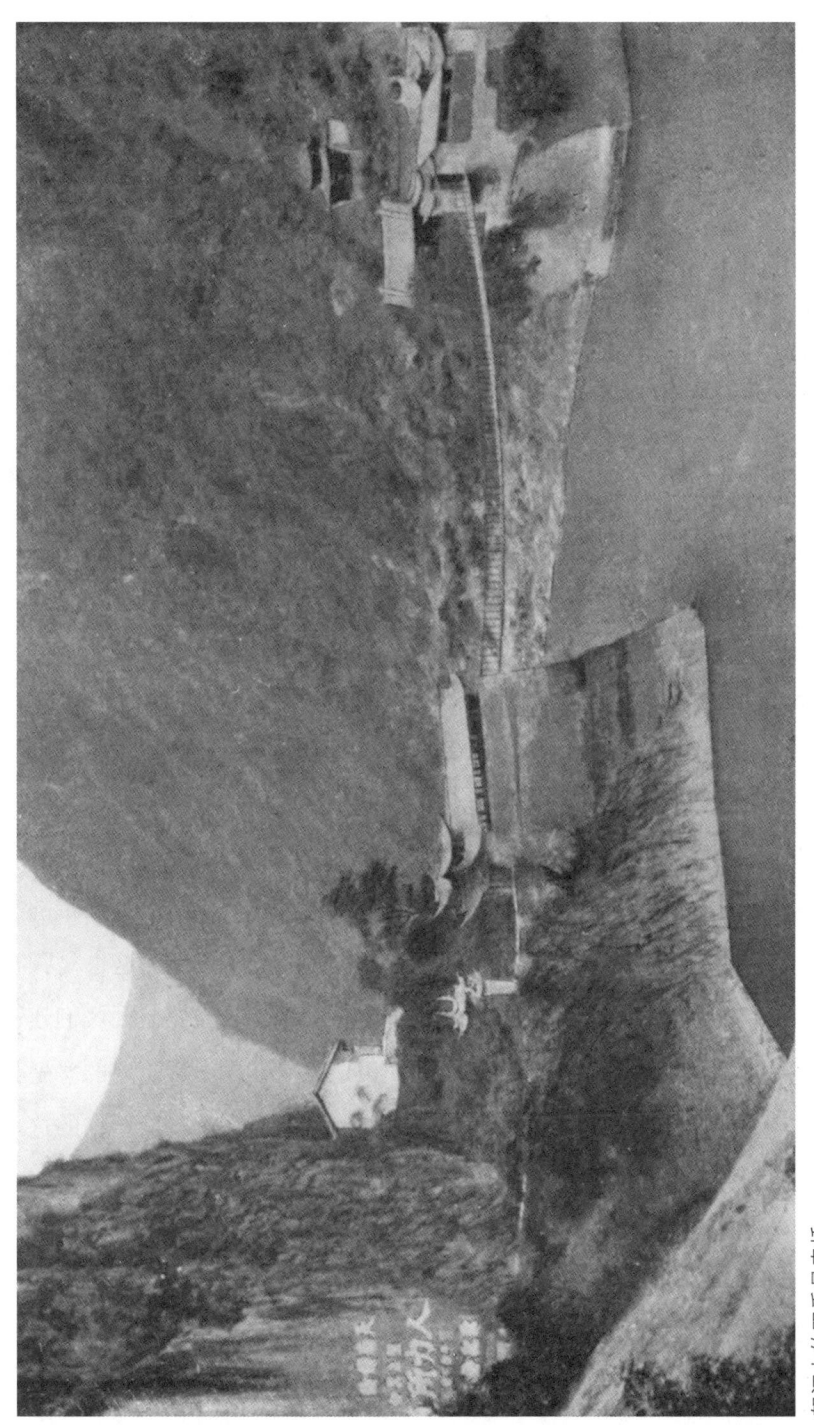

怒江上的双重悬索桥

是一年前才从英格兰来到这里的。我和善良的麦克林先生告别后，旅行队伍就快步出发了，我们从宰羊街（Kill-Sheep-Street）转到东门大街，路经一座不太重要的宝塔，此塔与旁边的文庙有些关系，然后我们就来到了大街。清晨的大理府空荡荡的，只能看到忙碌的清扫工和游荡的狗。我们经过了厘金所，绕过五荣塔就到了道台衙门，此处是云南省都统的官邸。以前这里曾经是回民首领的住处。行人可以通过此处，但是轿子和牲畜必须绕行。道台衙门的两侧竖立着两个巨大的木柱，木柱柱高的三分之二处各有一个V形斗，这在中国就象征着此处居住着达官显贵。因为引人注目的V形斗可以消灾避邪，截获所有的恶鬼，使之远离贵府宝宅，而不会惊扰官邸的清静，并将它们截获，囚禁在半空中。正当我们经过那儿时，我们听到了一声炮响，也许是为我们送行，也许是提前打开南门的信号，以便不耽误贵客行程。我们只等了一会儿，看门的老人就拿着锈迹斑斑的城门钥匙打开了门。一尊旧式火炮就摆在大街边上，街对面就是卖纸马的店铺。纸马烧掉后，亡灵在阴间就有马骑了。

我们走过一座石桥，经过了几个村庄。只能依稀看到它们昨日的规模和繁荣。这里的一切都十分安静，村民们都还没有起床，只能看到街道的墙上贴的神像。一座宝塔坐落在大理府的南边，保佑着那一带的平安和繁荣。通往下关的30里路上都铺着十英尺宽的石板，这也是我在中国见到过的最直的道路。苦力的工头告诉我说，这条路是回民们建造的。他的话可能没有错，因为这里的回民还没有受到讨厌直路的恶鬼骚扰。当来到"三月约定"的大树附近时，人们告诉我大理府所在的这个盆地平原上共有300个村落和360个庙宇。这些村落大部分都是由当地人组成的。他们跟早期的汉人通婚，并拥有自己的语言，他们的汉语足够应付他们和汉人的日常生意。对于喜欢美丽传说的人来说，这条路上最有趣的地方还是观音庙。在观音庙的门上题写着"巨石处"。我们停下来敲打庙门，然而此时天色尚早，对看门人来讲，实在不太方便。无奈之下，我们只好继续赶路。观音庙里有一块神秘的大石头，它被罩在一个亭子里，亭子周围是一个长着睡莲的水池。关于这块石头，当地人还给我讲了一个动人故事。在很早以前，一支缅甸军队前来偷袭大理城。观音菩萨化身为一位老太婆，随身带着这块石头，其大小相当于远洋客轮上的头等客舱。缅甸士兵问老太婆说："老妈妈，这真是一块大石头么？"她回答说："是的。"然后，那位战士接着问大理城的所在方位。老妈妈告诉他，大理城近在眼前，但是如果他们胆敢前去，就会全军覆灭。然而他们不顾告诫，继续进军。当军队在一处泉水旁饮水时，突然山洪暴发，淹没了大多数士兵。其余的士兵仓皇而逃。就这样，观音菩萨保全了大理城。也许就是因为她把那块巨石扔进溪水上流而引起的山洪！

不到两个半时辰，我们就进入了壁垒森严的下关城。穿越了许多城门和城墙，我们在一个名叫"聚远海"的饭庄停下来吃早饭。

按照中国人的看法，这里是大理府牢不可破的外防线。此处有一道城墙蜿蜒而出五里远，直到与一个狭窄的关隘相接。我们的行程就是沿着漾濞江对岸的道路而行。现代的大炮足以把城垛上的仙人掌掀入护城河内。护城河的河水是从大理洱海里流出来的。城墙的尽头是一个厚实的砖砌城楼。优雅的拱形城门横跨出城的大路，城门上书写着"天生德"三个大字。在这里，漾濞江变得只有十英尺宽，从一座十分美观的小桥峡流过。有个女人背着筐从我们身边走过，筐里一头黑猪把头伸出筐外。猪还哼哼地和我们打了招呼——这比那些夜间的航船更有礼貌。这条路上我们还看到接连漾濞江的连续险滩。江两岸直到藤桥都种有绿芽绽放的垂柳树。四十里桥是一座木质单孔廊桥，上面有护棚，护棚上有许多通风孔。它是我在中国所见到的唯一封顶的木质廊桥。在这一带温暖的山谷中，风景如画。罂粟花盛开，桃树花枝招展，芥菜花飘香，满地的黄豆苗也吐蕊添色，整个迷人的山谷都充满了奇异的芬芳。

离开下关边城，我们来到了丹芝涌村。在这里我六文铜钱就能买一个鸡蛋，也就是说只要3.5美分就能买到一打鸡蛋。在这个村庄的下面，离漾濞江不到30英尺的地方有块宛如头盖骨的巨大岩石，20英尺长，极像美国报纸上的那些滑稽插图。大岩石跟其他景物格格不入，使人联想起一位与众不同的爱尔兰人的夸张脸形或头形。

当我们进入漾濞村时，天色已经黑了下来，我们打算在这里过星期天。漾濞村虽然只是一个小镇，但四周都有城墙，还有一位军事官员驻守在那里。这地方离大理府仅有130里，地势十分重要，因为它据守的山路和关隘，经常有走私者出没。据说，当大理府被大清帝国攻陷时，两万名回民造反者企图从这里突围，但是由于通往漾濞的这个关口有清军把守，易守难攻，最后他们都没有逃出去。我们找到了一家名叫"义营"的客栈，这个店非常糟糕。我住的房间连朝外的窗户也没有，往里面看只是一个边长为20英尺的方形院子，现在被用作四只大黑猪和其他很多小猪休息和喂食的猪窝。因此，四周都被搞得臭烘烘的。客栈是一位陈姓老板打理的，陈字的汉语意思是陈旧败落，这倒和客栈的状况名副其实。正如科勒律治对科隆的描述：

我闻到了八九七十二种气味，
各不相同，有的堪称臭气熏天。

可怜的老人，他已60岁了，患有肺结核病，苦不堪言；他的老伴患有坐骨神经痛。他30年前迁移到这个地方，并修建了这个客栈。客栈前面挂着的招牌上写着："客官须知，当差的、做生意的以及其他过往人等，欢迎入住新建客栈。"

星期一早晨，天色未亮时分，我们就离开海拔高达5000英尺的漾濞小镇，继续赶路了。我们跨过漾濞江上的一座悬索桥，走了一段陡峭的上坡路。我们点上了六个灯笼，还点了六个用劈开的竹子扎的火把来照明赶路。我们在山坡上各种稀奇古怪的影子中穿行，有点吓人。由于周围有些坟墓，因此手持火把的带路人在路上点着了一堆火，用来阻止鬼魂追赶我们。三小时之后，根据气压计的测量，我们所在之处的海拔就已经高达8000英尺，周围是茂密的森林，包括桑树、各种蕨类植物和其他树木。盐井离漾濞大约有45里，尽管这里地势较陡，但仍然可以耕种。一座悬索桥横过长河。我们走了120里，来到了一个名叫"黄连铺"的小村庄。尽管天色尚早，我们还是决定在这里过夜。走了一天路，我们一行人都表现不错，心情也比较乐观愉快。在这里，我发现甲状腺肿十分流行。我们客栈的老板娘就患有严重的甲状腺肿，说话很吃力。

星期二，我们又走了120里。我们出发的地方海拔5290英尺，后来我们向上登高到海拔8410英尺的地方，然后才到达了海拔5520英尺的株东村，在那里我们又度过了一夜。次日上午11时，风突然越刮越强。天气变化如此多端，除了在加利利海上外，我在旅途中真的很少遇到过。这阵强风过后，我们遇到了五个日本人，他们都是工程师，为人比较热情，会说英语。在携带步枪的护卫陪同下，我赶紧下山，来到了美丽的阳平坝子。

在飘香的花丛中和路人的注视下，我穿过那块平原，来到了株东村，下榻在"再来"客栈。在我住的房间里面放着一杆需要两人才能使用的火铳，这种火铳在云南府军械厂仍在生产。射击时，一个人要把枪管放在自己的肩上，另一个人则在后面瞄准射击。一旦长枪发生爆炸，这两个人都会被炸死。而这种事情经常发生。这个危险的长枪长达8英尺。我住的房间在楼上，风景也不错。整体说来，这个客栈还算令人满意。我离开所在的秋冬街去散步，转过北门大街就到了明君街，并走进了一个回民礼拜寺的所在地。在路边，我从一位老太婆那里买了些甜薯，但她要了我两倍的价格。站在旁边的一个男人有一些铜扣子，上面还有维多利亚女王的头像。清真寺的外门有一个每一面都有窗口的六角塔楼，权当是光塔吧。礼拜寺的整体状态保存得还比较好，最近的修复就花费了 800 两银子。这条街上住着大约 200 户回民。毛拉[①] 十分友善地接待了我，并在宽敞的教室里请我喝茶，他正在那儿给 60 多个学生教授《古兰经》。他们居然都吃槟榔！这个礼拜寺是拥有 1.4 万名学生的伊斯兰教爱资哈尔大学[②] 的一个缩影，表明这些穆罕默德的追随者们都是些虔诚的信徒。进了礼拜寺的大门，一股浓烈的气味直冲我的鼻孔。一扭头，居然是用绳索捆好，准备抬到山上去埋掉的两口棺材。回民的棺材不像汉人的那样密封结实，而是备有可以活动的木板，当尸体放进墓穴之后，这些棺材还可以继续使用许多年。礼拜寺的壁龛朝向圣地麦加，而在长 50 英尺、宽 30 英尺的祈祷室里，地板经过打磨，上面铺着些兽皮，以便于祈祷者跪拜。那天晚上，这位回民领袖和他儿子到客栈回访了我，他儿子患有皮肤病。我们建议他试用肥皂和涂油疗法，并给了他一块肥皂。对于猪油，作为回教徒的他有些为难。但最后他还是说："那我就把猪油当作药物用一用吧。"下午我们告别时，他送了我一个从礼拜寺前面的橘子树上采下来的橘子作为礼物，这与那块肥皂就算扯平了。当时我正在写作，他叮嘱说："不要忘了写上，我信奉回教。"他为人热情，作为毛拉，他每天要祈祷五遍。星期五，也就是回民的星期天，他要给 80 名信徒讲经。

流经这一平原的长银河在每年的七八月份都要涨水，这是山上暴雨的结果。八年前，过河时，人们总是从一块石头跳到另一块石头上，但

[①] 伊斯兰教对于学者和宗教首领的尊称。

[②] 爱资哈尔大学（El Azhar），于公元 970 年在开罗伊斯兰教寺院附近创建的一个学校，主要教授伊斯兰法律、神学和阿拉伯语，后又增加了哲学、医学和社会科学课程，故被称作大学。

第十八章 | 267

澜沧江上的悬索桥桥面

作者在海拔 8000 英尺的一处山泉边刷牙

是有一次，一个巨浪突然打来，瞬间吞没了好几个事先毫无防备的过河人。

星期三，也就是3月4日，阴历光绪二十九年二月初六，时值60年一轮回的癸卯年，我们起了个大早赶路，这一天的山路和前一天的路一样难走。我们出发地的海拔是5500英尺，后来升到8510英尺。再后来我们到了平坡，海拔已经降到4920英尺，但这是巴伯的测定。根据我的气压计测量，这里的海拔却高达5000英尺。路上的一些地方灌木丛都比较茂密。有一次我们还遇到了来自缅甸的一个商队，共有驮着外国货物的200多匹马和驴。

从沙阳河坝子往山上走是一个个陡峭而幽深的山谷。山坡上梯田错落，满目青翠。往下走约100英尺，就会看到一片平坦的墓地，每个坟头都是白色的，过年的时候人们都会来给坟墓刷白。这些坟墓都朝向正南，准确得就像用指南针测量过。我把我的袖珍华氏温度计挂在一个较高的仙人掌上，温度显示是52度。沙阳河村距离株东镇有75里。村口有一座桥，桥上设了一个捕妖的陷阱，也就是为阎罗王建立的一个小庙。据说，这个阎罗王庙能够把牛鬼蛇神挡在村外，使得它们无法骚扰村民。在这个歪斜的小桥旁边有个官方的客栈。这里共有200户人家，六座庙宇。每隔五日这里都有集市，每逢集市十分拥挤热闹。在"大增客栈"吃过午饭之后，我们继续赶路，并在下午两点半时来到了20里外的湄公河边。从这里开始的下坡路是我在大清帝国所见到最崎岖不平的山路了。路的尽头是通往湄公河边一段平整铺石大路，这条路似乎是由工程师主持建造的。通往一个悬索桥的路途上景观十分壮观，丝毫不逊色于扬子江上的风光。在桥的东端写着"山高水长"，西端则写着"西部严治"。河水从幽暗的峡谷流出，河上的这一悬索桥跨度大约有60码，去年刚刚重修过，花费了8000两银子。这笔钱来自当地官员和地方乡绅的捐助。这些是桥东的厘金关卡人员告诉我们的。云南省所有的悬索桥似乎都是按照统一的规则来修建的：七英寸长的椭圆形铁环连环相扣，组成悬索桥的主体构架，两端有石墩牵引加固，悬索的弧线一般不大。悬索桥上铺有木板供人行走，桥的两边各有一条扶手链，以免过桥人掉进河内。至于中国人如何拉紧这些锁链我一直都没搞明白。湄公河上的这座桥也有庙宇和各种神灵的保护。过了这座桥，西行大约五里，我们就来到了湄公台地，或叫平坡村。村庄下行500英尺便是美丽的湄公河了，对面即河东面的山峦则显得陡峭而荒凉。

我问当地的一位老人："你们这里是否出现过圣人或大学者？"他回答道："没有，这里的孩子从未上过学堂，我们只不过是天天干活，为填饱肚子而忙活。"人们常常认为中国人都受过教育，其实完全不是那么回事。有数百万儿童上过三年学堂，学习一些字的书写和读音，这点确实不假，但是他们不知道这些字的意思。多数人从未学习过这些字的意思，除非这些字在他们的生意中不可缺少。后来，这位平坡老人纠正了自己刚才的说法，补充道："对了，我们这里也出现过一位伟人。""他做了什么呢？""哦，他活了107岁。"

在我住的上房中摆放着财神爷的神像和祖宗神位牌，还贴着一张画着天和地的张贴画。在它们前面有一张供桌，摆着各种器皿作为焚香的香炉。这些容器的五分之四已经装满了香灰。那位107岁寿星的孙子走上前来，在财神爷的面前放上了两个香炉，明显是祈求财神爷保佑他早日发财，在其祖先灵位和天地画前各放了一个香炉，然后他就在每一个香炉中插上了香。前一天晚上我们见过了那位回民的宗教情结，这次我们又看到了这位菩萨信徒的心灵所向。

为天地、为祖宗和为财神而焚烧的香火弥漫着我的房间，使我彻夜难眠。那位小伙子来了之后便点燃了那些香，然后让我来闻它们的味道。我当时就想把这些东西扔出屋去，但是随同的翻译面露难色，告诫说这样会引起当地的骚乱，因此我也只好作罢，让他们继续敬拜他们的祖先、

第十八章 | 271

在华西澜沧江大峡谷处的悬索桥上远眺

天地和财神吧，直到发现更好的崇拜对象。不过，我后来把那些香火掐灭了。除了这些不便之外，还有大约 60 头驴留宿在了这家客栈，它们的主人在露天院子的货物旁边酣然入睡。

> 良药苦口利于病，忠言逆耳利于行。
> Effective medicine embitters the mouth, but heaks disease,
> Faithful words offend the ear, but reform the conduct.

第十九章

怪诞的队伍——婚宴——古老的节日——
幽灵山谷——怒江的妖怪——苦力的迷信——不知感恩的病人

3月5日雄鸡报晓时分，我们打着灯笼，燃起火把，在四名兵勇的保护下离开了平坡村那家客栈和那弥漫的香火，但并没有给人留下傲慢的印象。我们的行进队伍是这样安排的：最前面是一位兵勇开道，然后紧跟着当地一位举着竹篾大火把的苦力，这种火把火焰高，亮光足；然后是四个壮汉抬着我的滑竿，再后面是我那位翻译坐的滑竿，也是由四人抬着；接着又是一个火把工；再下来是秘书的滑竿和一个火把工；跟在后面的依次是其他兵勇、挑行李的苦力队伍、姓周的工头和殿后的兵勇。在我旁边走着一位身手敏捷的兵勇，他扛着我的连发来复枪。他得到命令，要在任何时候都跟我保持在10英尺距离之内。在犬吠声中，我们一行人慢慢地走到了空荡荡的街上。路旁是两排泥墙茅屋。走出街的西口之后，我们就开始攀登一段陡峭的上坡路。在火把的照耀下，脚下山谷中映现出许多怪异的黑影，让人倍感恐怖。当善搞恶作剧的火把工把山谷边的蒿草点燃后，黑沉沉的群山随着天际的一抹亮光而变红，鬼影的效果也更加强烈了。在前面的黑暗中，可以听见瀑布声，看来我们离山顶还很远。一条山路蜿蜒而上，山路的状况尚好。山路有着石头路面，而且路边还配有石栏杆，这样的路不会让人感到焦虑，只是要费力去攀登。有好几处，这条山路要经过高高的单拱桥，桥下很深才是水势湍急的溪流。在这样一座风景如画的桥边，竖立着一块石碑，上面刻着石桥捐助人的姓名和事迹。在石碑旁边还有一个常见的捕妖台。离开平坡村约两个小时后，我们就到了水护村，接连经过两个水井，我们也没有停留。走了不到三个小时，气压计就显示我们已经到达了海拔8000英尺的地区。由于平坡村的海拔不到5000英尺，我们的旅程显然是往上走了许多。路况较好，景色也佳，地势险峻的山谷中还有农家的几间草屋，给人一种宁静的感觉。这里的人口稀少，绝非那些闭门造车的人口统计官员所能核实。云南省官方的人口统计竟然超过600万。然而，有经验的人告诉我，云南省有许多类似水护村这样人口稀少的地方。如果那天的观察可以作为估计云南省人口的一个标准，我想其人口总数至多不超过500万的说法是不会错到哪里去的。这一天，我们遇到了一队队长耳短尾的驴子被一群短耳长辫子的驴夫们赶着去贩盐。

走了50里以后，我们就到了牛轭村。这里只有两个饭庄，根本没有见到牛。我们在这里停下来吃了早饭。我们用一个昭通的篮子装运了一些松糕、洋葱以及其他蔬菜，以备充饥，省得在路边店耽误更多的赶路时间。在这里，我吃到一种新的糯米饭，可以说是我所吃过的最黏的米饭。吃糯米饭时，我已经吃过了早饭，有点吃撑了，而后来又多次吃撑！一队做百货生意（包括鸦片）的广州游商恰好也在此地休息。他们有四个人佩带着装备精良的来复枪。后来我们又来到外存坝子，一路上我们看到的坟墓就像倒扣的煤斗。

这个地方以棺材和染织而著称，大约有500户人家。一堆堆的棺材和色彩鲜艳的染布格外吸引游人的目光。在八莫和大理府之间做生意的商队马帮经常在板桥村停下来换马和进行休整，因为这儿有很多铁匠铺。板桥就在村子的外面，横跨一条河流，它灌溉着著名的永昌坝子。在桥的那边是一条沿河堤而建的大路，路旁是农田里的水塘，以备旱灾对水的需求。

穿过平原时,我用200文铜钱买了一只阿默斯特野鸡。这只野鸡长得太漂亮了,我们的翻译不舍得杀死它,打算把它带回家去。

一路上,我们看见到处都是香火和纸钱,这都是为了安抚恶鬼的,也是为了给新鬼提供赴阴曹地府的盘缠。

在进入永昌府的北门之前,要经过一片宽敞的土地,那儿长满了茁壮的庄稼,还有些废墟,表明过去曾经有过一段更加辉煌的时光。现在,这片土地上的庄稼收成足以养活这里的驻军。而这个城市早已不再繁华。乐屋客栈的老板叫李胜,他安排我住了一间上房。这间房很少有人住,平时也就是储存杂物和灰尘的地方。房间的一面墙上挂着一幅美丽的圣山仙境图,上面有许多庙宇,还有几位模样独特的仙人。我撕掉了画上贴着的一些红纸。

稍做休息后,我就离开了聚乐街上的乐屋客栈,转到了侍郎街。在那里,我有幸抓拍到了两个戴着沉重脚镣手铐的犯人照片。

这里的文庙正在修缮之中。从这里我们就转到了府门街,路过了府衙,来到了粗茅街。这条路可以直通到圣山,也就是中国人平时所称的平保山。此地的中心庙宇就是财神庙。周围的植物为这里增色不少。过了龙门就是一座中型宝塔,它维系着这里的风水平衡。在龙门附近,我们与一队娶亲的队伍相遇。人们用托盘盛放着烹制的猪羊,然而最重要的一道菜肴却是一个鸡头和两个鸡翅。这支娶亲行列正前往新娘的家。这儿的中国人对于老母鸡的头和两只鸡翅情有独钟,倍加珍视。

马神庙是这儿一个神秘的地方,然而我们急着要赶往新碑街,去看那儿几块立了已经300多年的石碑。这条街的名称也是来源于那几块石碑。据说,这些石碑是人们为了纪念一个石姓家族两三代人的功绩而立的。石家的几位后人曾经数次科举高中,在北京获得进士功名。当地的一位隐士告诉我,这些石碑是由皇帝颁旨,并由当地乡绅捐钱而建的。

当地的县令命令城门守卫次日凌晨要早早开门,以便让我们启程赶路。而正常的开门时间是日出时分。我于凌晨四更时分告别了乐屋客栈，再次上路。出城不久，我们就开始了上坡路。我走在队伍的前面，突然两名士兵跑上前来，把一块石壁指给我看。在依稀的晨光中，我可以辨别出石壁的位置所在。他们用手势比画着这块石壁的与众不同。此时我心中突然闪过可怜的马嘉理被杀时的情景，然而我还是跟他们来到了一个名叫"大石花洞"的自然洞穴前。此洞穴离永昌府大约有20里路，离石花亭村约5里。这个洞口大约有15英尺高、15英尺宽。往右一拐，人们就进入了洞穴的内部，据说石洞延伸到山里很远的地方。洞口处有供奉着三个菩萨的神龛：玉皇大帝、石洞神和土地神。旁边还有两位侍神。这些都是保护神，因为人们相信，黑黢黢的石洞深处窝藏着许多妖魔。三百年来，每年都有成千上万当地的民众和官员在正月十五日聚集在这儿祭祀神灵，而许多商人也趁此机会推销他们的商品。由于祭祀活动仅此一天，所以参加活动的人们大多是来自方圆50里之内的当地人。我的随行人员不知道这一活动是如何兴起的。然而祭祠的主要目的无非是取悦诸神，以便它们能降福世人，为永昌城带来繁荣。

中午过后不久，我就从轿子上下来，和其他人一块儿赶路。那些兵勇背着来复枪、照相机等，行走十分缓慢，因此我把这些物品拿了过来，让那位姓李的忠实小伙子帮忙携带一部分，而其余部分都上了我的肩膀。这样我们就加快了脚步，争取天黑前到达怒江，能够拍到著名的怒江大桥的照片。我想让我们赶到那儿过夜，其实这问题不大。然而自从威尼斯旅行家马可·波罗的时代以来，人们对于这一险峻的山谷就一直心存恐惧，使它变成了邪恶的代名词。工头因激动而涨得满脸通红，振振有词地对我说，他手下人的命比银子贵重得多，似乎他对他们关怀备至。这真是天大的笑话。在笼罩着死亡阴影的山谷中，这位工头吓得有些两脚发虚了。不过，这段路程也是我穿越中国之旅中最为艰难的一次徒步跋涉。阳光炽热难挨，道路崎岖不平，我的鞋底薄得可怜，从上午九点以后我只吃了四小块本地的核桃饼，腹中早已饥肠辘辘，没有地方可以喝到开水，行李又压得人们喘不过气来！好几次我累得坐下来喘气休息，好几次都忍不住要喝路边那清澈的流水，但是一想到这水中也许会有从上游冲刷来的农田粪水，便感到一阵恶心，也只好望水兴叹了。离怒江大桥尚有十里时，我发现了一个茶铺，连忙奔了过去。茅草屋顶的茶铺让人感到很愉快，尽管那里只有爆米花和热水能补充体力。

我很快就把一盆爆米花吞下了肚子，喝了些热水，感觉舒服了许多。然后我们继续赶路，争取天黑前到达怒江大桥。路沿着一个陡峭的山谷，上下起伏。仙人掌随处可见，从缅甸来的驴队客商也络绎不绝。尽管历尽艰辛，疲惫不堪，但我们终于顺利到达了目的地。我沿着在石壁上凿出来的台阶走下去，来到了怒江的双悬索桥，及时拍摄到了台阶旁边的捕妖台。然后我们又到了观音庙，稍事休息。我的卫兵用帽子捂住鼻子，费力地呼吸着。据说这里曾经瘟疫流行，因此他害怕吸入山谷里的瘴气。也许这儿的空气不太健康，也许有疟疾流行，但是情况还不像迷信的当地人所宣称的那么严重。我眼前的山谷出奇地美丽，也许这算是"海妖的微笑"吧。有的时候，很少有人胆敢冒险穿越这里的山谷，不过此时的山谷是一年当中最安全的季节。

这座跨越怒江的悬索桥，或双悬索桥（在这神秘的山谷中竟然有两座锁链桥）约有140码长，两端都有砾石固定。雨季时砾石会被大水淹没。在怒江中央支撑铁锁链的是建在天然岩石上的一个巨大桥墩。许多工匠被雇来检修这个支撑铁锁链的桥墩，光是这项费用就有两千多两银子。因此我到了这个桥墩后，必须从那儿下到河床的大石头上，并从那儿爬到怒江对岸。

第二座悬索桥尽管也已经能用，但是那一天不是启用的黄道吉日。据说这个黄道吉日是今年的三月初三，届时人们就可以游览这座桥了。但我必须住在这座桥西端的小村内里，一位村民非常希望我住在他河边的家中，但是我觉得最好还是住在厘金局的关卡里。那儿有一个院子，里面堆满了木材，以备铺桥板使用，木材都位于一棵大榕树的阴凉处。在这里我看不出有丝毫的瘟疫痕迹，据说瘟疫曾使这个美丽的地方变得一片荒芜。这里的人们面色红润，要比我在中国其他地方所看到的人更为健康。人们对我们十分好奇，但都很有礼貌。我坐在厘金局的门廊里，看到桥对面的那个捕妖台里传来了亮光，因为有人点亮了那儿的一个灯盏。

传说有一个巨型的两栖怪物生活在怒江里面，那就是致命瘟疫的始作俑者，靠吃掉进江里的人和骡子为生。如果没有东西掉进河里，他就会爬出来，吞噬人类和骡子。有一天，一位汉人兵勇正在岸上巡逻时，这个怪物突然现身。这位兵勇举枪射击，打伤了怪物的腰部。这时，该兵勇请求围观的掸人村民帮助他捉住这个怪物。但是掸人拒绝了他，说如果他们杀死了这个怪物，这里的瘴气就会消失，汉人就会来强占他们美丽的乐土。

> 宁可忍受现有那些苦难的折磨，
> 也不愿逃避到那些不熟悉的苦难中去。[①]

天黑后，那些挑着行李铺盖和箱子的脚夫才赶到，于是我设法找了些吃的东西。然后他们把我的床铺安排在厘金局的进口处，不到8点我就上床睡觉了。夜里好奇的过往行人的灯光使我醒了好几次，"一会儿熟睡，一会儿浅睡，一会儿用手捂着耳朵睡"[②]。就这样折腾到夜里11点，那些赌博的、抽大烟的、酗酒的才渐渐散去，那两扇厚重大门才被锁上。

[①] 引自莎士比亚《哈姆莱特》中主人公的一段著名独白："To be or not to be ..."（第三幕，第1场，第82—83行）。
[②] 引自《旧约·箴言》6：10。

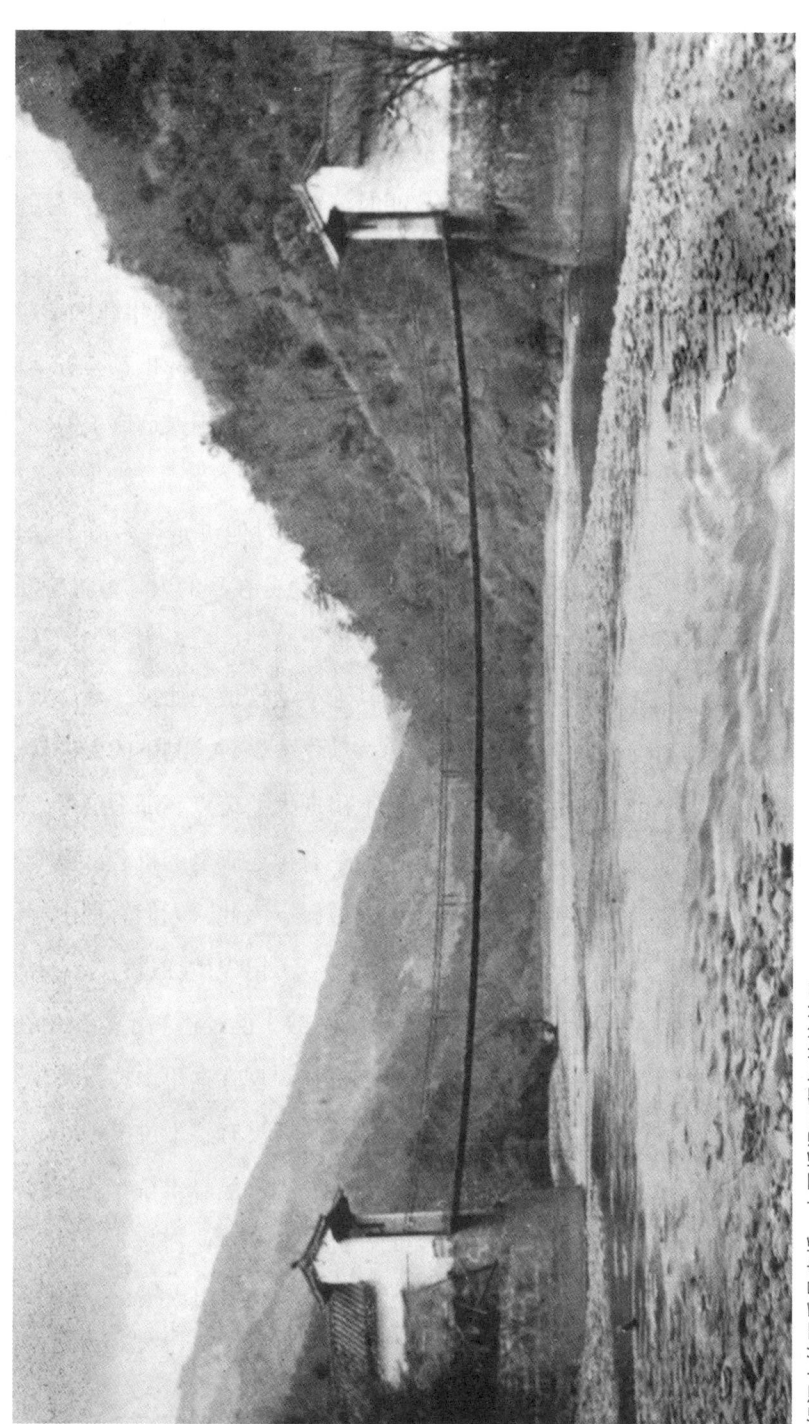

怒江上的双重悬索桥,中国桥梁工程智慧的结晶。

有两名兵勇就睡在门旁,我的照相机、三脚架、来复枪及其他物品都放在了我的身边,免得别人顺手牵羊,好在一夜平安无事。旁边有一个死水池,里面长满了各种微生物。我的旁边还睡着一只硕大的公鸡,一夜守时地扑闪了四次翅膀,并且还在黎明时分来了个雄鸡报晓。传播病菌的老鼠不停地跑来跑去,我想广东的瘟疫可能就是从这个老鼠窝传出去的。为了修缮桥梁,此处有许多为苦力、木匠、石匠们临时搭建的茅屋。我们的脚夫希望能在日出前就穿过这个山谷,而这个时候也是一天中最不好走的时候。他们很迷信,而迷信以无数方式给中国人造成了数不尽的灾难。

1877年,当麦加第先生穿越怒江时,人们对他讲了许多故事。其中许多故事现在仍在被人讲述。在那时,只有急务在身的人才敢过怒江。人们告诫他不要在溪水中洗手,以免手被毒水腐蚀烂掉。当时人们认为瘟疫来自土地。瘟疫来临时,狗、猫和其他小动物最先死掉,然后是猪及其他大点的动物也以相同的方式死掉。动物死光后,剩下的人们就会成为瘟疫的下一个牺牲品。如果人的身上出现大的斑点,那么这个人就必死无疑。如果斑点不靠近内脏,那么他还有生还康复的机会。瘟疫发生后,房屋被遗弃,被感染的物品也无人敢碰。因此,人们有理由相信香港的瘟疫就是从这儿传播过去的。曾经为麦卡锡先生扛过行李的苦力就死在了归途中。当麦卡锡访问这里时,大多数人已经逃离了这个山谷,搬到了山坡上露宿。许多小山上都摆满了棺材。现在这里由掸人耕种开发,终年生活在这里。那些出生在平原的后来者没有感染过瘟疫。

当我们往山上走了许久以后,回头还能看到那座悬索桥。从合磨枢(Homoshu)处观看下来的景色是最美的。此处的高度是海拔5560英尺,而怒江的高度则是海拔2430英尺。下面的平原,稻田纵横,圆锥形的山包此起彼伏,静静流淌的怒江,以及两岸远处的山峦溪谷,这些勾画出了一派迷人的自然景观,真能让那些爱好自然的人们流连忘返。

合磨枢是一个小山村，村子里的街道都是用石板铺成，房屋则是用泥砖垒成。竹管把纯净的溪水送到各家各户，供人畜饮用。这里就像是著名的天福头绵羊的故乡。有一位居民，即所谓山里的预言家（就是那个身上有维多利亚时代铜纽扣的智者）告诉我，过去汉人是不敢在这个平原上停留的，但现在他们只在雨季才离开这里。那时，厘金局的收税官们会上山去休养。在雨季，人们在早晨会看到山谷里红、蓝、黄三种颜色的雾气。如果外来人吸进这些雾气，他们就会丧命。在一场夏雨之后，致命的雾气就会慢慢地在这个美丽的山谷弥漫，将它笼罩在死亡之中。雨水浇在这儿的黄土之上时，黄色的妖怪就会吐出黄色的雾气来。我问随行的一个姓杨的脚夫，为什么人们不把那些黄色的妖怪找出来，进行围剿。他说，由于平原太大，人们无法找到那些妖怪。我又建议他们多栽些树木，他说这里的人们不知道如何栽树。这里的瘟疫疾病可能是这样造成的：首先这各地区本身就不太卫生，而那些苦力和其他人又心存恐惧和不安，从而造成身心疲惫，再加上喝了那些没有烧开的生水，于是虚弱的身体就会支撑不住而病倒。于是他们就以为是误吞了那些雾气！我们随行的一些苦力脚夫就是这样病倒的，而且还发起了高烧。他们所有人都诅咒那该死的山谷及其雾气。

在我们穿过海拔8730英尺的关口最高点时，我的随从小李不幸病倒。他躺在路边，痛苦地蠕动着，喊叫着："救命啊，救命！"我给他喂了药，他的同胞用中国的土办法给他治理了一番：使他的胳臂露出，用水洗湿了他的肘部内侧，抓捏他的第一和第二手指的第二个关节处，还有他的颈部，这都是对抗刺激疗法。后来疼痛再次袭来，他拼命地叫喊："救命啊，救命！"我们用滑竿抬着他，我下来走路，后来，当我给他的药药效发作后，他的情况立刻好转了许多。他还吃了些姜块，他的一个同伴把姜块放进了他的嘴里，这无疑对他有所帮助。第二天，那些不听劝告而喝了生水的几个脚夫再次病倒，他们都诅咒那倒霉的雾气。当小李完全康复后,他居然没有丝毫的感谢之心!我希望他不要忘了,他坐在我的滑竿里,而我却用脚走路。我们给他的安慰、药丸、滑竿,还有美好的祝愿,而他对此都没有丝毫的感激之念!这个人的性格像其他中国人的性格一样让人难于琢磨。这个地方以前无疑更加让人望而生畏,但现在这儿的情况肯定已大为改善,也许这是因为人们的迷信心理已经被那些实用的常识所取代的结果吧。

我在一个名叫太平铺的山村里度过了星期天。这个村里有许多回民和牛肉,当男人经过时,女人都要起身致敬。这儿的空气比较清新。村子的海拔高度是7800英尺,四周是森林茂密的群山和绮丽美妙的景色。当然,在回民的村子里,邪恶的事情肯定比佛教村子要少。

千学不如一见
A thousand learnings are not worth one seeing.

第二十章

中国人对洋药的信任——腾越坝子——
大同传说——泥煤的起源——中国药丸——
腾越需要传教士——蓝友三——无价的珍珠

三名身穿红色号衣的兵勇在太平铺山村官方客栈的门廊上露宿了一夜。他们在我睡的房前生了一堆火，并且用竹席竖起来挡住那寒冷的山风。凌晨三点半，我们举着八英尺长，捆成一团的竹子火把就启程了。离开这个小山村，我们就开始了通往金水江30里远的下坡路。路途崎岖不平，并且还有许多意想不到的弯路。当我们经过悬垂的树枝形成的林中拱道时，居然下起了倾盆大雨，使得我们的苦力行走极为不便。如果在一个温暖晴朗的天气中路过此地，这里的景色无疑会令人心旷神怡。当到达竹村时，我们的火把就已经燃尽了，这和太平铺的马姓回民老人所预言的一样。但我们只需停下来重新点燃新的火把。三个小时后，我们终于到达了金水江。这一段路是缓坡，我们沿着它步行下来。通往江岸的路要经过一座木制的廊桥和几户人家。到了一座铺着木板和有木护栏的悬索桥时，我发现我们已经下到了海拔3500英尺的地方。这条江的江水很清，流在深谷中，很快就形成湍急的水流。江对岸是陡峭的山崖。又走了半个小时，我们就来到了橄榄林客栈。在这里我们停下来吃早饭。我们刚走进客栈，就有一个可怜的家伙走了过来，他举着鲜血淋漓并且红肿的手跪在我们面前，乞求医治。尽管中国人不喜欢外国人的东西,但是他们却愿意吃外国药丸。我们让人在地上生了一堆火,以便大家把自己淋湿的衣服一件件烘干,以免在旅途中丢人现眼,让人耻笑。重新启程后,我们在橄榄林和大通村之间的旅程,艰难而充满冒险。

六个小时后,我突然瞥见了腾越坝子;转过一个山角,我们首次看到了腾越城。平原上精耕细作,一片繁忙的景象,跟我这么多天来所经过的贫瘠而荒凉的山区形成了鲜明对比。这个美丽的平原大约有三英里宽,好几英里长,位于一个陡峭坡地下约一千英尺。平原上散布着26个村庄。腾越城本身是一个巨大的椭圆形,四周有黑色的围墙围着。看起来这个城市好似一个封闭的公园,而不像是一个边塞要城。在一条崎岖小路的尽头,我们开始在稻田里穿行。在田间的水沟里,当地妇女正在洗菜,准备为家人做饭。

大通位于城东八里,它也有自己的传说。很久以前,这里有一家农户,家中有一个男人感情炽热,娶了妻子以后生了五个儿子。第一个儿子生下来就是大红脸,刚出生就能开口说话,举止宛如成人。但是这个孩子任性调皮,有一次闯进家中祠堂,爬到供奉祖宗牌位的供桌上,坐在那里不下来。他父亲见状,惊呼:"这孩子太离谱了。"于是就毫不犹豫地用锄头把他杀死了。第二个儿子生就一张草绿色的脸孔,刚出生也会说话,也爬到了祠堂的供桌上不肯下来,于是父亲就用相同方式打碎了他的头盖骨。第三个儿子长着一副杂色脸,也跑到供桌上,结果也在锄头下结束了性命。每一个孩子在死时都会在锄头的把柄上留下他们自己的颜色,这样下来,父亲的锄头把柄就像画家的调色板一样色彩斑斓。第四个儿子的脸像黑炭一样黑,很快也以相同的方式送了命。第五个儿子生就一副白色的脸,他说:"啊!我生来就是做皇帝的。我那四个守护神哪儿去了?"母亲如实做了回答,说他父亲把他们都杀死了。儿子感叹道:"那么,就没有人照顾我了。"说完,他就气死了。在此之前,他家附近竹林里的每一棵竹子都自己裂开,每一个竹节里都跳出一个全副武装的士兵来——骑兵、步兵，以及拿着长矛和弓箭的士兵，但没有拿连发步枪的。他们共有一万多人。当他们听说要当皇帝的第五个儿子已经死去，于是他们也就立刻死掉了。

> 命中注定要伴随着苦难、
> 恐惧和流血，可怜的随从。

这家人看到自己酿成了这么大的灾难，心中也十分悲伤，于是就建立了一座天子庙。这座庙今天依然存在，以印证这个传说是毋庸置疑的。这听起来真像希腊神话中卡德摩斯和龙牙的故事。

我们一行人兴致勃勃地穿过一个为守节寡妇而立的贞节牌坊，从南城门进入城里。在一个拐角处左转后，我们走过了有着双排巨大伞盖的商业街，前往大清帝国的海关。我的随从们高兴地来到了这条繁华的南门大街，伞盖下的商铺出售各种各样的小商品，著名的品牌有日本的火柴、英美的模特架子、盒子和其他小饰物，还有德国制造的削笔刀。我们在一个旗杆下停了下来，旗杆上飘扬着一面黄色龙旗。旗杆的高度与大清国旗的大小简直不成比例。在这里，我们受到了海关官员的热情欢迎，其中有四个英国人。他们告诉我，英国领事馆已经为我安排好了房间。于是我们转入某某街，顺利地到达了那里。在忍受了那么久当地客栈的简陋设施之后，我终于住进了舒适的住宅。

领事不巧因受命前往广东而刚刚离去，但是善良的印度人瑟卡医生和一名每次都向我敬礼的印度锡克教徒士兵留下来负责照顾我。这里还有一位中国人，一头山羊、一匹小马和两只狗。领事馆是一座带有围墙的二层小楼。很快他们在房子里的火盆里生起了火炭。我倒希望他们能用泥煤取暖，因为在路上我见过人们开采泥煤，这使我想起了遥远的英国设得兰群岛的人们。我问一位中国人，腾越平原的泥煤是如何形成的。他回答："泥煤在很久以前就已经形成，当时人们还没有时间的概念，火、风、水和其他一切事物都混在一起。当然泥煤也是其中的一部分。当事物都各就其位后，泥煤就留在了那里。"这番解释使他自己十分满意，我也没有必要再问下去了。

粗略地说，腾越城的面积只有两里见方，当然并非就是整整两里，也不一定就是精确的正方形。在那次回民叛乱之后，大肆屠杀和疯狂破坏使得这里的人口变得稀少。住在城墙里面的人口不会超过 1.5 万人。第二天正好是当地的集市。我看见伞盖下的商贩们忙着展示外国出产的钉子、刀子，以及来自曼彻斯特的各种小商品。这里的集市完全没有时间观念。我请教当地的税务官孟家美①先生如何通过太阳知道时间，也就是日晷的用法，以便于我调整自己的手表。孟家美先生告诉了我。第二天我碰巧又看了日晷，却发现时间和昨天的很不一样。也许当时的日晷没有放平吧，毕竟它在这里一直工作正常。

云南省一共设有 14 处电报站。去年经由腾越城的私人电报就有 800 多件。中国的电报业虽然起步较晚，但是其发展速度是世界上最快的。钱款可以从这个西部边陲直接电汇到上海！大清帝国邮政局最近已经开业，但是每周的信件流量平均仅两三封。爱写信的人还是习惯于旧的信使系统，后者还是有许多受欢迎的地方。中国人在写催债信和付账信时还有一个好习惯，即在信封上写"平安家书"等字样，而我们西方人则写"Dear Sir"。城里的庙宇不多，最大的是财神庙，里面有金碧辉煌的大殿和亭子。此时的财神庙正在修缮之中，木匠们都很敬业，精益求精。在四周的山上也有一些庙宇，位于风景如画，但地势险峻之处，成为整个风景的亮点。在一些关键的位置上还建有宝塔，就像巨大的铅笔一样直刺青天。它们的作用就是保佑周围人们的平安和昌盛。

---

① 孟家美（G.F. Montgomery），1880 年进入大清海关工作的英国人。

腾越的大清国海关

在腾越城与平原所在的地区可以看到古今火山活动的迹象。城里的市场上可以买到美味的鸟鹬、草野鸡及平原上常见的其他鸟类。一年前,当地人还向外国人扔石块,表现得很粗鲁。但在我写这本书的这段时间里,一切都平安无事。尽管我们听说过"洋妖精",但是中国人从来不当面叫外国人"洋鬼子",而称外国绅士。即使外国人听到人们叫他们洋鬼子,也不必大惊小怪,因为中国人也管自己的孩子叫"鬼"。当然这样的称呼在自由的国度和勇敢者的家乡也不是没有。

腾越城里有两个衙门,一个是军事的,另一个是民事的。主管后者的称县宰,他是一位文质彬彬、富态谦恭的官员,而且正在很快地接受文明和现代的观念。关于这一点我总是能够找到证据,因为他在宴请我的时候居然喝上了香槟和西方某种该死的调制酒。这位姓叶的县宰脸上总是挂着明媚的笑容。我相信,即使他身体的其他部分都已化掉,但是他的笑容也不会消失,就像咧嘴而笑的柴郡猫①那样。我们寒暄了好久,虽然没有谈什么东西,但非常愉快。后来我趁着月光来到了税务司孟家美先生的餐厅,那儿已经精心备下了十道大菜的丰盛筵席。我在这儿发现了叶县宰送来的礼品:两只鸭子、两只鸡、70个鸡蛋、100个松糕。看来这位长官的笑容还不是那么肤浅。

离城不远处有一个美丽的瀑布,叫滴水河。许多年前,一位名叫罗银的秀才认为这个瀑布在此不吉利,想要削平山头,让河水流淌而过。

罗银还懂一点巫术,所以他决心晚上去瀑布处施展法术,以摆平瀑布。他从他那宽大的袖子里取出魔土,将它撒在水面上,并在银白色的月光下念起了离奇古怪的咒语。于是天空中就弥漫着这些类似于巫师、占卜家和魔术师的咒语。然而罗银不是泥土占卜者,因为他没有在地上画些什么咒符。对面山上有许多石块,于是他先把它们变成猪,成群的

---

① 柴郡猫(Chaeshire Cat),《爱丽丝漫游奇境记》中的一个角色。

华西腾越财神庙的内院

猪向他走来，当它们来到瀑布前时，他就想把它们再变回石块，以便阻断那条瀑布。观音菩萨觉察到了他的企图，知道瀑布的阻流将会给平原造成巨大灾难，于是就化身为一位美丽的姑娘，向秀才罗银走来。罗银问她："你在路上看到一群猪了吗？"姑娘回答说："没有，那都是些石头。"这样一来，罗银的咒语就被化解了，于是他恼怒地转过身去，发现那些猪都没有报复姑娘的意思，而那姑娘也消失了，化为清风而去。这里的瀑布依然存在，照流不误。

令人奇怪的是，腾越城里没有传教士。对于经验不足的旅行者而言，一旦遇到困难，这儿无疑是个难以找到帮助的地方。不过它倒是一个不错的传教中心，尤其是对于那些医师传教士来说，更是如此。毫无疑问，传教士们在这儿会碰上令人困惑的问题。但是在这儿开展传教工作的机会是令人鼓舞的。云南的当地人向来以懒惰出名，对于这一点传教士要有思想准备。近来有一个明显的迁移运动，四川省的多余人口正在搬迁到云南省这些人口稀少的地方。他们为当地带来了生机和活力。云南北部的五大战略要点现在都已经有了传教士的活动，进驻腾越无疑会给传教事业带来更加广阔的发展空间。

蓝友三是南天掸人的首领，代表英国和中国进行统治。"Sawbwa"是缅甸语，意为掸人的世袭首领。蓝友三是个秀才，38岁，出生于牛年十月初七。他性格开朗乐观，脸部胡须刮得很干净，对西方的历史也有相当准确的了解。南天掸人生活在一个200里长、120里宽的区域内。在腾越周围共有七个掸人部落，而南天掸人对其他掸人部落具有否决权。蓝友三告诉我说："八年前，贵国一位旅客骑自行车途经此地，我也盛情招待过他。"他说的这个人可能就是弗兰克·伦兹，这个人后来在波斯被土匪给杀了。"他骑车到了衙门里，想在那里教我如何骑自行车，可惜没有成功。"蓝友三点了一支烟，继续炫耀他那引以为自豪的渊博知识。去年，他看到报纸上说，一个疯子如何枪杀了美利坚合众

华西腾越的财神庙

国的总统，疯子用一只手抓住总统，然后用另一只手开枪杀死了总统。然后，他问我60年前的美国南北战争是不是就是因为南部的一些黑奴而开战的。奇怪的是，他居然还问我，为什么美国在光绪第二年庆祝华盛顿当选美国总统一百周年？看来文明的光芒终于照射到了偏僻的云南了！"知识就是力量。"[1]

蓝友三向我简述了腾越城发展形成的历史。"在汉人到来以前，这里大部分地区都属于掸人，他们在苏（Ssu）王子的统治下生活。他们在此生活了将近数百年，原来并非好战的民族。但是当汉人来了以后，教会了掸人打仗。统一的掸人王国也分化成七个部落。直到明朝，这里才建成了一个城市，构筑了城墙。这跟观音菩萨根本就没有关系！"这位掸人首领自豪地说着。"明朝以前600多年，腾越这个地方还是野人生活的区域，他们在和掸人的作战中被打败。后来掸人就生活在这个地方，他们住在茅草屋里，并且耕种田地。他们把树木烧掉，然后再把木灰撒在庄稼地里，为稻田农作物追肥。回民们只是在云南府、大理府和腾越城之间做生意，后来才发生了叛乱。回民们的生意没有什么传奇故事可说，他们只是起兵作乱，逢人便杀。"在讲述过程中，蓝友三向我要了两支香烟，似乎这能帮他提起精神。聂必迓[2]先生，那位著名将军的儿子，为我做了翻译。当我请求这位掸人首领讲述一些当地的传奇故事时，他有些犹豫，最后才说这些故事只有愚蠢的人才会相信。我回答说，由于这些愚蠢的人占了大多数，他们所相信的事情也许来访者和学者会有兴趣。

腾越周围都是些高耸而令人愉悦的群山。夜雨过后的一天早晨，我走出了英国领事馆，看到15里外的一座山顶上覆盖着的积雪。当太阳

---

[1] 原文为拉丁语：Nam et ipsa scientia potestas est.
[2] 聂必迓（C.S. Napier），1898年进入大清国海关工作的英国人。

第二十章 | 293

华西腾越财神庙大门之上的戏台

高高升起后，我就找了个合适的地方，给这座山拍了张相片，此时积雪几乎都已经融化。当然，平原周围的高山高达几千英尺，山顶的积雪常年不化。下面是掸人首领给我讲述，并由聂必迩先生为我翻译的一个关于山的传说，聂必迩还狡黠地评论说："这个故事千真万确，不仅指事情真实，而且还指它关于自然界巨大变化的出色解释。当地人对此深信不疑，从不追问它的真伪。"

这是关于在腾越深山中二龙戏珠的传说。

> 许多故事都发生在深山之中，
> 许多传说充斥在茂密森林里，
> 所以那儿的神奇想象层出不穷。

50年前，一场洪水淹没了腾越山谷，对此人们的解释是这样的：在腾越城西面很远的山中居住着两条龙，龙通常都喜欢耍球嬉戏，而这两条龙玩的球却是一颗夜明珠。腾越城附近住着两兄弟，以开药铺为生，他们常到龙居住的山上采集黄连，黄连味苦，可以为人降火去燥。哥哥在家看铺子，弟弟上山采集药材。一天两条龙正在玩夜明珠时，一条龙一不小心，让夜明珠滑落到山下，正好落在弟弟采集珍贵黄连处的小沟中。弟弟就捡起它，把它带回了家里。结果夜明珠把他们的药铺照得透亮，藏不住，于是弟弟就在自己院子里挖了个两英尺深的小坑，把夜明珠埋了进去，心想村子里的人们就不会知道他有夜明珠了。这时外出吃午饭的哥哥回到了家中，惊奇地发现屋子里没有点灯却透亮一片，而屋子外面却一片漆黑。顺着光源，哥哥找到了藏夜明珠的地方，把那颗宝珠挖了出来。"哎呀，是龙珠，可是谁也没有对我说过这件事。"哥哥对弟弟的隐瞒十分恼怒，他用布把夜明珠包了好几层，然后把它藏在橱柜里。当弟弟从外面回来，上床睡下以后，哥哥就操起一根木柴，把熟睡中的弟弟砸死，然后把他埋在菜园里。

与此同时，丢失了珠子的那两条龙下山寻找自己的宝珠，但是怎么也找不到。其中一条龙具有特殊的远视功能。他说："我看已经出事了，不仅有人捡到了宝珠，把它带回了家，而且还因它导致了犯罪。你看，我们的宝珠不正在那座房子里发光吗？"

第二天早上，这两条龙化身成两个老人，沿街来到药铺里询问："我们丢了一颗对我们来说非常珍贵的宝珠，假如你把它还给我们，作为报答，你想要多少金银，就能得到多少。"可是那个坏心眼儿的哥哥矢口否认，于是老人就许诺给他任何他喜欢的东西，只要他能交出宝珠。但他仍然拒绝。老人们便说："你是个罪人，不但拿了我们的宝珠，还杀死了自己的弟弟。"他粗暴地把两位老人赶出了村子。老人走到金水江，变成了水牛，涉入江中。第二天，天降暴雨，持续了好几天。江中的水位越来越高，这不但是由于雨大，也与水牛在江中作浪有关。不久，整个山谷都被淹没，那位药铺老板手里拿着宝珠拼命往山上跑。然而水随着他漫上了山。他爬到一棵大树上，水也漫到了大树上，并把他淹死了！临死之前，他松开了手，宝珠从他的手里掉了下来。洪水把夜明珠送到了水牛所在的湖里，而得到夜明珠的水牛马上变回了蛟龙，带着心爱的宝珠返回家中。洪水随之退了下去。几乎所有的中国故事都有道德的寓意。

> 书到用时方恨少，事非经过不知难。
> When one puts his knowledge to the test, he depreciates his own deficiency.
> Inexperience is ignorant of real difficulties.

第二十一章

掸人村庄——南天——掸人和缅甸人——演戏——
当众刮胡子——谋杀马嘉理先生——赌场——
埋葬鬼魂——日记摘录

一个从上海沿着长江而上直达重庆，然后又翻山越岭到达缅甸八莫的旅行者，假如他沿途所住的客栈都跟我一样的话，是绝不会忘记穿越掸人部落这段经历的。我住过的地方变换得太多，努力回忆才能想起来。我们离开腾越城的时候，天刚蒙蒙亮。由于接到了特殊指令，南门在这时已经打开了。出城往西，道路随着丘陵起伏，山上覆盖着枯黄的杂草。从路上就可以看到众多的掸人村庄。在山谷中一块隆起的地上还有座正在建造的庙宇。我的一个苦力随身带着那位县宰送给我们的两只活鸭子。为了让鸭子好受些，他用稻草给鸭子编了个凳子，以便鸭子能待得更舒服些。我想这位苦力心地肯定十分善良，因为他是让鸭子平卧着，而不是倒提着鸭腿。当然，倒提鸭腿总比倒提鸡腿更仁慈些，毕竟鸭子在水中也常常扎到水下去捉食，多少也习惯了那种倒立的姿势。

平原上的掸人村庄往往有一个低矮的泥巴围墙，一片小竹林，在千篇一律中也略微有些变化。在离腾越城大约60里的一个村庄附近，我们跨过了两条水温较高的河流。我看到岩石中冒出气泡，这儿的地面肯定离岩浆很近。我的随从都很惊慌失措，因为据说穿越地热平原的人都会得病。别人还告诉他们，几个星期前，一个16人的商队经过此地时就有 4 人死于疟疾热。然而据我观察,这个地区在这个季节应该是安全和健康的。靠近龙护关(Dragon Escort Barrier)的地方,我拍摄了一座石桥的残存。这座石桥所跨越的平地在夏天就会被淹没在水中。桥面由长条石板铺成,两边由同样的石料建了桥墩和桥上的栏杆。这座石桥的一部分已经被洪水冲走了。中国有句谚语说通衢大道"好十年,坏万年",此话不虚。我们不得不蹚过河,河面此时只有不到 30 英尺宽,而到了夏天,河面就会变得有几百英尺宽。

我们刚刚穿过嵯银(Tso Yin)这个带有护城壕,被认为是南天的中国重镇之后,又走了五里远才到了掸人首领的衙门,它坐落在掸人王国首都南天城的中央。然而,衙门的大门口并不在大街上,衙门旁边还有一个死水池,还有一个拴驴和水牛的柱子。衙门的第一道大门两边陈列着各式兵器,大多是为了装饰用的。汉人称掸人为"摆夷"。掸人是混血人,他们的正式名字叫傣族。如果你在谈话中称他们傣族人,那么他们就会很尊重你。掸人分为两派,一派追随汉人,另一派追随英国人。跟随汉人的傣族人共有 7 个部落,其大首领姓刀。在西城门外有一座掸人的寺庙,跟我们在中国其他地方见过的庙宇截然不同。庙里只有一尊菩萨,看起来和缅甸人的寺庙差不多,但不同的是缅甸人的寺庙中只供奉他们欢乐神的塑像,尽管神像的姿势千变万化。这座南天庙中的另一有趣的特征就是他们的供品,纸花、灯笼和彩旗,和缅甸庙宇中的完全相同。南天庙的对面就是一座缅甸宝塔,跟仰光的那座著名的宝塔风格一样,但里面没有供奉神像。掸人最初的宗教信仰和缅甸人的信仰完全一样,都信仰佛教,不像汉人那样混杂着英雄崇拜。在下一个围栏内有一座汉人的寺庙,里面供奉着许多菩萨。一位掸人告诉我,为了不引起汉人统治者的敌意,他们既有汉人的寺庙,也有掸人的寺庙。临近傍晚时分,从衙门的后院里传来一阵孩子纯真的欢笑声,我在中国从未听到过如此悦耳的笑声。也许掸人天生就是乐观的民族。这么欢乐的笑声在中国其他地方很少能够听到，汉人的微笑大多只停留在表面，就像狄更斯所说的那种"极为夸张的微笑"。

第二天早上，我吃了四个凉鸡蛋、一碗米饭，喝了些热水，很早就离开了掸人首领的衙门。对于一名旅客来说，这儿可说是这个村子最好的地方。这里的客栈都很小，而且虱子和跳蚤横行。这一点在我的苦力身上得到了证实。他们经常脱下上衣，以寻找和追逐那些小小的猎物。我们是在一个有着四家竹棚的村庄里停下来吃早饭。我们把从腾越带来的一只鸭子吃掉了。我们中间有一个人想起了这只鸭子在旅途中被带着走的样子，说："我想它总算解脱了！"我的秘书谈起一只公鸡的尾巴，认为它没有规则的同心圆和不规则的花纹。对于一只平常的家禽这样评头论足，而又丝毫不顾及我们这次旅行的地方风俗，所以我不无反感地问道："那么你准备拿这只鸡怎么办呢？"我们吃的米饭又白又香，看来掸人知道如何选择和种植最好的庄稼。芬芳的金银花，欢唱的鸟儿和美丽的风景无不让人心旷神怡。当我的心里充满这些美好的感觉时，一个小伙子挑着两个新木橱离开了客栈，但他拒绝支付自己的饭钱，只是答应回来时一并结账。那位缠小脚的老板娘叫他回来付钱，却没有成功。她也不好意思对他过于严厉，因为害怕他的族人联合抵制她的店铺。离开衙门五个小时后，我们就到了一个名叫大盈江的河谷。大盈江从它夏天河床北面一个狭窄的河床流过，而此时那个夏季的河床干燥得像撒哈拉沙漠。松散的河沙延伸到两旁的山脚下。宽广的沙地使我想起了吉萨金字塔附近的大沙漠。那位扛着来复枪的红衣兵勇老是把自己的右边裤管一直卷到挂刀处，并且一直想把裤子里的虱子捉住。这种举动在这个国度并不算什么不体面，类似的不当举动在这儿不胜枚举。人们对于衣冠端正的观念并不是太强。他们还咀嚼槟榔子。这种不文明，甚至野蛮的习惯跟文明人的抽烟习惯相比，也粗俗不到哪里去。这些掸人男子长得英俊潇洒，看上去也比较机灵。妇女们都戴着黑布头巾，脚踝部位色

第二十一章 | 299

华西掸人部落首府南天坡的西坡门

彩鲜艳，牙齿是灰黑色，头饰也是黑色。我们见了许多这样的妇女。

过了中午不久，我们就到了旧城，掸人称之为"Kang Ai"。这里的天气炎热，我们风尘仆仆，饥肠辘辘。贵客们往往会在一个旧衙门歇脚。毫无疑问，我们也得去那里寻求帮忙。旧城共有1000户人家。城内主要街道都有长排的货棚，大部分生意都是在货棚内成交的。多数克钦人，即山中的野人，他们会从山上运下木材来卖，然后再买些小商品回去。我遇到了一个瘦小而清秀的山里姑娘，她背着一篓柴火，走了很远的路来卖，但一整天也没有把它们卖出去，到了晚上，她还要费力地将它们背回山里。有的女人十分难看，用大块头布裹着没有梳理过的头发，蓬乱吓人，懒洋洋地在街上溜达，观看货摊上的外国商品。

财神庙里正在上演着一场戏剧。舞台的安排可以让庙里的菩萨也能够看到演员的表演。据说演戏是为了取悦庙中的神像，看戏对观众而言是免费的。有时候，当地的有钱人出资请戏班子在此演戏，以表达自己对某个菩萨的虔诚；有时候大家集资请戏班子唱戏。戏班子经常会连续唱戏10到20天，中间很少间断。看戏看了一小时，人们往往还不知道戏里发生了什么事情呢。当我走进财神庙时，坐着和站着的那些观众都不再看戏台上那两个男扮女装的演员用假声的对白，而是转过头来看我这个陌生的外国人。

我所借住的旧城衙门占地半顷，有泥墙做围，墙厚三英尺、高八英尺，墙顶由当地烧制的蓝色琉璃瓦覆盖。四角皆有角楼，塔角四翘，环塔有窗。我住的房间没有门，只是有一个带有大理石的祭坛作为隔断。掸人和汉人一样充满好奇心，假如这个地方可以作为一个例子的话。为了刮脸，我让人准备了一盆热水。热水送来了，放在了一个藤编的高架盆架上。桌子上的那面长方形镜子照出了我那张"气度不凡的脸"。有15到20个胆子较大的人从人群中间挤进衙门来，或站或坐地看着我刮胡子。他们好奇地看着我刮胡子的每一个动作：拿出剃刀及如何打磨剃

第二十一章 | 301

华西掸人世袭首领的衙门

刀；然后打上肥皂泡，他们认为涂肥皂泡就是化妆打粉（他们刮胡子只用清水，这是多么奇怪的习俗！）对于我的一举一动，他们都好奇地窃窃私语。

那些村民惊愕万分，层层围观：
他们越看，心里就越觉得神奇。[1]

随着那奇形怪状的剃刀在脸上移动，那些"油彩"渐渐不见了，这使得村民倍感惊奇，难以压抑心中的激动。我用肥皂洗脸洗手，最后用毛巾擦去肥皂泡沫，这一切都引起了他们的骚动，然而当我梳理我的头发时，又再次引发了他们的好奇。整个过程使我想起一只猫在观察一只老鼠的故事。打字机在他们眼里就是天大的奇迹，很明显他们从来没有见人用过打字机。难道他们没有理由感到惊奇吗？几年前，我们也曾有过同样的反应，尤其是当打字机刚刚问世时。好奇心足以杀死一只猫，这对于所有民族和个人都是一样的。

在从旧城通往芒允的路上，我注意到有许多仙人掌做围墙的小花园。我们走的路是由硬土块构成，不仅平整，而且养护良好。掸人熟练地用一条用火烧成的独木舟把我们摆渡过大盈江。独木舟有三个隔间，每一边还有一个有助于漂浮的竹竿。在船首站着一个船夫，他在撑船的同时，还用自己的一个大拇脚趾堵住一个漏洞，以免灌水沉船。多亏我们一个轿夫的帮忙，独木舟才没有沉入河底。我也不必担心我们的意外保险。我们一行28人，加上行李和滑竿等物品，一共花去高额的摆渡费200文铜钱（相当于10美分），如果是汉人的话，他只需支付不到四分之一的费用。当我们的行李安全运到了芒允关卡的一间房子之后，我

---

[1] 引自奥利弗·哥德斯密：《荒村》第9段。

华西南天城东门外在建中的一座新桥

就往西走了两里路,来到了马嘉理遇害的地点。这里有一条小溪,七棵榕树,其中有一棵是大榕树,它所形成的树荫连绵一片,甚是壮观,其直径长度需要本书作者盖洛走54步。我身高六英尺,而且上身并不算太长。

就是在这些树下,那位可怜的英国人被人谋杀了。据说他是应邀来这里察看水域时被"民团"成员所杀。然而对此事有所了解的人们都相信,这是在清政府指示下的暗杀行为。当时他刚刚安全到达了缅甸,还描述了他沿途所受到的礼遇。他陪另一支探险队回来,但不幸命丧于此。在他遇刺的地方并没有竖立任何石碑和木牌,然而在上海外滩靠近花园桥的地方为他立了一块精美的柱形纪念碑。

> 荣耀的声音能否唤醒那默默的尘埃,
> 或赞誉能否给死者冰冷的耳朵带来慰藉?

我看见许多克钦人穿着华丽而粗俗,并且还口嚼槟榔果。这些山里人从山上背下沉重的柴火,然后背回去威士忌酒、中国烧酒和鸦片。这也正是对克钦人的诅咒!这里的妇女耳垂上都打着大大的耳洞,但不像新几内亚南岸的巴布亚人的耳洞那么大。她们的耳饰大多是银质的格子圆筒,直径有一英寸,长六英尺,下面还吊着漂亮的穗子。她们的小腿上面还戴着藤编的脚镯,藤编脚镯有的有100多环。有时候,她们腰部也佩有这样的藤编饰品。

在我们住的海关驻地,最引人注目的是这里的一条狗:短腿、强壮、长毛,从不困倦、龇牙咧嘴、丑陋不堪。我不知道它的气味如何,也许不怎么令人讨厌,但是它的吠声实在难听。它被拴在一个可以移动的物体上,但它一直想要挣脱束缚,扑向来客。如果它能够撕咬自己的主人,那场面肯定十分精彩。在这里我遇到了漫长中国之旅中最为粗野的事情。驻守这个关卡的中国官兵是我所遇到的人中最卑鄙无耻的，我怜悯那些落入他们魔掌的人。芒允是一个大赌场，海关关卡的人通宵达旦地赌博。第二天凌晨四点半，当我们离开关卡时，他们仍在狂赌不止。芒允还有一个电报办理处。不久前，电报员休假一天，外出围猎老虎。但是当他外出时，他竟然忘记了连接八莫和腾越的电报接口，结果造成了数百里电报线的中断，还引起了修理人员无谓的检修。真遗憾，老虎没有把这个可恶的电报员吃掉！

离开芒允以后，我们的路途都是沿着哨卡而行。哨卡里面到处是狗叫声，肯定他们养的狗不少。作为哨兵，它们比那些尾巴长在头上的人要敬业得多。也许哨兵们正忙于赌博吧，中国人实在是嗜赌如命。上午的路程都是在滚石和群山中穿越。这里的森林到处是昆虫的声响。在热带以外的地方，森林都是比较安静的，然而这里的森林总是充满嗡嗡声。

在从芒允前往缅甸的边界上，每隔15里就有一个哨卡，哨卡也叫军营。位于中国境内的最后一个哨卡名叫石砥（Shinti），我们是在星期六下午两点到达那里。我们打算在这里度过星期天。哨卡里面有两个面对面的竹楼，在它们的后面还有带贵宾室的第三个竹楼。在这三个建筑周围就是哨卡的围墙，这是用4英寸粗、12英寸长的树木栅栏所组成的。与栅栏平行，大约15英尺以外又是一整圈的竹篱，由削尖的竹子成对角形交叉捆扎而成，即用带子将竹子从中间加固绑牢，而上端则是两排尖利的竹子。用这样的防御工事来对付任何光着臂膀和腿脚的进攻敌人，堪称是一道绝佳的屏障。围墙的门是从上方吊着朝外开的。整个围墙还是13年前修建的。现在掌管这一带克钦人事务的一位马大人把自己的总部就设立在这里。他号称手下有300名士兵，另外山头上也有几个这样的栅栏工事，均由他派兵把守。这位官员的弟弟马管带一直在尽力回避我的问题，即这里到底有多少驻兵。在中国，协统经常谎报双倍的兵勇数目，以索取更多的兵饷。每当总督来视察时，协统就会雇用大量的苦力来充数一两天，总督走后，这些临时雇用的兵勇就会立刻被遣散。而最为滑稽的是总督大人对这样的骗人把戏心知肚明，并且照样向皇帝撒谎。事实上，每一个人都在玩这样的把戏。即使在美国，这种事也不算稀奇！其他的偷窃手段在世界上也很流行。

> 正如自然科学家所见，跳蚤
> 背后还有更小的跳蚤在吸它的血，
> 小跳蚤后面仍然有更小的跳蚤在咬，
> 如此这般循环往复，永无休止。

在我住房的床边有一个藩篱似的箱子，里面装着一个鱼状的油布织物，上面画着大清帝国的龙图。这就是权威的象征。这个哨位离对面英国殖民地的边界只有25里。哨位的外面，在一个较低洼的地方，有一个鸦片馆生意兴隆。再往前走，不到半里地，就是下石砥，一个克钦人的村庄，村里有十户人家。村长金大蒙带了手下的十个人前来拜访，向我致敬，并且还给了我14个鸡蛋。我回赠他一个卢比作为礼物，这使他十分高兴。我曾问过一位绅士：在腾越和南蓬（Nampoung）之间什么东西给他的印象最深？他的回答是："克钦人的村落和那些大房子，在中国其他地方从没有见过这样的房屋。"他说的那些房子其中之一就有75英尺长，全部由长竹做墙，茅草搭顶。这种房子令人想起新几内亚岛上低飞河畔的土著人的住房。

这儿的克钦部落没有受到甲状腺肿病的影响，而我今天在沿途所见的其他村落受着甲状腺肿病折磨的病人随处可见。

我拜访了下石砥村。6个月前，这个部落首领的侄子不幸病逝。一天中午，他外出去看护自己路边的竹子，回来的路上遇到了魔鬼而感染上致命的疾病。12天后，他就不治而死。人们把他装殓在一个掏空的

石砥克钦人的长屋

树干中，埋在离他们住房的下坡四里远的地方。装在树干棺材中的尸体最后用一块木板封盖。接下来就是全村人的服丧和哭丧期，对死者表示深切哀悼。虽然他已经死去6个月了，但是在我拜访村子的那一天，他们正在安葬死者的魂灵。护送死者魂灵到达坟墓的安魂仪式就用了他们三天的时间，其中包括舞剑、跳舞，以及用大刀左右猛砍等法事。他们还放枪把四周邪神驱走，以免惊扰死者。整个过程中，人们没有丝毫的悲哀或忧伤，只是表现了他们对安魂仪式的极大虔诚，对魂灵到达坟墓的坚信不疑。这个部落的大首领穿着一身蓝色袍子，上面用维多利亚铜扣别着。他的脸色刚毅，颧骨凸出，头戴一块蓝色方巾。他的牙齿由于长期咀嚼槟榔而变得很黑。从他的右肩上至左腋下是一个支撑着刀剑及其木制刀鞘的木圈。另外，他还戴着一个老虎颚骨的装饰物。

我从日记本中摘取了一页附在这儿。

3月16日星期一，从石砥到南蓬的路上。今天凌晨我3点起床，但是直到3点半才启程。天上挂着一轮圆月，飘着几块蓬松的云彩。这也是我在中国停留的最后一天。从这里到缅甸的边界只有25里，另外再走5里就到了印度政府建造的官方客栈。它的准确名称叫平房驿站（Dak Bungalow）。我们的早饭淡而无味，只是些蔬菜和米饭，还掺着沙子。不过这样的早饭有利于我们磨牙，使自己变得伶牙俐齿。凌晨5点50分，我们就从中国最后的一个哨卡出发，从东门出去。马管带一直陪送我们到了东门，他在那儿跟我们告辞，并加派了四名持有马蒂尼-亨利来复枪的护卫继续护送我们，以便能安全地从龙的保护转到狮子的保护。[①] 这样我们一共就有了八名士兵，看上去都非常英勇。我们离开了哨卡里面的那些山羊群、四只

---

① "龙"即中国，"狮"即英国。译者注。

第二十一章 | 309

深山中的克钦人竹寨

鹅、两匹马驹、一头骡子、两条狗、许多小鸡、鸽子以及其他可见的和看不见的朋友们。它们有些有夜视眼，有些有利嘴，有些有铁爪（它们倒可以受雇于美国的美孚石油公司，那就会物尽其用了）。我们绕过栅栏，背对着渐渐发亮的东方，朝着西方走去。我们经过一个鸦片馆，看见了许多驴子，然后就进入一个克钦人的村庄。由于昨晚克钦人为一个死人安魂，而且喝多了米酒，因而今早都在睡懒觉。该村那位善良的首领出来和我们告别，并且彬彬有礼地陪我们走出了这个宁静的山村。

早晨6点15分，我们一行人在刚刚去世的那个人坟前停下来，为那坟墓照了张照片。他的坟墓上面搭了一个竹棚，棚内的一个柱子上还挂着个竹制水牛角。坟墓位于一个地势较高的地方，四周都有树木遮掩，随风飘来的是远方山花的淡淡香味，这个地方倒是一个理想的武士安葬地。拍过相片后，我们就默默地继续赶路。

早晨6点30分，我们又穿过了另一个克钦人的村子。一个古铜肤色女孩背着一个大篮子，里面装满了竹节水桶。这些克钦人，常被大清帝国称作"山中的野人"，但他们看起来都比较节俭，也很温顺老实。不过以前他们可不是这样。

早晨6点45分，小哨卡。汉人都是些彻头彻尾的骗子。他们"很久以前"撒谎，将来也不会改变。他们撒起谎来也不分前后，也不分黑夜和白天。他们撒谎不分年龄大小，撒起谎来，还都显得庄严肃穆，彬彬有礼，温柔可爱，笑容满面，认真周详；有时候撒起谎来，还能表现出宗教般的虔诚和向往。他们在经济、社交及葬礼上都会撒谎。为了几两银子，一个中国人就会声称自己是另一个人，即便那个人的脑袋要被砍掉！没有关系！无头骗子！这事看起来或

第二十一章 | 311

石砥是跨越红木河进入缅甸之前最后一个由清军驻守的哨卡

许比较奇怪，但他们即使必须掉脑袋也会有办法花钱。现成的银子对他们来说不但今生有用，而且来世也有益处。从苦力到皇帝，金钱都会所向披靡。克钦人把设计古怪的魔咒绑在树上，借以敬拜他们的树神。德国那著名的三大吉卜赛人部落也同样敬拜树神。

我们前行的路沿着一个悬崖边渐渐地伸展到了红木河边。红木河是中国和缅甸的分界河。这是一个非常独特的地方。河的一边是几座用竹子搭建的小屋，另一边则是由波纹铁皮作为屋顶的建筑，这里还有16位正在执行警务的印度锡克教徒。一位苦力把我背过河，到了缅甸境内，于是我们便踏上了"大英帝国的国土"。在河堤上走了一会儿之后，我们就到了英军的哨卡。在这里我见到了一位电报员和一位讲英语的医生。这里的一切都显得比较整洁，显示了英国制度的井然有序。在另一端大约200英尺处就是我们将要入住得宽敞舒适的客房。尽管地处海拔1500英尺的位置，但是这个仅有75人的哨卡也受到疟疾发烧的困扰。这个地区的猎物十分丰富，猎人们经常能猎获到老虎和豹子。

在每一个官方的客栈里都有一个供旅行者签名登记的册子，还有一个装在框子里的住宿须知，提供客栈的各方面信息。如果客房没有官员入住，那么外国旅客就可以在支付一定合理费用的情况下住在这里。一个人一天大约要支付一卢比的费用。我发现这里的住房都比较干净，家具装饰也比较舒适。房内地面也保养完好，另外还有浴室、仆从的下房、厨房、马厩等，所有的这一切都和中国的客栈形成了鲜明的对比。基督教为教外人士准备的舒适和方便也足以证明它的神圣本源。

让我们简要回顾一下近期的路程吧。离开腾越城，我们走出了下榻了一夜的英国领事馆。大约走了90里，我们才到达掸人的衙门南天城，那位姓刀的首领在他舒适的衙门府邸接待了我们。第二

第二十一章 | 313

石砥一位钦武士的坟墓

天我们又走了 90 里，到了掸人居住的旧城，经过一段崎岖的小路，我们就到了那所官方老宅的宽敞大院里。次日我们又走了 120 里到了芒允，在大清帝国的哨卡处住了一夜。到了第二天的晚上，在走了 110 里之后，我们到达了中国的下石砥哨卡处。又走了 30 里，我们就到了大英帝国的舒适客栈。附近就有印度兵在南蓬驻扎的兵营。我们穿过了边界，也许永远离开了大清帝国。

红木河边的竹编茅屋，这是中国之行的最后一站。

红木河边的英军哨卡,作者站在红木河的中国一侧。

大人不计小人过
A great man will not see a lttle man's faults.

第二十二章

谬迪——莽撞的厨师——罐城八莫——
八莫城的传教使团——缅甸的精灵——掸人——前往曼德勒

在南蓬,苦力们没有了铺盖,因而人们很早就起来吃完了早饭,然后又把我们的那口黑锅煮上了米粥。这时候天刚4点半,皓月当空,我是在熹微的晨光和月光的交相辉映中离开了南蓬客栈。我们的行李从竹篱笆上的后门运出,而滑竿则是从另外一个陡峭崎岖、景色迷人的近路抬出去的。路两边200英尺内的植被已被清除。这项工作是由政府出资做的。沿途我经常看到掸人奇特的崇拜方式——最常见的就是那些有凹痕的柱子和挂有竹篾造型的长竹竿。在一个克钦人的村庄附近,我们还遇见了用篮子运送活猪的一家人。他们要把这些活猪运送到200里外的八莫城去卖掉。我们还遇到送臭鱼(即经过"特殊腌制"的鱼)的马队向东行进。

无论是文明的国家,还是不文明的国家,它们产生的傻瓜数量大致相同。德国人喜欢吃林堡干酪,中国人喜欢吃臭鸡蛋,斐济人喜欢吃烂香蕉,英国人喜欢吃腌制猎物,丹麦人们也酷爱腐烂的食物。

我们在路上经常遇到席地吃饭的一小群克钦人或掸人,他们都是从八莫来的,现在正赶路回家。一位英国军官告诉过我,克钦人是在丛林旅行的最好伙伴,那句称赞阿拉伯人总能找到办法的谚语照样也适合克钦人——"如果你把他扔进河里,他就会口叼鱼儿露出水面。"

在一段狭小而陡峭的路上，我们遇到了从对面过来的一头大象，它属于缅甸公共事务部。我们其中的一人见状吓得大叫起来："这真是个二百五。""二百五"是中国人表示不喜欢的一种说法。我们那些曾经跟驴队和马队争路的苦力们纷纷给这个庞然大物让路。我们很快就进入了森林，这里的植被十分茂盛，从森林深处传来一阵悦耳的缅甸铃声，然而我看不到什么村庄、宝塔或人影。一切都仿佛在这森林深处默默地出生，而又静静地死去。

在五次穿越了大盈江的一个支流之后，大约在上午 10 点 30 分，我们到达了位于谬迪村边的官方驿站。这里有两间面积大约 16 平方英尺的平房卧室，一间大餐厅，大小等同两间卧室之和，还有两间浴室。客栈是用柚木作支架，用竹子作墙壁和屋顶。房子的框架共有 24 个大的柚木柱子，离地约有 14 英尺高。光线可以从竹墙壁透射过来，白天竹墙可以打开，让阳光进来。房内有观景玻璃窗，还有窗帘。床架用帆布带织成，而不是由钢条或弹簧垫子构成的。这个客栈位于村庄的边缘，离大盈江约有一里，客栈的院子被一个竹篱笆所围住。从南蓬到谬迪只有 50 里，而从南蓬到八莫是 35 英里，路况也比较好。在谬迪的驿站平房我住了两天，主要是休息和写作。穆罕默德一贫如洗，临死时，他的妻子还不得不去借油点灯，而我们却不需要借油点灯，我们从一位友善的汉人那里买了些灯油，然而不久油灯就熄灭了，经过仔细检查我们才发现灯油已经凝固了。

我的随从举止都无可挑剔，他们服侍我十分周到。我给他们付清了工资，并且还加了些赏钱，然后让他们回家。然而三天过后，我看到他们中间的一些人两手空空地踏上了回归腾越城的漫长路程。

离开谬迪的客栈，我们经过了一个村庄，然后又过了一座桥。这座木桥横跨大盈江，每年洪水过后，人们都要重新铺这座木桥。然后我又来到一片平整的平原，这里的大象草高达 14 英尺。在一个茅草棚子的

缅甸谬迪的政府客栈

下面有一个大水缸，这个水缸是爱做善事的缅甸人为过往旅客准备的饮水处。我的脚夫在这里拿出他包在一块脏布里的冷米饭，用手捧着就吃了起来。这些米饭也许是他们从前一天晚上住宿的那家客栈里偷拿的。我突然听到一声枪响，然后是大群黑鸟从一棵大树上飞走了。我想这也许是我那秘书放了一枪，因此也就没太注意，后来，我赶上了我们那位狡诈的厨师时，见他把枪交给一个脚夫。我仔细一看，见枪栓已被拉下，而脚夫扛枪的姿势随时有危险击伤我们当中的某个人。我急忙从滑竿上跳了下来，小心地把枪从他的肩膀上取了下来，发现刚才那一枪原来就是那位我在中国所见过的最浑蛋的厨师所放的，而且他又拉下了枪栓。我立即取下了子弹夹，并且扳下了保险，然后把枪交给了秘书。就这样，在成功横穿中国这一旅途的最后一站，我们中间的某一人差点被走火的流弹所杀死。无论是在中国，还是在世界其他地方旅行，我都学会了对任何事情均不能掉以轻心，直到旅程的最后一分钟。

> 有人睡觉时，其他人须守夜，
> 这样世界才能正常运转。

沿途的村庄比较干净，规划也很合理。塞尔扣克先生在八莫城外迎接我们，然后我们抄近路，经过宪兵军营和军医院，来到了八莫城。八莫城最好的住处都被政府的文武官员所占据，有些住房费用高达1.5万卢比。我被安排在城东的美国人住宅区。在去住处的途中，我经过了一座桥，它横跨一个中等人工湖的狭长港湾。这个地方原来是一片疟疾横行的沼泽地，后来人们筑坝贮水，把它改造成了一个深达15英尺的湖区。到了住处以后，我受到了美国传教士们的热情接待。

在3月20日星期五的下午，我们终于到达了八莫城，从上海出发，我们一共行走了99天才到达了八莫城。毫无疑问，这次横穿中国的旅

南蓬的驿站平房，作者在那儿度过了他在缅甸的第一个夜晚。

行并非最便宜的一次旅行。

八莫是暹罗语，意思是"罐之城"，它是曼德勒北部最古老的城镇之一，具有125年的悠久历史。原先的城市是在北面三英里处，即大盈江与伊洛瓦底江的汇合处。它原来有城墙包围，并且由掸人统治。自古以来，八莫城都是中国和缅甸的相争之地。中国曾四次占领过八莫城。人们争夺八莫城的原因在于它的航运战略位置。八莫城离中国边界只有20英里，城里约有1.2万人口，他们都生活在直径为1.5英里的城区之内。这里驻扎着一个人数超过1000名的印度人步兵团、一个800人的山炮连，还有四个连的英军士兵。山炮连的士兵由克钦人、卡坦人（Katans）和旁遮普人所组成，他们的身高都超过了六英尺。个子矮小的人也许在体力上无法适应。他们中的两个人就能把一尊炮放在骡子身上。这里的军警就有500名克钦人和400名印度人。这里有A和C两个军事要塞，前者是由军警把守，后者是由军队把守。要塞B已经废弃。中国人是这儿最大的贸易商，他们在城中心有自己的社区，他们主要经营批发商品，主要进口商品有棉花、杂货和盐，出口商品有蜂蜜、铁锅、皮货、赭石、板栗、胡桃等。这里每天都有一列火车到达杰沙。从八莫到仰光也只有48小时的路程。

在这里，有几个基督教的教派比较具有代表性。美国的浸礼会主要面向克钦人和掸人；中国内地会面向中国人。伊斯兰教在这里也有一个清真寺，有上千名信徒。当然这里也有许多宝塔，佛教比较繁荣兴旺。美国传教使团驻地的房屋比较好，并在开展规模最大的传教活动。在浸礼会传教使团最近一次的报告中，大约有200名克钦人已经受洗；在八个基督教传教士的村子里，就有400名教徒。在这儿只有受洗过的人才可称为基督徒。一位说了25年克钦语的美国人告诉我："我还没有见到有哪一位克钦人不是在浸礼教会的学校里接受教育的。"天主教在这儿有五个男传教士，没有修女，结果就是他们在这里的收获不大，尚未建

缅甸八莫的一座耶稣教堂

成自己的教堂。据我所见，那些传教士工作勤奋、诚实可靠，道德操守都比较高尚。他们目前的做法都是以自己的名义向政府贷款，然后再把钱贷给当地的农民。在两年之前，天主教和新教的传教士都能和平相处。但就在两年前，天主教在新教传教士不在的情况下，成功地把一个新教村庄的人都转变成天主教徒。天主教传教士用自己的钱建起了一座教堂，费用高达200卢比，但他们的教徒不太多，所以后来他们还是以失败而告终。异教徒对那个从新教徒转到天主教徒的村子评价道："当他们信仰基督教时，村民们的生活还比较殷实，然而当他们转而信仰圣母玛利亚时，他们的好日子就到头了。"

在八莫城附近没有克钦人的村庄，而在五英里以外的驰银村（Chyin）现已成了基督教的村庄。星期天早上，我出席了那里的礼拜仪式。出席礼拜仪式的人很多，看起来比较有文化，唱诗班的歌也唱得很不错。克钦人对佛教大加嘲讽，他们说："缅甸人用泥巴来塑佛像，然后又对泥菩萨顶礼膜拜，这既荒唐又可笑。"然而那些不信基督教的克钦人也做着同样的蠢事，他们用香蕉叶包起一根竹子，然后用藤子捆起来，于是这节竹子就成了他们的神灵。

每一家的门口都有一个祭祀自然的祭坛，就连孩子们从圣坛上取柴火时也回首先木立不动，以示崇敬。传教士们声称在克钦人中间传教的主要障碍就是威士忌、鸦片和道德败坏。妇女的道德状况尤其低下。然而并没有任何宗教必须消灭。贾德森说，克钦人如同一个干净的大浅盘，他们只需把盘子装满就行了。然而那些缅甸人像一个盛油的容器，无论如何努力，你也难以清除他们的佛教气味。克钦人也是最迷信的民族。他们信仰一个创造万物的伟大神灵，叫作卡里卡桑（Kari Ka Sang）。它创造、维护并供养了世间万物，而且既仁慈又善良。然而，它自己隐身到了神灵之地，不再关怀克钦人，因而克钦人对它也无须过多关注。但是克钦人对它的名字依然十分尊重，如同犹太人对耶和华的敬重，他们只在最为庄严的时刻才会说"卡里卡桑"的名字。所有其他的神灵都是邪恶的，克钦人对它们也心存恐惧，尤其是对电神灵尤为恐惧。所有的宗教祭品大多是由于恐惧和感激而奉献的。如果闪电击中了田里的一棵树，那么克钦人这一年就不敢耕种这块地了。克钦人有自己的土地神和天神，但这些神大多是恶神，另外除了天地神灵，他们的祖先也是他们的保护神。他们认为，随着时间的流逝，人们的生活变得日益困难起来，因为人们要敬仰的神灵越来越多。敬奉这些神灵的祭品费用也是致使克钦人长期贫穷的原因之一。

祭师告诉他们说，地狱现在都快挤破了，因为那里挤满了鸦片鬼。一位教会学校的男学生把地狱描述为一个可怕的地方。然而一位听众严肃地告诫那位男孩说："算了吧，年轻人，我们的牧师说现在的地狱都快要挤爆了。"那位男孩好奇地问："怎么会这样呢？"那位老人答道："现在鸦片流行一时，这么多吸食鸦片的中国人、克钦人、掸人等都去了地狱，难道地狱还不被挤爆？""他们如何把地狱挤爆了呢？"他们在地狱火热的墙壁上烘烟叶，因而把地狱烧得太热，最后就把地狱挤爆了。如果印度政府知道吸食鸦片能够把地狱挤爆，那倒是十分有趣的事。

克钦人都是些功利主义者，他们从来不使用"应该"和"义务"等字眼。他们会遵循方便的原则来行事，他们会说："那将会很好或很坏。"也就是说，有利或不利。罗伯茨牧师说他们根本没有正确或错误的概念区别。

威尔·C.格里格斯是一位年轻的美国外科医生，负责美国浸礼会传教使团对八莫城掸人的传教工作。他是我所见过的精力最充沛和工作最勤奋的传教士。他行医传教不辞劳苦，勇于奉献。凡事果断利落，不失楷模风采。他告诉我说，掸人部落的居住地区从泰国曼谷县北一直延伸到中国四川。暹罗人就是掸人，现在很难说出他们到底有多少人口。在缅甸，掸人占据着平原地区，而克钦人则生活在山区。掸人在公元

1200年从缅甸语中形成了自己的字母表,但它不断被修改,以适合于不同的人们。

掸人是佛教徒。这一宗教形式大约在700年前就引入了缅甸,但它至今尚未根除掸人原始的魔鬼崇拜,事实上,森林中充满了邪恶的神灵。掸人从来不生活在洞穴里。他们都是出色的商人,从来不自己酿酒,人们从来没见过掸人喝醉过,除非他是跟外国人掺和在一起。他们也会生病——发烧和胃病是掸人部落中最常见的病。他们对天花的态度如同美国人对麻疹的态度。有一次格里格斯医生去一个大村子为那里的孩子接种天花疫苗,他发现全村只有三人从未感染过天花病。在八莫城,有一个专门为克钦人开办的学校,学生数量有90多人,另外还有一家掸人的学校,也是同样地繁荣。

在八莫待了五天之后,我就开车两英里到达了伊洛瓦底轮船公司所在的码头,从那里坐船到杰沙去,这次旅行我付了3卢比7安那[①]。我们的朋友们,W.H. 罗伯茨先生、麦加第先生和塞尔扣克先生,都赶到码头为我送行,当汽轮离开码头时,我们挥手告别。这次水上之行用了七个小时,我们的汽轮穿过了美丽的伊洛瓦底峡谷。杰沙是缅甸铁路一条支线的终点站。在这里我买了一张去曼德勒的二等车票,花了11卢比10安那。下午5点30分,我们离开杰沙,次日下午1点到达了曼德勒。铁路的轨距是3英尺3英寸宽,我们的火车穿行在由白塔和整洁小村庄点缀的乡间田野上。离开杰沙不久,我们的火车就进入了无边无际的竹林之中。

---

① 按照缅甸的货币单位,1卢比为16安那。

> 天之所培者，人虽倾之，不可蹶也。
> 天之所覆者，人虽栽之，不可殖也。（乾隆皇帝名言）
> The tree which Heaven plants, though man should throw it down, he cannot eradicate it.
> The tree which Heaven casts down, though men should replant it, it will not grow.—— Emperor Kienkung.

第二十三章

旅途的终点——斩头神灵——仰光——
对猫的猎杀——传教士的失误——传教士的奉献和传教收获

现在我天天忙着做最后的准备返乡。我把我买的那块油毡毯子送给了别人，这条油毡子可以驱走中国客栈里的那些臭虫。另外我也把自己的铺盖送掉了。至于华人头上的那根猪尾巴，我从来没有戴过，将来也不会。任何外国人都不应该戴那种辫子。这对那些有辫子的中国人来说可能会感到不太愉快。至于我那身中国服装，我在谬迪时曾经穿着它拍过一张照片，现在我正在马六甲海峡的一艘轮船上写这本书的最后一章。

曼德勒城是缅甸最有意思的城市，在这里我目睹了一位传教士如何把当地的一尊神像斩头的举动。这位传教士就是达文波特，浸礼会的传教士。他在当地买了一块地皮，这块地皮上正好有一尊高达13英尺的佛像，于是他就召开了一次由当地人和外国人共同参加的会议，商讨如何终止这尊菩萨的使命，最后会议认为用铁锹把它推倒似乎是最快速有效的方式。一位苦力拿来一把铁撬，但是没有哪个缅甸人敢砸碎一尊佛像，于是人们就找了两名印度人来帮忙做这项有趣的工作。当那位美国传教士手持铁橇准备开工时，一位印度人跑到礼拜堂里，拿来一本《圣经》，面朝佛像大叫："噢，上帝！噢，上帝！"然而当佛头一落，所有的人都一起上阵，很快就把菩萨砸烂了，因为偶像的头一掉，便成了"摩西所造的铜蛇"(《旧约·列王纪下》18：4)，人们在佛像里面找到了一颗银制的心，里面还有一些刻有神圣巴利语的金条，以及一枚带有牙齿的戒指。我不知道这颗牙齿到底是谁的，但是它肯定不是佛祖的牙齿，因为在亚洲号称是佛祖的牙齿足以给一个巨人嵌满他那张宽大的嘴巴。不管怎么说，这颗牙齿被认为具有驱巫避邪的神力。

这座城市有许多东西对于学者来说是非常有趣的。在曼德勒山的脚下大约有400多个佛塔。我自己没有数过它们，但当地一位值得依赖的人告诉我说，这里有719座佛塔，而另一位人则说有450座，我认为每个人应该有自己的看法，所以亲自做了一个独立的调查，做出了400座佛塔这个保守的估计。每一座宝塔里都竖有一块雪花石膏的石碑，上面刻有一些经文。据说即使所有的佛经都被销毁，人们依然可以从这些石碑中恢复佛经的全文。另外，这里还有一座大型的王后寺庙，借以超度王后生前所犯下的许多罪孽。王后寺庙里有这里最大的一口铜钟，每天响彻云霄的钟声都在人们的耳畔回荡。这个地方还有许多有趣的事情，限于篇幅，只好在此从略。

火车准时到达了缅甸首都仰光。我在站台上受到了麦考恩先生的热烈欢迎。麦考恩先生是当地基督教青年会的干事，他曾是一位十分成功的律师，后来放弃了高薪收入，以从事现在的传教工作。他目前的工资仅仅相当于他原来支付自己律师行里的一名文书的工资！基督教青年会的工作富有成效。仰光城内拥有著名的瑞光大金塔，塔身贴有金板。据说这座宝塔特别神圣，因为里面藏有一位佛祖的八根头发！从这么多宝塔所保存的头发来判断，我想如来佛的头发肯定都被拔光了。然而这里最值得看的还是美国浸礼会传教使团的印刷厂、学校和教学工作。这个传教使团在当地克伦人中就有500多个自助教堂。

克伦人的先知三爷（San Ye）是一位具有超凡能力的人。当他皈依教会之后，就积极参加当地教会的活动。现在有成千上万的异教徒都愿

第二十三章 | 329

曼德勒的 400 多座百宝塔

听他讲道,当然他也常邀请传教士来给公众讲道。他现在已经建立了两座大型的教堂,另外六座教堂也已动工兴建。在托马斯、文顿和沙普的陪同下,我拜访了这位奇人。我们乘坐一辆没有减震弹簧的牛车启程前往,但不巧在森林中迷了路,只好在树丛中四处找路。时至午夜,我们才看到另一驾牛车经过;正当我们上前问路时,他们的一头公牛不失时机地踢了我一蹄子,正中我的膝关节。好在我们车上带着四打止痛药片,当然止痛用不了这么多止痛片,其中一些就足以缓解我的伤痛了。到了后半夜我们才到达目的地。在这密林中间有一些高大的建筑,均是那位克伦奇人出资建造的,其中一个客栈的房间就长达 280 英尺,它和另外一个同样长度的谷仓吸引了我的目光。我们到来的消息被这位先知的手下传了出去,早上 9 点就有 1000 多人来到那儿的大礼堂来聆听福音的传道。当天中午还有另外一场人数同样多的布道会。那位先知从当地人中间为基督教事业募集了 40 万卢比。他自己除了一艘接送传教士用的汽艇外已经一无所有。他不让我们给他拍照,以免被人当作偶像给供奉起来,尽管他自己的教诲与此相反。在募捐的时候,人们纷纷拥上前来,把自己的捐款放进一个盛水的银制容器里。"钱是烫手的,"他说道,"应该放在水中降降温。"他就是这样一位善良、谦卑而富有魅力的人。

有一天,我们几个人去丛林打猎,听说这里的公野猪、鹿、老虎和蛇都比较大,于是我建议大家应该带着枪爬到树上,让当地人敲打树木,放火驱赶猎物。由于那头公牛给我造成的伤痛,我发现自己很难爬上树去,而且更难在树枝上保持一种瞄准姿势。但无论如何,在人们敲打树林、驱赶猎物时,我还是设法在树上稳住了自己。这时有一只野猫和一头鹿跑出来了。我用左轮手枪在 75 码远的地方打死了那只野猫;而那头鹿显然在别处有急事要办,在猎手举枪之前就消失得无影无踪了。于是那只野猫成了我们带回来的猎物,在附近的一个村子里让人把它煮熟,我和克伦人一起坐在地板上,用手撕扯野猫肉吃。当地人对野猫的肉香十分喜爱，我自己只吃了一小块，其味道确实不错！然而当时我善心大发，把余下的肉都留给当地人享用了。这也是我生平第一次吃野猫肉。但这次其实也只是名义上的尝鲜而已，射杀野猫的情景仍然历历在目。我曾品尝过全世界的众多餐馆，但猫科动物的肉通常被认为是一种味道一般的"干肉"。

即使是传教士也会犯错误的，在这里我还是小心谨慎地对传教士提出一点批评。这些好人和我们一样，有时候也难免犯错误。有些人会说，传教士是上帝从天堂派到人间来的天使，或像圣彼得的裹尸布，人们只有仰慕其神圣，而根本谈不上为他们纠正错误。对这种方法，我不能够苟同，那些传教士本人也不会认同。

第一个错误就是没有雇用更多的用人。传教士没雇用足够多的用人，这一点应该受到严厉批评，当然有些情况也有例外。例如，牛奶对孩子和病人来讲是必需的。然而中国的奶牛产奶量不高，一头奶牛的产奶量还满足不了一个昭通的婴儿。在美国，牛奶都是送奶工人送到家门口，而且后者为许多人服务。而在这里，传教士必须自己买奶牛，并需要训练专人来挤奶和饲养奶牛，这个人是传教士应该雇用的。美国的牛奶工人非常能干，并且为许多家庭服务，而这里的牛奶工都没有用，还必须由传教士来教他挤奶。而传教士本人或许也不擅长挤奶。因此，最好、最便宜，而且又最安全的方法就是自己动手。尽管如此，传教士仍应该雇用一个牛奶工人。再者就是水的问题。在美国，冷水和热水都是由自来水公司输送市民家中的，自来水公司是公众服务部门。然而这里的传教士必须雇人把水抬到传教使团驻地来。如果没有了水，他们将无法生存，并且不久也会湮没在异教徒之中。

厨师在中国也是一大麻烦事，厨师负责买菜，并且在每样东西中都要刮油占便宜。在中国，买任何东西都要讨价还价，即使是大白菜和土豆，也一样要讨价还价。假如我们的女传教士学会说汉语之后并不去教诲民众，而是每天去街上买菜，花上一小时的时间来为买白菜、萝卜和瘦羊腿而讨价还价，她们虽然也会从中得到很多的乐趣，但那些批评家们就肯定有意见。他们会说："为什么这些女传教士不去工作，不去传道？她们去国外可不是为了跟当地人讨价还价，而是要去传播上帝的福音。"传教使团的驻地总是对民众敞开的，人们可以随时来访，那么传教士的妻子们就应该为所有的人做饭吗？

在美国和欧洲，孩子长到一定年龄就要去学校上学，每天学习五个小时，使母亲们可以有时间休息，或去做其他事情，然而，这里的传教士妻子必须自己辅导孩子学习。因此，她需要一个教师来教孩子们。传教士应该拥有和美国劳工阶层同样多的用人。美国的同胞们拥有足够多的用人来为他们服务，如屠户、面包师、烛台工、电气工程师、送奶工、学校教师、医生和牧师等。然而这里的传教士极其缺少用人。在这里传播福音的传教先驱们不得不同时兼任所有这些工作。在通商口岸以外的地方，厨师的工资是每个月还不到两美元，然而他会想方设法地拿东西，并且这样的厨师什么也不懂，凡事都要别人来教他如何做。

第二个错误是不要持有和使用手枪等武器！记得我在云南省楚雄府的潘氏客栈里，曾写下了这样一句话，即传教士的工资不足以使他们雇用必要的用人。在中国成百上千名传教士的月收入只有20美元。在我美丽的家乡多伊尔斯顿，那些来我家种洋葱和挖电杆洞的工人收入也比这些传教士要高得多。这些工人的月收入有40美元或至少有36美元。这些工人都是一流的公民，但就是花在教育上的钱不够，他们只具备学校普及教育的程度。然而在中国的那些拥有学位的医生和大学毕业生，那些拥有渊博知识和过人精力的传教士们，他们每月的收入只有20美元，却工作如此勤奋。我在中国从来没有听见过哪位传教士抱怨过自己的收入太低。我知道有些传教士的收入也高出这个数目，然而大多数传教士的收入就是这么低。

> 一个获得命运犒劳和奖赏的人,
> 也应该同样赢得人们的感激。①

在横穿中国的旅途中,我一直带着一支填满了子弹的连发来复枪,但只是为了沿途能够猎杀中国的野味。在美国一些城市里,人们为了防身也会携带手枪,因为那儿常常会遭到拦路抢劫的坏人。在这一点上西方的强盗们要比东方的同行占有优势,因而在中国随身携带手枪没有那么大的必要。中国是个拥有四亿多人口和众多方言的大国,然而在99天日夜兼程的旅行中,我从来没有遇到骚扰,而且中国人对我表示的友善犹如恺撒三次拒绝皇冠那天,安东尼在他头上所撒的美丽玫瑰花瓣那么多。传教士处事虽然比较谨慎,但他们绝不是胆小鬼。他们应该持有枪支弹药,以免餐桌上少了可口的野味。野鸭、大雁和可食用的鹤在中国数不胜数。途经大理府平原的英国总领事发现那儿有多达14种不同的野鸡。让一位传教士在早上花不到半小时就能打到一只鸟,那么晚餐就会丰盛可口。有了这样的野味果腹,他工作起来肯定干劲十足。在缺乏可口菜肴的地方,一只野鸡也许会给家庭带来快乐。给你的传教士朋友送一支鸟枪和1000发子弹,确保提前为这些货物支付运输费用,并且为枪支买上保险。

人们常犯的错误。在我的中国之旅即将结束之际,我希望能为作为一个整体的传教士的文化、友善和判断力说一句好话。说真的,我发现几乎在所有的方面,他们都比那些从中国回来的批评者们所描述的要好得多。那些不负责任的批评者占尽了传教士们的便宜、接受了传教士的

---

① 莎士比亚:《哈姆莱特》第三幕第2场。

盛情款待，然后又根据不动脑筋的满腹偏见乱写文章和发表演说。一位曾经横穿中国，并称其父亲为"我想这位老糊涂现在正在为我祈祷呢！"的旅行家在一位传教士的家中有过下列有趣的经历：

> 为了款待这位陌生的客人，传教士用当天从牛奶上刮下来的奶油来招待他。当然这位客人不用支付任何费用。在喝茶的时候，有三位女士作陪，其中两位是未婚女士。这位自高自大的旅行家对女士们冷嘲热讽，但对奶油情有独钟，于是乎女士们就慷慨地把奶油都让给了他。这位医生出身的旅行家吃光了所有的奶油，并且还用舌头舔干净了盘子！大获全胜！勇敢的男人！有礼貌的男人！尊重女士的男人！出色的医生！呸！这样的人怎么还配议论叙州的某某女士？真是活见鬼！他还滔滔不绝地谈论昭通和东川。

这位旅行家盛气凌人，简直自以为是乔治·华盛顿！他的评判完全是一个浅薄男子未经考虑的废话。这样的人怎么也配批评传教使团！不曾偷过一个铜板的人却会偷走一个传教士好名声。下面这句话并非总是正确的：

一个外出旅行的傻瓜
总要比闭门不出的笨蛋聪明一些。

——威廉·柯珀

有个人到伊洛瓦底江三角洲去打猎，他可称得上是宁录[①]再世，狩猎技术高超无比。他带了四个随从，一个扛枪，一个扛梯子，一个撑伞，

---

① 宁录，《圣经》中的著名猎手。

第四个人为他拿着威士忌和苏打水。他喝酒的功夫远远超过了打枪。他朝树下一头发晕的鹿连开四枪，但无一中的。于是这位绅士把枪交给了当地的一位随从，后者只开了一枪就杀死了那只鹿。该绅士当时喝酒太多，以至于他眼睛里有两只鹿，而他恰巧击中了那只想象的鹿。让我们听听这位先生对传教使团和传教士的评论吧。在一个俱乐部里，当这位先生酒足饭饱之后，他对于"亲身经历"的描述也会赢得众人的掌声！然而对传教使团确实也有一些高尚的、既具有智慧又富有良知的批评家。这些人所倚重的却是事实。

传教士的经商之道值得称道，他们在使用国内同胞为基督教事业所捐赠的钱财时显得十分谨慎小心。中国内地会资助了我横穿中国的旅行。我在上海把我那几百美元交给他们，他们给我开具了见票即付款的汇票。这样，我就可以在他们任何有中心传道站的地方都能拿到钱。实践证明，他们非常守信用，无一例外。精明的商人开始从事传教使团的商品生意。在华传教使团的工作十分出色。他们的代理人都能够奉献自己，富有自我牺牲的精神，值得人们称颂和学习。我从来没有见过他们滥用教会的钱财，后者全都用在跟传教有关的花费上了。

现在我还得提醒传教士另一件事情，那就是不要沉溺于自己的偏好之中。这一点值得特别强调。让那些有怪癖的人在家里自行其是吧！千万不要一意孤行！一旦肝脏出了问题，那么就马上服用胆汁丸。你也许坚信不用吃药就能病愈，那么我也不愿改变你的信仰，但是为了你周围的那些人，我请求你在祈祷的同时，马上吃药。在这个地球的其他地方，我确实遇到过不相信药能治病的传教士，并且他们也都受过教育，信仰虔诚，精力充沛。但有时候，他们会使周围的人夜里睡不安宁，白天也神经紧张。快吃药吧，兄弟，快吃药吧！用药来医治自己并不亵渎上帝的神灵。请记住：

> 附身屈就能更加接近智慧，
> 而非当我们趾高气扬之时。①

为了医治身体上的病痛，让我们同时祈祷和服药，而不要使我们周围的人受到伤害。如果你要坚持不吃药的信念，那么就请你充分借助上帝的恩典来解脱自身苦痛，千万不要让你身边的人感到痛苦不堪！在中国的传教士不应该"精神紧张不安"。

现在我们漫长而富于变化的旅程行将结束。我这本游记也应该有其特别的风味，因为它是在我旅程中所写成的。书中的一部分是在各地的客栈中熬夜写成的，有的是在那行进的滑竿上写成的，有的是在那高耸入云的关隘积雪中写成的，有的是在那闷热洼地中挥汗如雨写成的，有的是在传教士的家里写成的；有的是在扬子江逆流而上的船上写成的，有的是在疾走一阵后，等候脚夫们赶上的空隙中写成的。为写这本书我可谓日夜兼程，有的部分是自己挥笔写的，有的是口述给秘书的，有的是用打字机打出来的。当我回顾那漫长的旅程时，我又想起了那些致力于改善中国现状的人们，他们不怕辛苦，不惜钱财地默默奉献着，无怨无悔地推进着这项崇高的事业。这项事业诉诸各个不同阶层的人共同来完成——尤其是那些愿意为上帝和国家而做奉献的人们，以及那些与中国有直接或间接商业来往的人们。他们将这项拯救人类灵魂的事业看作是他们的特权和应尽的义务。传教士为商业和贸易开拓了道路，传教士用英语和汉语写出了中国最好的书籍。

传教士为中国人树立了高尚精神生活的圣洁榜样，为此他们遭到了欧洲那些酒鬼和败家子们的恶毒攻击。美国政府在北京和上海两地的最高级官员都雇用有传教士经验的人来做他们的笔译和口译人员。而现在

---

① 引自华兹华斯的长篇叙事诗《郊游》（1814年）。

为北京的美国公使，或为上海美国总领事做翻译的人员也像其他传教士那样从中国城市的贫民窟和气味中了解了中国和汉语的知识。各通商口岸的领事馆也都愿意雇用传教士做他们的翻译，假如那些传教士能够放弃传教事业的话。

然而我对传教士最为敬佩的是他们诚挚的敬业精神和不屈不挠的工作态度。他们从不怀疑自己所献身的事业，很少有人半途而废。传教士居住的城市大多都在他们外交官的势力范围内。由于英语语言过于贫乏，不足以描述出中国城墙之内生活特有的味道。传教士居住在这些城镇中，因为这里有不朽的灵魂。我再重复一遍，传教士在华传教是在做一件对上帝和世人都有好处的善事。那些与传教士一同工作的人，在争取使人们皈依基督的光荣事业中，都应该对传教士提供由衷的同情和慷慨的支持。